Stefanie Menrath

represent what ...

Performativität von Identitäten im HipHop

Argument Sonderband Neue Folge AS 282

Argument Verlag

Die Deutsche Bibliothek – CIP-Einheitsaufnahme

Ein Titeldatensatz für diese Publikation ist bei
Der Deutschen Bibliothek erhältlich

Alle Rechte dieser Ausgabe vorbehalten
© Argument Verlag 2001
Eppendorfer Weg 95a, 20259 Hamburg
Tel. 040/4018000 · Fax 040/40180020
www.argument.de
Layout: Stefanie Menrath
Umschlag unter Verwendung einer Abbildung von
Bernardo Maldonado, Tobias Müller, Martin Müller
Belichtung: Satzwerk, Göttingen
Druck: Alfa Druck, Göttingen
Gedruckt auf säure- und chlorfreiem Papier
Erste Auflage 2001
ISBN 3-88619-282-2

Keep it real represent what?
Kool Keith

Inhalt

ARGUMENT SONDERBAND NEUE FOLGE AS 282

›Shout outs‹ …

Mein Ziel bei der Arbeit an *represent what* … war, mich auf meine (eher akademische) Weise am HipHop-Diskurs zu beteiligen. Dabei hoffe ich, meine GesprächspartnerInnen und FreundInnen nicht enttäuscht zu haben und sie und ihre Lebenswelt hier richtig zu repräsentieren. Ich möchte mich bei Karin Offenwanger, Torch, Luigi Ciaola, Michele Grasso, Serdar und den vielen anderen HipHoppern bedanken, ohne deren Mitarbeit dies alles überhaupt nicht möglich gewesen wäre. Die Covergestaltung übernahmen Bernardo Maldonado, Tobias Müller und Martin Müller, die Fotos kommen von Tobias Müller, Martin Müller und Katja Stier. Ich danke ihnen für diesen schönen Entwurf und die tollen Bilder. Teile meiner Forschung zum Thema entstanden aus einem Praktikum beim Büro des Beauftragten für Ausländische Einwohner in Mannheim, beim Kulturamt Mannheim und beim ›Arbeitskreis Interkulturelle Kulturarbeit in Mannheim‹ (jetzt ›KulturQuer QuerKultur Rhein Neckar e.V.‹), für deren Unterstützung ich mich sehr bedanken möchte. Ein großes Dankeschön geht an meine Forschungspartnerin Christine Köhl, die sich unermüdlich zu Diskussionen bereit erklärte und mir immer wieder neue Impulse gegeben hat. Die gute Zusammenarbeit mit ihr trug wesentlich dazu bei, daß ich diese Arbeit tatsächlich fertiggestellt habe. Dr. Anna Schmid war extrem engagiert in der wissenschaftlichen Betreuung und setzte wirklich alles daran, daß diese Arbeit veröffentlicht wurde. Sie war vor allen Dingen auch für meine persönliche Motivation von großer Bedeutung, wofür ich mich sehr bedanken möchte.

Für das Interesse an meiner Arbeit und ihre unerschütterliche Diskussionsbereitschaft danke ich meinen FreundInnen Eva Moos, Andrew Pekler, Magnus Miller, Steffen Neuert, Claudia Grießhaber, Oliver Hinkelbein und Jannis Androutsopoulos. Für Korrekturlesen, Anregungen und ihre Freundschaft bedanke ich mich bei Anja Lindrath, Katja Stier, Oliver Hinkelbein und Giedre Valentaité. Meinen Eltern danke ich für ihre Geduld.
Kiwi

faked skillz's...

Eine
HipHop-Story v...

Ich wollte andere Leute
kennen lernen, die auch
was drauf haben

Wir sind fast alle
wie eine Familie

Die Musik ist's,
was uns verbindet

HipHop ist coole Musik,
HipHop ist Lebenskultur und
HipHop ist unser Projekt

Ich habe mitgemacht, weil
ich gerne tanze, weil ich
was lernen wollte und
weil ich coole Leute
treffen wollte

Die Nationalität ist bei
uns ganz egal, hier guckt
keiner auf die Hautfarbe,
keiner auf die Sprache,
ob jemand irgendwie

›Faked skillz‹
– Einleitung

»Faked skillz‹ ist eine Story voller Musik und Tanz über Breaker und Faker, Rivalen und Freunde, über Liebe und Tod. Frei nach der romantischen Komödie »Cyrano de Bergerac« von Edmond Rostand. Geschrieben, gespielt, gesungen und getanzt von 40 Jugendlichen aus dem Rhein-Neckar-Raum, unter der Regie einer Theaterpädagogin«, so das Programmheft zum Musical (Anonym c 2000:3). ›Faked skillz‹ ist eine HipHop-Adaption[1] der bekannten Liebesgeschichte, bei der die gefälschten Dichtkünste in Form von Raptapes versendet werden. »Die spielen sich selbst«, meint die Theaterpädagogin gegenüber einer Journalistin, als sie über die am Musical-Projekt beteiligten Jugendlichen spricht. Tatsächlich hat dieses Theaterstück die Lebenswelt von Jugendlichen auf die Bühne gebracht. Und diese ist heute zu einem nicht geringen Teil von HipHop geprägt. HipHop ist überall: Rapmusik wird auf allen Radio- und Fernsehsendern gespielt, Breakdancer sind in den Einkaufspassagen zu finden, die HipHop/Sportswear-Mode ist Alltagsoutfit von SchülerInnen und StudentInnen und um die von Graffiti-Sprühern endlich sehenswert gemachten Hauswände gab es schon zahlreiche öffentliche Diskussionen. Wenn HipHop schon so *en vogue* ist, erscheint es angebracht, die Jugendlichen in ihrer Lebenswelt abzuholen und auf die Theaterbühne zu bringen, gerade wenn diese Welt so viel mit Spiel, künstlerischer Performance und Selbstdarstellung zu tun hat. Was die HipHopper verbindet, ist ihre künstlerische Aktivität. Diese reicht von Musikproduktion (Rapmusik, bestehend aus Rapping und DJing) über visuelle Gestaltung (Graffiti) bis hin zu tänzerischer Performance (Breakdance). Eine kommerzialisierte Version dieser künstlerischen Produktion findet sich zwar in allen Medien, aber das heißt noch nicht, daß jeder mitmachen kann. HipHop ist eine Jugendkultur mit Codes und Teilnahmebedingungen. Die wichtigste Teilnahmebedingung besteht gerade darin, daß man ›sich selbst spielen‹ muß, seine Identität performieren muß. Das sollte unter bestimmten Vorgaben geschehen und diese Vorgaben stellen die anderen HipHopper: Es geht darum, sich auf eine Bühne zu bringen, die den Maßgaben aller anderen unterliegt; als HipHopper spielt man sich selbst im Kreis der Anderen. Diese Bühne liegt üblicherweise nicht in einem Thea-

ter vor den Augen eines staunenden ›Theaterpublikums‹, das sich eine Brise
Authentizität verschaffen bzw. soziales Engagement zeigen möchte oder sich
daran erfreut, endlich einmal wieder »dramatische Zuspitzungen zu verfolgen,
wie sie im sogenannten modernen Theater häufig nicht mehr zu finden sind«
(Dürr & Schönfelder 1999:18). Im Theaterstück ›faked skillz‹ spielen die Jugendlichen nicht wirklich ›sich selbst‹, wie es im HipHop-Kontext geschieht,
sondern *führen* sich einem Publikum *vor*. Und was sie dort vorführen, ist eine
flache Version von HipHop: Hier tauchen keine Graffiti-Sprüher auf, die sich
für ihre ›illegalen‹ Kunstwerke auf Jahre verschulden. Lange ersonnene ›Multi-
Kulti-Visionen‹ scheinen allein durch ein Nebeneinander von Sprachen auf
der Bühne endlich in Erfüllung zu gehen – mit der unterschwelligen These,
daß sich im HipHop nur deswegen so unterschiedliche Nationalitäten zu-
sammenfinden, weil dort friedliche Gemeinsamkeit statt Gewalt angesagt ist.
Auch vertreten in ›faked skillz‹ ist die Figur des MTV-besessenen Maniacs,
der sich den US-amerikanischen Gangsta-Rapper aus den Medien als Vorbild
nimmt und sogleich zur Waffe greift, um seine alltäglichen Gegenspieler aus
dem Verkehr zu ziehen. Auf der Theaterbühne stehen außerdem erstaunlich
viele weibliche HipHopperinnen, was sich nur aus dem Hintergrund der
theaterpädagogischen Arbeit erklären läßt, denn HipHop ist wie die meisten
Jugendkulturen vornehmlich eine ›Jungs‹-Kultur.[2] Auf der ›faked skillz‹-Bühne
kommt den HipHopperinnen letztendlich doch nur die Rolle zu, elegant zu
R&B zu tanzen oder sich als kumpelhafte Streitschlichterinnen einzusetzen.

Diese Jugendtheater-Version von HipHop wird von den jugendlichen Dar-
stellerInnen gut gespielt – sie sind ja geübt in Selbstdarstellung. Im HipHop
sind Persönlichkeiten Inszenierungen. Dort gibt es das Potential, Identitäten
über Performanzen immer wieder neu zu definieren und diese Re-Definition
findet v.a. als körperliche Handlung statt. Zu diesem planmäßigen Spiel mit
Identitäten gehört auch, sich in einem Theaterstück zu repräsentieren – auch
wenn sich die auf der Bühne gebotene Version von HipHop an Stereotypen
aus dem Mainstream-Diskurs orientiert. Die meisten Jugendlichen kommen
ohnehin über Mainstream-Medien mit HipHop in Kontakt. Ob sie dann tatsächlich HipHopper werden und ob diejenigen Jugendlichen, die am Theaterstück beteiligt waren, beim HipHop bleiben werden, wird nicht zuletzt aufgrund der Regeln der HipHop-Szene entschieden werden. HipHop ist eine in
steigendem Maße kommerzialisierte Jugendkultur und viele Medien sind von
standardisierten Bildern über sie durchzogen – sie sind zum einen eingelassen
in das Zerrbild vom delinquenten Jugendlichen, zum anderen werden sie ver-
packt in käuflichen Produkten. Für HipHopper ist es allerdings durchaus
wichtig, sich mit den Medien und ihren Darstellungen von HipHop auseinan-
derzusetzen. So verläuft Identitätskonstruktion im HipHop zu einem Großteil
entlang der Interaktion mit den Medien. Ein wichtiger Bestandteil von Iden-

tität im HipHop ist die Aufführungspraxis: je nachdem wo und auf welche Weise sie performiert wird (z.B. wie sehr sie sich an kommerziellen Repräsentationen orientiert), bildet sich Identität erst aus. Die Praxis ist ein notwendiger Bestandteil von Identität – Identität wird im HipHop als Produkt verstanden. Wer in die Szene kommen will, muß das begriffen haben.

Identitäten im HipHop sind in Bewegung, zumindest wird Identitätskonstruktion dort so aufgefaßt. Daß die Parallelität der Aktivitäten der HipHopper auf ihrem gemeinsamen Bezug auf einen Musikstil, die Rapmusik, gründet, läßt vermuten, daß Identität im HipHop generell nach einem musikalisch-performativen Modell ausgebildet wird. In den neueren Popmusiktheorien wird Musik nicht mehr als Ausdruck einer sozialen Identität bzw. sozio-politischen Situation verstanden, sondern als *Mittel* zur Identitätsbildung betrachtet. Die tatsächliche Performanz, das Erleben und Schaffen von Musik ist ein Prozeß, der Identitäten im Sozialen erst entstehen läßt. Auch in den theoretischen Debatten zu kultureller Identität hat sich der Blickpunkt auf die Prozessualität von Identitäten verschoben: Identitäten werden als performative aufgefaßt, sie entstehen erst *in* der Performanz. Mit der Performativität von Identitäten tritt auch die Identitäts-*Politik* in den Vordergrund: Identitäten werden als willentliche Entwürfe betrachtet, mit denen auf eine sinnlich-körperliche Weise in der Performanz Politik betrieben wird. Einige TheoretikerInnen aus der Genderdiskussion[3] haben in Rückbezug auf ein spezielles Modell von Theatralität, das in der französischen poststrukturalistischen Theorie entwickelt wurde (Murray 1997b:3), die politischen Momente von Identität hervorgehoben. Vor diesem politischen Hintergrund hat Judith Butler das Modell der Performativität von Identitäten ausgearbeitet. Performativität bezeichnet sowohl die Eigenschaft von Identitäten, zu ihrer Realisierung eine Performanz zu benötigen bzw. prozeßhaft zu sein, als auch den Prozeß der Identitätsbildung selbst. Eine Identitätspolitik, die sich auf die Performativität von Identitäten beruft, beschränkt sich nicht auf einen strategischen Einsatz von Identität, sondern arbeitet auch an einem neuartigen Verständnis von Identitätskonstruktion. Dadurch daß die performative Dimension von Identität herausgestellt wird, soll die Brüchigkeit des herkömmlichen Identitätsmodells sichtbar werden.

In der Musik- und Kulturkritik sind zwei Interpretationsweisen von Rapmusik bezüglich der darin enthaltenen Identitätspolitik zu erkennen. Einerseits wird die Rapmusik als Inbegriff einer postmodernen und gegenwartsorientierten Praxis hoch gelobt, sie lasse neue Identitäten und Subjektpositionen in der Performanz entstehen. Gerade in der musikalischen Produktionstechnik der Collage (des Neben-, Über- und Nacheinanderstellens von musikalischen Zitaten in der Form von *samples* und der gleichberechtigten Stellung von *break*, *flow* und *loop* in der HipHop-Musik) wird ein spezifischer und revolutionärer Umgang mit Identität erkannt. Auf der anderen Seite gibt es auch eine kulturpessimistische Betrachtungsweise, die die Komplizenschaft der Rapmusik – als kommerzialisierbare und teilweise kommerzialisierte Sparte des HipHop – mit kapitalistischen Strukturen in den Blick nimmt. Aus dieser Verbindung mit der Konsumwelt wird gefolgert, daß die HipHopper zur Reproduktion sozialer Identitäten verurteilt seien, so wie sie in den Verkaufsstrategien des Produkts Rapmusik verwendet werden. Die Identitätspolitik der HipHopper spielt jedoch m.E. auf einem Terrain zwischen den beiden Extremen umfassender Determinierung und freier Selbstbestimmung. Die Basis für Politik im HipHop ist keine soziale Utopie, sondern ein Ist-Zustand (Diederichsen 1993b:11), der in vielen Fällen Ergebnis einer marginalen Position in der Gesellschaft ist. Um ein Überwinden der Marginalität, schlicht um Verbesserung geht es im HipHop. Im Hinblick auf seine kulturelle Einflußnahme nimmt HipHop allerdings seit der breiten Popularisierung der Rapmusik keine marginale Position mehr ein. Die Rahmenbedingungen der Identitätsperformanzen im HipHop sind heute v.a. seine Kommerzialisierung als Popmusikkultur und die dazu im Gegensatz stehende marginale Position vieler HipHopper in der Gesellschaft. Aus dem Spannungsverhältnis zwischen diesen Elementen ergeben sich Diskurse über Authentizität, die ich wiederum als Rahmenbedingung der Performanzen verstehen möchte.

Zur Debatte stelle ich nun das Anwendungspotential des Modells der Performativität für die Analyse des HipHop: Wie formulieren HipHopper die Performativität von Identitäten aus, d.h. wie sprechen sie darüber, analysieren sie, zeigen Performativität in ihren Handlungen oder lassen sie dabei gerade entstehen? Es drängt sich auch die Frage auf, inwiefern es Beschränkungen für die permanente Beweglichkeit von Identitäten im HipHop gibt und wie sich diese Beschränkungen theoretisch fassen lassen. Ich verstehe meine Arbeit als Beitrag zur ethnologischen Jugendkulturforschung, die Jugendliche als kulturelle AkteurInnen ernst nimmt und ihr Handlungspotential herausarbeitet. Bei der zugrundeliegenden Forschung orientierte ich mich an Arbeiten zur *anthropology at home*, wobei hier gleichzeitig Entgrenzungstendenzen zu entdecken sind: durch den globalen Bekanntheitsgrad des HipHop scheinen die Unterschiede zwischen ›home‹/›self‹ und ›other‹ im Auflösen begriffen. Darüber hinaus versuche ich mit den methodischen Grundsätzen der Theorie der Praxis dem Phänomen Identität näherzukommen und dabei die Praxiselemente der Cultural Studies für die Ethnologie zu erarbeiten. Auf diese Weise sollen Möglichkeiten und Grenzen einer Übertragung des Modells der Performativität, wie es für die Geschlechteridentitäten entwickelt wurde, auf kulturelle Identitäten diskutiert werden.

Literatur

Meine Fragestellung gibt einen breiten Blickwinkel vor, was die Arten zu verwendender Literatur betrifft. Als theoretische Ansätze zur allgemeinen Identitätsthematik ziehe ich neben ethnologischen Arbeiten v.a. Literatur aus den Cultural Studies und der feministischen/Queer-Theorie[4] heran. Die Arbeiten mit ethnologischen Ansätzen beziehen sich meist auf die Konstruktion ethnischer bzw. postkolonialer Identitäten. Die wenigen ethnologischen Jugendkulturstudien, die das Thema Identität streifen, dienen mir v.a. als Vorbild für die methodische Herangehensweise der Praxisorientierung. Die von mir verwendeten theoretischen Arbeiten der Cultural Studies bieten verschiedene Modelle zur Identitätskonstruktion, sowohl soziologisch als auch kulturwissenschaftlich orientierte. Eine Verbindung dieser Herangehensweisen läßt sich m.E. durch ein Hervorheben der Praxiselemente bewirken, die auch einen besonderen Stellenwert für das Modell der Performativität haben. In einer praxisorientierten Analyse untersuchte Frith (1998) eingehend die performativen Elemente in der Popmusik. Frith (1992:178ff.) verfolgt damit eine Rückbindung der Cultural Studies, die stark am losgelösten Mythos Popkultur interessiert seien, an die anthropologische Herangehensweise einer genauen Analyse konkreter sozialer Ereignisse, die mit Popmusik in Zusammenhang stehen. Tatsächlich sind gemeinsame Betrachtungen des sozialen Phänomens Musik *und* der künstlerisch-kreativen Elemente selten – lassen sich jedoch in Rose 1994a, Gilroy 1996, Frith 1996, 1998 finden (die sich u.a. auch mit Hip-Hop beschäftigen). Den theoretischen Rahmen zur Performativität von Identitäten soll in dieser Arbeit hauptsächlich das von Judith Butler in mehreren Veröffentlichungen entworfene Modell der Performativität (Butler 1991,1997,

1998) bilden. Ich werde jedoch weitere theoretische Ansätze ergänzend ein-
bringen, bei denen Identität als Praxis von AkteurInnen verstanden wird.

Die Literatur zum Phänomen HipHop läßt sich allgemein unterteilen in
populäre und wissenschaftliche Arbeiten. Thema der populären Literatur über
HipHop ist meist die Musik selbst, seltener ist es die soziale Welt HipHop.
Ein Problem stellt die recht spärliche Literatur zu HipHop in Deutschland
dar. Obwohl HipHop als globales Phänomen verstanden wird, betrachtet
man in den vielen populären Veröffentlichungen New York bzw. die USA als
Ausgangspunkt: hier wird hauptsächlich über die amerikanische HipHop-
Szene berichtet. Populäre HipHop-Magazine aus den USA gibt es seit Ende
der 80er Jahre. Seit Mitte der 90er Jahre sind in Deutschland auch HipHop-
Magazine in deutscher Sprache erhältlich, die sich immer stärker auf den hier
produzierten HipHop beziehen (z.B. *Backspin*, *Juice*). Es gibt allerdings viele
nicht kommerzielle Magazine, die sich schon lange mit dem Geschehen in der
deutschen HipHop-Szene auseinandersetzen.[5]

Die wissenschaftlichen Beschäftigungen mit HipHop stammen meist aus
dem sozialwissenschaftlichen Bereich und dem Umfeld der Cultural Studies.
Diese Arbeiten kreisen um die Themen ›race‹ und Gender, aber auch Kulturpolitik im HipHop. Oft wird auch eine Analyse der musik- und literaturhisto-
rischen Hintergründe des HipHop gegeben. Der Hauptteil auch dieser Veröffentlichungen bezieht sich aber auf die HipHop-Produktion in den USA.
Selbst die wissenschaftlichen Veröffentlichungen aus Deutschland beziehen
sich meist auf den in den USA produzierten HipHop (vgl. Grimm 1998; Mayer 1997). Ausnahmen stellen Caglar 1998, Ayata 1999, Fuchs 1995, Jacob
1993, 1995 und Farin 1998 dar. An ethnographischen Arbeiten liegen Henkel
& Wolff 1996 und Rode 1999 vor. Henkel gibt einen kurzen ethnographischen Einblick in die Berliner HipHop-Szene. Rode beschreibt in ihrer – bisher nicht veröffentlichten – Arbeit insbesondere die Tanzformen, jedoch
auch die gesamte Kultur des HipHop ausführlich aus Feldforschungsmaterial,
das zu einem wesentlichen Teil aus der deutschen HipHop-Szene stammt.
Zum Verständnis einzelner Begriffe aus dem HipHop und zur Analyse der
Selbstwahrnehmung der HipHopper (vgl. Kap.6) war mir diese dichte Untersuchung sehr hilfreich.

Forschung

In meiner eigenen Forschung habe ich mich auf die Problematik der Identitätskonstruktion im HipHop konzentriert, was ein Desiderat in der anthropologischen Forschung darstellt. Thematisch kreiste meine Untersuchung um die Frage, inwiefern im HipHop affirmativ bzw. progressiv mit Konstruktionen von sozialen und kulturellen Identitäten umgegangen wird und wo von den HipHoppern Widerstandspotentiale im HipHop entdeckt werden bzw. wie diese von ihnen selbst beurteilt werden.

Meine Forschung stand im Zusammenhang mit einem Praktikum zur Interkulturellen Kulturarbeit beim Beauftragten für Ausländische Einwohner, beim Kulturamt der Stadt Mannheim und dem ›Arbeitskreis Interkulturelle Kulturarbeit in Mannheim‹. Gemeinsam mit Christine Köhl untersuchte ich von September bis Dezember 1998 das Selbstverständnis und die Produktionssituation von KünstlerInnen der *2./3. MigrantInnengeneration* in Mannheim. Sehr vorteilhaft war, daß wir dieses Praktikum zu zweit absolvierten, denn unsere Blickwinkel und Schwerpunkte ergänzten sich sehr gut. Die Zusammenarbeit ermöglichte es mir außerdem, fortlaufend über meine eigene Position zu reflektieren. Auch in der Feldforschungspraxis selbst profitierte ich von Christine Köhls Einfühlungsvermögen, das sich als besonders nützlich in schwierigen Interaktionssituationen herausstellte. Mein Schwerpunkt bei der Forschung lag von Anbeginn an auf der musikalisch-künstlerischen Produktion, während Christine Köhls Fragestellung sich auf die allgemeinen Grundsätze von Kulturarbeit richtete.[6] Bald konzentrierte ich mich auf die HipHop-Thematik. Nach Beendigung des Praktikums führte ich im Laufe des Jahres 1999 die Forschung zu HipHop im Heidelberger Raum alleine weiter.

Das Untersuchungsfeld meiner Forschung stellte sich mir nicht als geographisch oder kulturell abgrenzbarer Raum dar, denn ich wollte HipHop weder als lokales Phänomen noch als exotische Subkultur begreifen. Auch war der

reale Ort meiner Forschung (der Raum Mannheim/Heidelberg) für mich eine
bekannte Umgebung, in der das Phänomen HipHop mir alltäglich begegnete
– nicht zuletzt, weil ich mich selbst in einem popkulturellen Kontext bewege,
zu dem im weitesten Sinne auch HipHop gehört. Dabei stelle ich persönlich
HipHop ganz selbstverständlich in einen globalen Zusammenhang. Mein
Forschungsfeld hingegen erkenne ich in einer Zusammensetzung aus Diskursen und Praktiken, die einen Bereich fortlaufender dramatischer Ereignisse
bilden (vgl. Denzin 1997:92), in den ich während meiner Forschung mit besonderer Aufmerksamkeit eintrat. Ich betrachtete die tatsächliche ›Feldarbeit‹,
nämlich die *face-to-face*-Beziehungen, nur als Teilelement einer vielschichtigen
Methodologie (vgl. Gupta & Ferguson 1997:37): die Analyse historischer
Daten z.B. archivarischen Materials in Form von Zeitschriften, Büchern,
Tonträgern, Videofilmen oder das Verfolgen eines aktuellen populären Diskurses über HipHop verwendete ich nicht als Korrektiv zu meiner Feldforschung, sondern als konstitutiven Teil meines Datenmaterials (vgl. Des Chenes 1997:76ff.). Mein Untersuchungsgegenstand läßt sich insofern näher bestimmen als Diskurs über HipHop, den ich nicht als allein verbal produzierten Text verstehe oder nur in vereinzelten Performanzen aufgeführt sehe,
sondern als über Performanzen produzierten Text betrachte. Dieser Text
wird durch alle Aktivitäten der HipHopper – neben Musik, Tanz und Gestaltung auch das Sprechen und Schreiben über HipHop – und der Personen, die
sich mit HipHop beschäftigen, produziert.[7] Der von mir untersuchte Diskurs
wird über HipHop, von HipHoppern und mit HipHoppern, außerdem über
direkte Kontakte und in den Medien geführt. Er ist als Popmusik-Diskurs
von einem interpretativen Rahmen der Performanz umgeben, denn im popkulturellen Umfeld ist das Alltägliche auf die Bühne gezogen und Öffentlichkeit stellt eine Selbstverständlichkeit dar (vgl. Frith 1996:207ff.). Meine Forschung läßt sich nur insoweit ›verorten‹, als sie sich einem bestimmten
sozial und politisch situierten Wissen zuordnen läßt und eine partielle Perspektive einnimmt. Dieses situierte Wissen beansprucht nur insoweit Objek-
tivität, als es kritisch positioniert ist, nämlich von ähnlichen (politischen) Interessen geleitet ist wie das Wissen meiner InterviewpartnerInnen. Es begreift
die ›Welt‹, die zu untersuchen ist, als aktives Subjekt und nicht als Objekt (vgl.
Haraway 1988:586,593).

Die Herangehensweise der Feldforschung verfolge ich, indem ich den Diskurs als Feldforschungssituation begreife, nämlich als »discourse in the making« (Dracklé 1996a:33), d.h. ihn in einem nicht-sprachlichen Kontext unter-
suche bzw. teilnehmend beobachte. Dieser Diskurs wird über Medien und
direkte Kontakte etabliert, zu denen auch die von mir initiierten Interview-
situationen gehören. Als direkte Kontakte verstehe ich im Zusammenhang
meiner Arbeit Konversationen und Performanzen unter HipHoppern und

Konversationen zwischen HipHoppern und den Anthropologinnen. Unter Medien verstehe ich populäre und wissenschaftliche Bücher über HipHop (die beide von HipHoppern rezipiert werden), HipHop-Mode, -Tonträger, -Videos und Zeitschriften über HipHop. Innerhalb des Diskurses kann (in Übereinstimmung mit den HipHoppern) zwischen einem oberflächlich observierten Diskurs, dem Mainstream (vgl. Dracklé 1996a:38), und einem vielschichtigen Diskurs mit unterschiedlichen Tiefen differenziert werden.

Neben der Beobachtung des Diskurses über HipHop innerhalb der Medien, habe ich in meiner Forschung an Interaktionen teilgenommen bzw. diese beobachtet. Bei diesen Interaktionen lag mein Schwerpunkt auf Interviews. Ich habe biographische Interviews zur künstlerischen Entwicklung mit 10 HipHoppern im Alter von 14 bis 30 Jahren geführt, die jeweils als einzelne Treffen mit den GesprächspartnerInnen vereinbart wurden. Dabei stand bei den ersten Interviews, die sich aus Kontakten während des Praktikums ergaben, thematisch noch das Problem der künstlerischen Produktion unter den Bedingungen einer (positiven) Diskriminierung als ›MigrantInnen‹ im Vordergrund. In den späteren Interviews aus dem zweiten Teil meiner Feldforschung ging es hauptsächlich um Themenbereiche aus dem HipHop. Mein Zugang zur Thematik der Kulturarbeit war weitgehend von meinem Interesse an populärer Musik geprägt. Ich war seit einiger Zeit selbst als Discjockey für Soul-Musik tätig gewesen und kannte daher einen Teil der Musikszene. In Erweiterung meines Freundeskreises ergaben sich so im zweiten Teil der Feldforschung vermehrt Kontakte zu HipHop-Künstlern. Das Thema der ethnischen Identität tauchte jedoch in allen Interviews auf, ohne daß es immer von mir eingebracht wurde. Die Auseinandersetzung darüber betrachte ich daher als ein spezielles Element in der Identitätskonstruktion der HipHopper – nicht nur aufgrund meiner anfänglichen Herangehensweise an das Thema HipHop aus dem Praktikum heraus, sondern auch aus dem Blickwinkel meiner GesprächspartnerInnen. Ich werde daher in besonderer Weise in dieser Arbeit darauf eingehen. Gemeinsam war allen Interviews, daß sie sich inhaltlich von meiner Seite aus nur an einem Rahmen orientierten, der die Variation der Themen abstecken sollte, sie also relativ unstrukuriert waren. Dieser Rahmen ergab sich aus meiner Fragestellung, die wiederum vom Mediendiskurs über HipHop beeinflußt war. Meine GesprächspartnerInnen würde ich als Schlüsselpersonen der Szene bezeichnen, da sie als Künstler im Mittelpunkt der Szene stehen. Sie unterscheiden sich jedoch durch ihre Position im engen oder weiteren Kreis der Szene, was ich in der Situation und bei meiner Analyse der Interviews berücksichtigte.

Neben den Interviews habe ich auch an Performanzen teilgenommen, z.B. an HipHop-Konzerten und Breakdance-Wettbewerben in Heidelberg und Mannheim und über mehrere Wochen hinweg am nachmittäglichen Training und Zeitvertreib einer Gruppe von jugendlichen Breakdancern in Mannheim. Bei den Konzerten und Wettbewerben übernahm ich eher die Position einer Beobachterin bzw. des Publikums, während des Breakdancetrainings hingegen machten Christine und ich mit den Jugendlichen gemeinsam Videoaufnahmen und analysierten sie danach mit ihnen.

Sowohl bei den Interviews als auch bei der Teilnahme an anderen Performanzen habe ich Unterhaltungen der HipHopper über die Diskurse in den Medien beobachtet und auch an solchen teilgenommen. Ich bin während meiner Forschung auch Zeugin der Interaktionen zwischen HipHoppern und Medien und des Prozesses der Mitgestaltung der Medien durch die HipHopper (Produktion von Zeitschriften, Tonträger, etc.) geworden.

Zur Analyse des verbal produzierten Textes (aus den Interviews) und den Performanzen, die in einem weiteren Feld von gesellschaftlichen Machtstrukturen (auch den Machtstrukturen innerhalb des HipHop) stattfanden, habe ich mehrere Betrachtungsebenen verwendet: Durch das Übereinanderlegen der verschiedenen mir in der Analyse zur Verfügung stehenden Diskurselemente habe ich versucht, die Bedeutung von wiederholt in Text und Performanz auftauchenden Begriffen bzw. Symbolisierungen zu entdecken. Hierbei habe ich den ›Kontext‹ der Sprech- und performativen Akte in die Interpretation der ›Inhalte‹ miteinbezogen, um ihre soziale Funktion zu verstehen. Daraus hat sich auch das Auffinden bestimmter ideologischer Diskurselemente ergeben, deren Entwicklungsprozeß ich aus einer Überkreuzung der konkreten Performanzsituation und dem allgemeinen Mediendiskurs nachzuvollziehen versuchte. Schließlich habe ich aus den Aussagen meiner GesprächspartnerInnen Unterscheidungskriterien für verschiedene Diskursebenen aufzufinden versucht und die soziale Funktion solcher Unterscheidungen z.B. im Mainstream- und Underground-Diskurs analysiert. Ich legte mein Augenmerk auf Rückaneignungen von Begriffen aus dem Mainstream-Diskurs und erarbeitete deren Relevanz für die HipHopper. Generell war mir bei der Interview- und Performanzauswertung wichtig, die Interaktion zwischen (sozialem) Kontext und Inhalt zu beobachten; die Gespräche habe ich grundsätzlich als performierte Diskurse verstanden. Die Analyse der Diskurse erfolgte außerdem nicht nur nach, sondern natürlich auch während meiner Teilnahme an ihnen.

Im Forschungsverlauf ergab sich früh das Problem der Definition meiner Untersuchungsgruppe. Dies lag v.a. an meinem Forschungsschwerpunkt, der Identitätskonstruktion. Unsere GesprächspartnerInnen aus dem Praktikum als einheitliche Gruppe zu charakterisieren war kaum möglich, solange wir die mehrheitsgesellschaftlichen Fremdzuschreibungen nicht übernehmen wollten – auch um unsere Arbeit damit nicht zur bloßen Bestätigung einer im Vorfeld geäußerten These werden zu lassen. Einige potentielle GesprächspartnerIn-

nen sahen wohl bei der Kontaktaufnahme die Gefahr, Gehilfen einer Identitätspolitik zu werden, die sie selbst als AkteurInnen ausschließt. und mit der
sie sich nicht identifizieren konnten. Die fremdzugeschriebene ethnische
Identität geriet dabei besonders in die Kritik, auch wenn sie hybrid konstruiert war. Wir versuchten uns also an den Wirklichkeitszugängen unseres Ge-
genübers, wollten uns an seinem Selbst-Verstehen orientieren, auch wenn
sich daraus keine konsistente Untersuchungsgruppe konstruieren ließ. Daß
Identitäten das Ergebnis von Verhandlungsprozessen sind und Sozialforschung selbst ein soziales Geschehen darstellt (vgl. Sixel 1993:190), erfuhren
wir also sehr früh im Verlauf unserer Forschung. Auch daß Sozialforschung
die Dimension einer politischen Handlung beinhaltet und sie die Wirklichkeit
aller AkteurInnen verändert, wurde uns bald bewußt. Unser Selbstverständnis
als Forschende, das auch von den Interessen unserer Auftraggeber, d.h. Prak-
tikumsbetreuerInnen, beeinflußt wurde, war nicht nur für die Identitätskonstruktion unseres Gegenüber von Bedeutung, sondern geriet auch für uns
selbst bei der Interaktion in Bewegung. Unsere Identität und Selbstdarstellung
wandelte sich über den gesamten Forschungsverlauf hinweg, aber auch innerhalb der einzelnen Interviews entwickelte sie sich neu an unserem Gegenüber
entlang. Im zweiten Teil meiner Forschung löste sich dieses Problem teilweise
durch die Hinwendung zu einem neuen ›Auswahlkriterium‹ meiner GesprächspartnerInnen, nämlich ihrem Selbstverständnis als HipHopper. Dieses
stellt eine Identitätskonstruktion dar, die die von mir kontaktierten Personen
gerne für sich in Anspruch nahmen. Anderen Personen sprachen sie diese
Identität dafür umso öfter ab. Dadurch konnte ich zwar den Prozeß der
Identitätskonstruktion in der Interaktion gut beobachten. Es ergaben sich allerdings auch Nachteile, z.B. daß ich nur eine weibliche Person finden konnte, die die Identität HipHopperIn[8] für sich in Anspruch nahm und auch zu
einem Gespräch bereit war. Dies mag an der starken Unterrepräsentation von
Frauen im HipHop, besonders auf der künstlerischen Ebene liegen. Da die
von meinen GesprächspartnerInnen praktizierte heterosexuell-›männliche‹
Sichtweise nicht durch einen ›weiblichen‹ Diskurs hinterfragt wurde, bot es
sich – leider – nicht an, die Problematik von Gender-Identität im HipHop zu
untersuchen.

Die zwei in dieser Arbeit behandelten Diskursstränge sind die theoretische
Diskussion über soziale, kulturelle und musikalische Identitäten und der Hip-
Hop-Diskurs, der sowohl ›real‹ als auch über die Medien stattfindet. Als die
zwei Eckpfeiler meiner Argumentation werde ich diese beiden Diskurse
größtenteils in den zwei Teilen der Arbeit belassen, die sich jedoch aufeinander beziehen lassen (wie auch die Diskurse sich in der Realität verschränken).
So kann ein akademisches Publikum, das sich eher in Teil I wohlfühlen wird,
die Ausarbeitung der theoretischen Ergebnisse an empirischen Daten in Teil

II nachlesen. Die HipHop-interessierten Leser werden nach Überspringen von Teil I auch mit Teil II klarkommen und nicht mit allzu vielen wissenschaftlichen Einzeldebatten belästigt werden.

In Teil I sollen die theoretischen Grundlagen aufgezeigt werden, mit denen gleichzeitig die Affirmativität und das Widerstandspotential von Identitätskonstruktionen erfaßt werden können. Dieser scheinbare Gegensatz wird im HipHop und der Popmusik durch das Konzept der Performativität aufgelöst. Die performativen Dimensionen von sozial/kulturell konstruierter Identität werde ich zunächst über das Modell der Performativität von Identitäten darstellen, soweit es Butler für Geschlechtsidentitäten formuliert hat. Butlers Konzeption wird von mir auch in den weiteren Zusammenhang der wissenschaftlichen Tradition des Konstruktivismus insbesondere im Zusammenhang mit ethnischen Identitätskonstruktionen gestellt, um die Widerstandspotentiale derartiger Modelle aufspüren zu können.

Daran anschließend behandle ich Ansätze zur Konzeptionalisierung von musikalischen Performanzen. Ich gehe der Frage nach, auf welche Weise Jugendliche über musikalisches Handeln bzw. über Handlungen, die auf Popmusik verweisen oder mit ihr im Zusammenhang stehen, sich der Mittel zur Identitätskonstruktion bemächtigen, und inwiefern sie dabei affirmativ bzw. progressiv handeln. Wichtig werden in dieser Diskussion die Aspekte der Warenförmigkeit von Popmusik und der Beziehung von Pop zu ›schwarzen‹ Kulturformen.

So gelange ich zu den Verbindungen zwischen HipHop und der Figur der Performativität, für die im HipHop und im akademischen und öffentlichen Diskurs über HipHop verschiedene Erklärungen existieren. Einmal wird die Performativität als Fortführung eines wichtigen Moments der afrikanisch-amerikanischen Tradition der oralen Kultur betrachtet; ein andermal wird sie jedoch auch als Teil einer postmodernen oder postkolonialen Identitätsstrategie verstanden, die in enger Verbindung mit den Entwicklungen auf dem Musiktechnologiesektor betrachtet werden muß. Diese unterschiedlichen Deutungsweisen von Performativität stellen Bezugspunkte für die Identitätsmodelle der HipHopper dar, mit denen ich gesprochen habe. Um das Spektrum dieser Bezugspunkte zu verdeutlichen, müssen jedoch zunächst die Geschichte des HipHop und seiner Genres skizziert werden. Bei dieser historischen Betrachtung gehe ich der Frage nach den sozialen Bedingungen, sowie den künstlerischen und ideologischen Hintergründen im HipHop nach. Ebenso möchte ich die konkreten Techniken der Rapmusik aufzeigen, die sich sowohl auf orale Traditionen als auch auf neue technologische Entwicklungen zurückführen lassen.

Die Bedeutung des Konzepts der Performativität und die Art seiner Ausformulierung durch meine GesprächspartnerInnen (in Performanz und Dis-

kurs) will ich im darauffolgenden empirischen Teil II untersuchen. Hier werde ich zentrale Themen im HipHop aufarbeiten, die mit der Performativität
von Identitäten im Zusammenhang stehen.

Die Performativität von Identitäten wird im HipHop auf drei Ebenen realisiert. Zunächst wird die Performativität von individuellen Identitäten im
Konzept *style* angedeutet. Seine Elemente Innovativität, Individualität und
Wettbewerb sind auf performative Wirkungen zu untersuchen.

Die HipHopper konstruieren ihre Identität aber auch als Gruppe nach au
ßen. Ausgehend von einer Analyse der Selbstbezeichnungen und Selbstverständnisse dieser Gruppe und über eine Untersuchung wichtiger Konzepte
innerhalb der Gruppe, die sich auf ihr Außenverhältnis beziehen, lassen sich
die reflexiven Elemente der Gruppenidentität herausarbeiten. Der hohe Stellenwert von Reflexivität bei der HipHop-Identität deutet auf ein neues, performatives Modell von Identitäten.

Schließlich wird die Identitätspolitik der HipHopper unter die Lupe genommen, nämlich die Art und Weise, wie sie intern erarbeitete und realisierte
Identitätsmodelle in der Außenwelt präsentieren und anwenden. Das Konzept der Repräsentation erfährt im HipHop eine Neuformulierung. Die Hip
Hopper lassen sich zwar als (soziale oder politische) Bewegung beschreiben,
sie modifizieren aber verschiedene Modelle von Identität durch ihre Handlungen.

Teil I
Die Performativität von Identitäten

Die performative Dimension von Identitäten ist in verschiedenen Bereichen sozialer Identität diskutiert worden. Besonders ausführlich ist dies im Zusammenhang mit der sozialen Geschlechtsidentität (Gender) geschehen. Judith Butler hat mit ihrer Theorie der Performativität nicht nur einen wichtigen Beitrag zur feministischen und Queer[1]-Theorie vorgelegt,[2] sondern darüber hinaus eine epistemologische und ideologische Untersuchung von Identitätskonstruktionen unternommen, die auch in anderen Bereichen sozialer Identität Anwendung findet.[3] Ihr Verfahren der Dekonstruktion von Identitäten möchte ich ausführlich darstellen, weil ich in der Identifikationspraxis der HipHopper eine ähnliche Verfahrensweise erkenne, wenn sie die performative Dimension von Identitäten sichtbar werden lassen. So wie beim theoretischen Konzept von Queer für Genderidentitäten werden auch beim Konzept der Hybridität für ethnische und nationale Identitäten Querverbindungen zwischen komplementär konstruierten Identitätspositionen gezogen. Bhabha (1997c) hat diese Wirkung des Performativen für den Diskurs[4] über die Nation und ihre Minderheiten erfaßt. Gemeinsam ist den Queer- und Hybriditätstheorien neben dem Moment der Performativität auch ihre politische Leitlinienkonzeption, nämlich Identitäten strategisch bzw. positional einzusetzen (Butler 1991:205; Hall 1996a:3). Eine solche Fokussierung auf Identität ist kritisiert worden, weil sie letztendlich dominanten Identitätsideologien zuspiele.[5] Mir begegnete die Identifikationspraxis der HipHopper jedoch als reflektierte Alltagspolitik, wo durch ein Hervorheben des Performativen Identitätsordnungen verschoben und deren Macht in Frage gestellt werden können. Das Etablieren der Performativität von Identitäten durch die HipHopper zielt nicht nur auf eine Destabilisierung und Neuinstallation von Identitäten, sondern geradezu auf ihre Ablösung durch ein offeneres soziales Gefüge. Zur Erklärung des Prozesses der Performativität möchte ich hier eine Einführung geben. Die Beurteilung der politischen Schlagkraft dieser Strategie überlasse ich in Kap.7 (weitestgehend) meinen GesprächspartnerInnen.

Die Gemeinsamkeiten in der Konzeption der erwähnten Theorien ergeben sich m.E. aus ihrem parallelen Bezug auf den französischen Poststrukturalismus.[6] Sie sind ungefähr zeitgleich in den 80er und 90er Jahren entstanden, als »die Macht der Identität herrschte« (Diederichsen 1996:232) und es darum

ging, die alten nationalen Identitätspolitiken abzulösen (vgl. Walters 1999:248)
und neue Einsatzmöglichkeiten bzw. die Widerstandspotentiale des Kon-
strukts Identität auszuloten. So verstanden und verstehen sich sowohl Femi-
nistinnen als auch postkolonialistische TheoretikerInnen vielfach als Identi-
tätspolitikerInnen (vgl. Ha 1999:133). Sowohl bei den feministischen/Queer-
Theorien als auch bei den Postcolonial Studies[7] gibt es Verbindungen, aber
auch immer wieder Streitpunkte mit der postmodernen/poststrukturalisti-
schen Theorie. Die Verbindungen liegen v.a. in der gemeinsamen Aufwertung
von Marginalität und von ›schizogenen‹ Identitätsformen (Ha 1999:73), sie
unterscheiden sich jedoch z.B. durch ihren Differenzbegriff: In der postmodernen Theorie wird Differenz meist absolut gesetzt. Dieses Aufwerten von
Differenzen wird von postkolonialen und queeren/feministischen TheoretikerInnen kritisiert, da es Marginalität feilbiete und ihr damit das kritische Potential nehme. Ein weiterer Kritikpunkt ist die fraglose Übernahme des von
der Postmoderne ausgerufenen *Tod des Subjekts* und dem damit einhergehen-
den Verlust auch des revolutionären Subjekts (Ha 1999:73ff.). Viele feministische und postkoloniale TheoretikerInnen kritisieren diese Position als politische Sackgasse. In der feministischen Theorie gab es hierzu, gerade auch im
Zusammenhang mit Butlers Position, beispielhafte Kontroversen (vgl. Benhabib et al. 1993). Diese Thematik werde ich in Kap.1 exemplarisch behandeln, parallele Entwicklungen in der postkolonialen Diskussion in Kap.2 be-
nennen.

Ich gehe selbstverständlich nicht davon aus, daß Theorien zu Gender und
zu ethnischer bzw. postkolonialer Identität einfach ›über Kreuz‹ in den einzelnen Politikbereichen eingesetzt werden könnten (was nicht heißt, daß ich
diese Politikbereiche für unverbunden halte!). Ich entdecke hier lediglich
theoretische Gemeinsamkeiten (auch theoretische Gemeinsamkeiten über die
praktische Umsetzung dieser Konzepte), sehe jedoch gleichzeitig, daß in der
Praxis die Zusammenhänge zwischen sexueller/geschlechtlicher[8] Alterität und
anderen Formen der Differenz, insbesondere der ethnischen Alterität, genauer zu untersuchen wären. Bei der Konstruktion des ›Anderen‹ gibt es zahlreiche, sich überlagernde Festschreibungen, so daß eine Alterität oft auch
durch eine bestimmte Ausprägung einer anderen angezeigt werden kann.[9] Die
Verknüpfungen von Gender und ethnischer Identität waren jedoch nie Ge-
genstand meiner Gespräche mit den HipHoppern. Auch theoretisch wurde
Butlers Performativitätsmodell bisher nicht auf die Diskussion um ethnische
Identitäten übertragen. Gilroy (in Bell 1999b:34) erwähnt zwar Parallelen zwischen Butlers Modell der Performativität und eigenen theoretischen Arbeiten.
Zur Übertragung auf sein Konzept der Diaspora mochte er sich jedoch aus
politischen Gründen nicht äußern: er begründet das mit dem derzeitigen Interesse der politischen Rechten an dekonstruktivistischen Identitätsmodellen.

Gilroy fürchtet sich zu Recht vor den modischen Leseweisen des Postmodernismus. Auch Butlers Arbeiten wurden des öfteren mit dem politisch ambivalenten »Madonna-Phänomen«[10] in Verbindung gebracht. Ich denke allerdings eher an eine »Kreolisierung der Theorie«, wie Brah (1996:208) sie vorgeschlagen hat, also ein produktives Zusammendenken von Theorien inklusive einer Kartographie der sich überschneidenden theoretischen Räume, durch die Machtprozesse sichtbar gemacht werden können.

Im Folgenden werde ich zunächst Butlers Konzept der Performativität von Geschlechtsidentität darstellen, soweit es für die von mir in Teil II untersuchten Identitäten relevant werden wird. Die in ihrem Werk auftauchenden Probleme mit der Konzeption von Handlungsfähigkeit werde ich anfangs nur kurz thematisieren (muß sie im zweiten Teil jedoch wieder aufnehmen, da beim Entwurf von hybriden postkolonialen Identitäten ähnliche Probleme auftauchen). Ich sehe Butlers Modell der Performativität von Identitäten ansatzweise realisiert in den Identitätskonstruktionen der HipHopper, die ich getroffen und mit denen ich gesprochen habe. Außer der HipHop-Identität wurden in den Gesprächen auch andere Themenkomplexe, v.a. die ethnische Identitätskonstruktion behandelt. Im zweiten Kapitel werde ich daher Modelle zu ethnischer Identität vorstellen und die Probleme ihrer politischen Umsetzung aufzeigen. Mir erscheinen die Versuche der HipHopper, essentialistische ethnische Identitätskonstruktionen zu überwinden, als Manifestation ihres performativen Identitätsverständnisses. Zur Problematik der Konzeptionalisierung von *agency*, die sowohl in Butlers Modell der Performativität als auch im Modell der strategischen Verwendung subalterner postkolonialer Identitäten auftaucht, werde ich theoretische Lösungsvorschläge machen. In der realen Umsetzung der Performativität von Identitäten, wie ich sie im empirischen Teil beschreiben werde, sehe ich diese Probleme auf eine praktische, interaktive Weise gelöst.

In den Kapiteln 3 und 4 werde ich die performativen Elemente in den Popmusik-Theorien und speziell in den Arbeiten zu HipHop vorstellen.

1 »Sprache ist ein Name für unser Tun« – Performativität bei Judith Butler

Butler führte das Konzept der Performativität sozialer Geschlechtsidentität in ihrem vieldiskutierten Buch *Das Unbehagen der Geschlechter* ([1990]1991)[1] ein. Es wurde in ihrem späteren Werk *Körper von Gewicht* ([1993]1997) zum zentralen Begriff ihrer Überlegungen (vgl. Lorey 1997:171). Butlers erklärtes Ziel ist es, die Veränderbarkeit von Identitäten denkbar zu machen. Hierzu stellt sie deren Performativität in den Vordergrund. Den Begriff der Performativität hat Butler aus der Linguistik übernommen und weiterentwickelt. Sie orientierte sich an Austins Idee (1979:29) der *performativen Äußerung* aus seiner *Theorie der Sprechakte*, nach der es möglich ist ›to do things with words‹. Die performative Äußerung führt nach Austin das, was sie benennt, eigentlich herbei und begründet es erst im Akt des Sprechens. Eine performative Äußerung ist daher eine Handlung, ihre SprecherIn ist AkteurIn, nicht nur AutorIn. Performative Äußerungen beziehen sich im Gegensatz zu Äußerungen, die beschreibende Feststellungen darstellen, nicht auf einen außerhalb liegenden Sachverhalt, sondern sind selbstreferentiell (Austin 1979:28ff.). Während Austin (1979: 27f.) noch von performativen Äußerungen als einer speziellen Klasse von Äußerungen spricht, versteht Butler Äußerungen immer als Akte.[2] Ihr Begriff von Äußerung erfaßt allgemein symbolische Handlungen:[3] »Sprache ist ein Name für unser Tun, d.h. zugleich das, was wir *tun* (der Name für die Handlung, die wir typischerweise vollziehen) und das, was wir bewirken; also die Handlungen und ihre Folgen« (Butler 1998:18). Mit diesem erweiterten Begriff von Sprache entwickelt sie auch die Vorstellung von Identitäten bzw. Geschlechtsidentitäten als (sprachlich konstituierte) Handlungen bzw. Performanzen. In ähnlicher Weise wie Austin die Diskrepanz zwischen Innerlichkeit und Äußerlichkeit einer Äußerung aufhebt, wenn er die Referenzpunkte hinter einer Äußerung zugunsten der Faktizität der Äußerung verschwinden läßt, geht Butler (1991:15ff.,26ff.,1997:53ff.) nun mit Identitäten/Geschlechtsidentitäten um: Indem sie die konstituierende Wirkung des Performativen herausarbeitet, stellt sie die ›Natürlichkeit‹ von Identitäten in Frage; die ›Natur‹ der Frau, das anatomische Geschlecht (sex), ist auch Teil der kulturellen Konstruktion. Butler dekonstruiert Weiblichkeit in ihrer Materialität und weist die Vorstellung zurück, daß es eine ›natürliche‹ Verbundenheit unter Frauen durch ihre ›Weiblichkeit‹ gebe. Die Identität Frau hat als ›Subjekt des Feminismus‹ ausgedient, denn sie basiert auf einer *Metaphysik der Substanz*. Das heißt jedoch nicht, daß Butler (1997:54ff.) Identitäten generell für unbrauchbar hält. Anstatt sie abzuschaffen, behält sie sie nach ihrer Dekonstruktion als *taktisches* Mittel bei. In ihrem Verständnis von Dekonstruktion bezieht sie sich auf Spivak: »Wenn ich Dekonstruktion richtig verstehe, ist Dekonstruktion nicht das Aufzeigen eines Irrtums und gewiß nicht das Aufzeigen anderer Leute Irrtümer. Die Kritik in der Dekonstruktion, die ernstzunehmendste Kritik in der Dekonstruktion, ist die Kritik an etwas, das äußerst nützlich ist, an etwas, ohne das wir gar nichts ausrichten können« (Spivak, zit. nach Butler 1997:51). Es geht Butler und Spivak um Handlungsfähigkeit, weswegen sie Konzepte wie Identität, die Personen erst in den Bereich der Handlungsfähigkeit bringen, nicht vollständig verwerfen möchten: »Eine Voraussetzung in Frage zu stellen ist nicht das gleiche, wie sie abzuschaffen; vielmehr bedeutet es, sie von ihren metaphysischen Behausungen zu befreien, damit verständlich wird, welche politischen Interessen in und durch diese metaphysische Plazierung abgesichert wurden« (Butler 1997:56). Das Überführen von Kategorisierungen auf ihre politischen Interessen stellt für Butler den Schlüssel zur Gegenstrategie dar.

Butler (1991:25f.) stellt sich in die Tradition eines Verständnisses von Geschlechtsidentität als *kultureller Konstruktion*, die für sie gleichbedeutend ist mit diskursiver Konstruktion. Der Diskurs ist für sie Quelle des Ichs und seiner Identität (Butler 1991:212,215).[4] Butler (1991:212) versteht Identität »als Praxis und zwar als Bezeichnungspraxis«. Identitäten entstehen durch den Akt der Bezeichnung, der von Subjekten ausgeführt wird. Mit der Bezeichnung und ihrer fortlaufenden Wiederholung entstehen die Subjekte eigentlich erst, welche die Praxis dann fortführen können. Vor dem Diskurs existieren sie nicht, sie sind Effekte des Diskurses (Butler 1991:209ff.). Sie werden aber durch diesen als ursprüngliche und natürliche Identitäten präsentiert (Butler 1991:212). Der Diskurs erzeugt den »Effekt eines inneren Kerns oder einer inneren Substanz«, auf den der Akt der Identität sich immer wieder bezieht (Butler 1991:200). Identität ist ein Produkt des Diskurses und der darin liegenden Identitätsbildungsprozesse. Der Diskurs stellt dabei auch die Koordinaten von Identität auf. Er konstituiert Identitäten immer innerhalb von binären Oppositionen. Auch die Geschlechtsidentität wird innerhalb einer Dichotomie aufgebaut. Sowohl Frau als auch Mann erlangen erst in ihrer oppositionellen Beziehung Existenz. Die Kategorie Geschlecht entsteht in dieser differenzierenden Bewegung, sie ist ein Produkt des Diskurses. Der Diskurs spaltet Geschlechtsidentität auf in eine männliche und weibliche. Er erschafft beide in einer Dichotomie und gleichzeitig auch einer Asymmetrie, um die Bewegung zur Identität hin anzustoßen. Die Asymmetrie besteht darin, daß die Frau an den Rändern der männlichen Geschlechtsidentiät positioniert wird. Die Frau ist das ›Andere‹ oder die ›Abwesenheit‹ des Mannes (Butler 1991:28f.).[5] Ihre Identität ist nur in Bezug auf die männliche Identität denkbar (Butler 1991:27). Diskurse bilden geschlechtlich differenzierte Subjekte aus, die sich selbst und anderen Identität verschaffen. Sie erkennen sich selbst als Subjekte nur in geschlechtlich differenzierter Form, wenn sie die Bewegung der Selbstidentität nachvollziehen. Das erkennende Subjekt nimmt alles in Dichotomien wahr, es erfährt sich selbst im Gegensatz zu anderen, sich weiblich im Gegensatz zu männlichen Subjekten usw.. Der Diskurs baut solche Dichotomien auf und läßt Subjekte – erkennende und sprechende – in ihm nur entstehen, solange sie sich den Dichotomisierungen der Identitätskategorien unterordnen. Er zwingt sie zur Identitätsposition an einem Ende der binären Opposition, wobei diese Oppositionen nur durch die Subjekte lebendig bleiben. Die Subjekte präsentieren über ihre Kohärenz und Selbstidentität die Vielzahl der möglichen – in binären Oppositionen organisierten – Identitätspositionen. Da Subjekten Existenz nur zugestanden wird, solange sie eine Identität besitzen, kann von einem Zwang zur Identität gesprochen werden. Identität wird erlangt durch wiederholten (Nach-)Vollzug einer Identitätsposition. Identität stellt für Butler (1991:205) eine Strategie dar, die jeder – bewußt und unbewußt – verfolgt. Geschlechtsidentität ist eine »Bezeichnungspraxis in einem kulturellen Feld der Geschlechter-Hierarchie und der Zwangsheterosexualtität« bzw. stellt eine »Überlebensstrategie in Zwangssystemen« dar (Butler 1991:204f.). Der Zwang kommt von der zeitlichen und kollektiven Dimension von Identitäten (Butler 1991:206). Identitätspositionen werden nur über ihre fortlaufende Wiederholung von einer Öffentlichkeit wahrgenommen. Sie müssen von einer Öffentlichkeit als kohärente Identitäten erlebt werden, um zu existieren. Insofern ist Identität »durch eine stilisierte Wiederholung der Akte in der Zeit konstituiert bzw. im Außenraum instituiert« (Butler 1991:206). Identitäten haben eine performative Dimension: sie bedürfen ihrer Aufführung, um zu einer Existenz zu gelangen. Die Performativität ist nach Butler konstitutiv für Identitäten. Mit ihrem »neuen Verständnis von Identität als *Effekt*« wendet sich Butler (1991:215) auch gegen ein expressives Modell: Identitäten sind nicht Ausdruck eines ›inneren Kerns‹, vielmehr leben sie nur in und durch diese Aufführung. Sie sind nicht natürlich/essentiell in der Person verankert. Ihr wichtigstes Merkmal ist nicht ihre Expressivität, sondern ihre Performativität. Identitäten sind nicht Ausdruck eines Originals, vielmehr gleichen sie einem Prozeß, der nach dem Mechanismus der Mimikry[6] verfährt, die Butler (1991:203f.) nach Jameson (1989: 113) als »Parodie ohne Hintergedanken«, als blanke Parodie oder Pastiche[7] bezeichnet. Die Praxis der Pastiche hat nach Butler allerdings ein Potential zur Kritik: sie ist zwar eine Aufführung von Identitäten in Abwesenheit von Intention und Ausdruckswille, aber im Wissen um ihre Zitathaftigkeit.[8] Das macht sie möglicherweise zu einem subversiven Werkzeug (vgl. Curry 2000). Denn »der ritualisierte Augenblick stellt ... eine kondensierte Geschichtlichkeit dar« (Butler (1997:12). Der einzelne Akt verweist immer auf eine Vergangenheit, die in ihm wirksam wird, und nimmt durch seine Flüchtigkeit gleichzeitig die Zukunft voraus. McNay (1999b:179) bezeichnet Butlers Werk auch als das Herausarbeiten der ›radikalen Geschichtlichkeit von symbolischen Strukturen‹. Mit der Historizität fließen zwei Komponenten, die Jameson (1989:125) als Kennzeichen postmoderner Kultur- und Sozialwelten bezeichnet hat, in Butlers performative Konzeption von Identitäten ein: Die Auflösung der Realität in Vorstellungswelten (Images) und die Fragmentierung der Zeit in eine Abfolge fortwährender Gegenwarten. In einer postmodernen Welt sind Identitätspositionen schon immer Zitate, sie existieren im Wissen darüber, daß sie nicht Ausdruck einer Realität sind, sondern einer bestimmten Vorstellung von Realität. Identitäten sind nicht individuelle Kreationen, sondern vielmehr Zitate von Stereotypen. Sie sind nur individuelle Re-Kreationen unserer Vorstellungen über Identitätspositionen. Mit der performativen Dimension von Identitäten wird gleichzeitig ihr Produktionsverlauf in der Zeit hervorgehoben. Identitäten sind Wiederholungen von Vergangenem, aber auch Momentaufnahmen, denn sie existieren nur im Präsens, in der aktuellen Performanz. Teile der Vergangenheit sind aber in der Gegenwart aufbewahrt. Zeit ist nicht mehr eine Abfolge einzelner allein gegenwärtiger Momente, sondern besteht aus Momenten, die mit der Vergangenheit überlappen, sie wiederholen. Diese Wiederholung muß nicht vollständig geschehen, die Identität des Vergangenen mit der Gegenwart ist nicht gesichert. Hier stellt sich die Frage der Veränderbarkeit von Identitäten, zu der Butler in ihrem früheren ([1990]1991) und späteren ([1993]1997,[1997]1998) Werk unterschiedliche Akzente gesetzt hat (Ahmed 1999:89f.; Diamond 1996:5). Ich möchte im Folgenden diese Unterschiede in Bezug auf den Punkt der Kritikfähigkeit, die Identitäten innewohnt, herausarbeiten. Butler hat im Verlauf ihrer Arbeit verschiedene Momente als Subversivkräfte identifiziert. Die Frage der Kritikfähigkeit hat sich gestellt, nachdem das subversiv handelnde und denkende Subjekt im *Paradox der Subjektivierung* verloren gegangen ist, nämlich durch die Erkenntnis, »daß das Subjekt, das sich [regulierenden] Normen widersetzte, selbst von solchen Normen befähigt, wenn nicht gar hervorgebracht wird« (Butler 1997:39). Denn nachdem Butler die Natürlichkeit von Identitäten zerstört und dabei auch das ehemalige Subjekt des Feminismus, die Frau, dekonstruiert hat, gibt es keinen natürlichen *Täter* Frau mehr als kritikfähige Kraft hinter feministischem Handeln (Butler 1991:49).

In *Das Unbehagen der Geschlechter* (1991) setzt Butler ganz auf den Akt der Performanz. In der Performanz könne durch die Praxis der Mimikry die Nicht-Originalität und Künstlichkeit von Identität hervorgehoben werden. Butler (1991:204) sucht nach einer spezifischen »Art von Performanz der Geschlechtsidentität, mit der der performative Charakter von Geschlechtsidentität selbst entlarvt« werden kann. In diesem Potential zum Verschieben (der Bedeutung) von Identitäten liegt nach Butler die politische Dimension des Konzepts Identität. Das Aufzeigen der Performativität von Identitäten stifte *Verwirrung* (Butler 1991:204) und besitze Subversionspotential. Butler setzt in *Das Unbehagen der Geschlechter* den Akt an sich als AkteurIn, als subversive Kraft ein (Ahmed 1999:90).

In ihren später veröffentlichten Büchern *Körper von Gewicht* (1997) und *Haß spricht* (1998) hat sie sich stärker auf den Prozeß der Performativität konzentriert. Bei der Re-Lektüre ihrer frühen Arbeit,[9] zu der sie die intensive und kontroverse Rezeption von *Das Unbehagen der Geschlechter* innerhalb der feministischen Diskussion veranlaßte, weist sie dem »vereinzelten und absichtsvollen Akt« (Butler 1997:22) eine weniger bedeutsame Rolle zu. In *Das Unbehagen der Geschlechter* war unklar geblieben, woher der Akt selbst, wenn nicht von einem Subjekt den Anstoß zur Reformulierung von Identitätskonstruktion bekommen sollte (Butler 1997:15).[10] Sie betont nun weniger den einzelnen Moment und die schöpferische Kraft des Aktes, sondern stellt ihn in eine Geschichte, innerhalb der er durch Normen reglementiert werde. Performativität ist in diesem Sinne *Zitatförmigkeit* (Butler 1997:35). Sie ist die »ständig wiederholende und zitierende Praxis, durch die der Diskurs die Wirkungen erzeugt, die er benennt« (Butler 1997:22). Butler stellt hier die Macht des Diskursiven heraus: Performativität entsteht in einer Matrix von diskursiven Normen; diese Normen sind in eine Zeitlichkeit von Wiederholung eingelassen (Diamond 1996:5). Der Diskurs übt Macht aus und erzwingt die Wiederholung der Identitätsbildung. Dabei werden Normen immer wieder von Neuem ausgebildet und erhalten so ihre Existenz. Performativität ist einerseits *die* Eigenschaft des Prozesses der Identitätsbildung. Sie bezeichnet jedoch auch den Prozeß *an sich*. Hier taucht nochmals die Zwanghaftigkeit dieses Prozesses auf: Der Zwang zum Zitat der Normen läßt die Identitäten entstehen, die dann wiederum die Normen erst zitieren können. Performativität bezeichnet also gleichzeitig die Prozeßhaftigkeit von Strukturen *und* den Prozeß ihrer Entstehung durch die Notwendigkeit zur Handlung – die Zwangslage, welche die Strukturen erst entstehen läßt. Identitäten entstehen nach Butler in einem Prozeß, an dem derjenige, der sich identifiziert, teilhat, zu dem er aber auch gezwungen wird. Hier stellt sich auch Butler die Frage nach der Handlungsmacht von sozialen Subjekten: »Obgleich dieser konstitutive Zwang die Möglichkeit der Handlungsfähigkeit nicht von vorneherein ausschließt, verortet er dieses Handlungsvermögen in einer ständig wiederholenden oder re-artikulierenden Praxis, die der Macht immanent ist, und nicht als eine Beziehung des von außen gegen die Macht geführten Widerstandes« (Butler 1997: 39f.). Gegen die Vorstellung vom handlungsfähigen, machtvollen Subjekt mit freiem Willen stellt Butler die Einschränkungen, die aus der Konstruiertheit von Subjekten entspringen: Das individualistische, frei wählende, fast konsumistisch entworfene Ich, das von *außerhalb* der Macht Widerstand leistet, ist eine Illusion, die wiederum als Effekt der Macht zu verzeichnen ist. Bei Butler verläuft Identifikation immer als Identifikation mit dem Gesetz, nämlich mit hegemonialen Normen.[11] Das Gesetz verbindet Butler mit dem Diskurs (Lorey 1996:66): Das repressive Gesetz schlägt sich in Sprache und Diskurs nieder, es wird jedoch gleichzeitig vom Diskurs mitproduziert. Dieses nicht nur repressive, sondern auch produktive Verständnis von Diskurs und der dahinterstehenden Macht übernimmt Butler (1991:16) von Foucault. Um die Lebendigkeit und Kreativität des Diskurses zu betonen, etabliert Foucault (1997:37) ein Verständnis desselben als »Ensemble diskursiver Ereignisse« und versieht ihn mit einer historischen Perspektive: Nicht als Abfolge von vereinzelten Momenten auf einer räumlichen, zeitlichen, kausalen Kette habe man sich den Diskurs vorzustellen, sondern eher als eine sich in viele Schichten aufsplitternde, bewegliche Reihe von Einheiten. Diese Einheiten stellen Akte, augenblickliche Ereignisse dar, allerdings nur gespiegelt in ihrer Verknüpfung mit anderen Ereignissen in einer sich nicht linear entwickelnden Serie von Ereignissen (Foucault 1997:36ff.). Der Diskurs ist einerseits ein Produkt von Machtpraktiken, durch die ihm innewohnende Prozeßhaftigkeit und Instabilität ist er allerdings nicht nur für die Reproduktion etablierter Normen zuständig, sondern kann auch kreativ sein und einen Motor für Veränderungen darstellen. In dieser Lebendigkeit des Diskurses verortet Butler die Möglichkeit für sozialen Wandel. Ihre Politik der Identitäten als strategische Neuentwürfe findet innerhalb des Diskursiven statt. Dabei ist der Diskursbegriff bei Butler sehr umfassend: das Soziale ist vollkommen vom Diskursiven/Sprachlichen beherrscht, Materie/Körper sind ihm untergeordnet. Identitäten werden in Butlers frühem Werk (1991:200,204) noch »*auf der Oberfläche* des Körpers«, nämlich »als *Stil des Fleisches*« inszeniert; dabei ist der Körper »kein *Seiendes*, sondern eine variable Begrenzung, eine Oberfläche, deren Durchlässigkeit politisch reguliert ist«. In ihrem späteren Werk ist der Körper zwar nicht mehr nur Oberfläche, sondern stellt selbst einen Prozeß dar, nämlich den der Sedimentierung bzw. Materialisierung; dieser wiederum erzeugt eine Wirkung von Festigkeit, so daß wir ihn Materie nennen (Butler 1993:32, 39). Auch wenn sich Butler nun von einem rein diskursiv konstruierten Körper als linguistischem Effekt abwenden möchte, bleiben Körper und Materie bei ihr nur über den – immer dominanten – Diskurs bzw. seine Dekonstruktion denkbar; mehr können wir über den Körper nicht ›wissen‹. Lorey (1996:67) kritisiert, daß Butler keine Machtwirkungen von außerhalb des Diskurses zuläßt. Sie bezeichnet Butlers Machtbegriff mit Foucault als *juridisch*.[12] Dagegen schlägt sie vor, eine Unterscheidung zwischen Macht und Herrschaft vorzunehmen und wie Foucault zusätzlich ein strategisches Verständnis von Macht zu entwickeln (Lorey 1996:67ff.). Auch bei Foucault (1998: 116) liegt Widerstand niemals außerhalb von Macht, aber Macht kann von unterschiedlichen Punkten innerhalb der Gesellschaft ausgehen: Sie hat »zahlreiche und vielfältige Zentren« ausgebildet und findet ihren Mittelpunkt in anderen, neuen Formen der Beherrschung, wie z.B. der von lebenden Körpern,[13] der internen Kontrolle durch Normalisierung und in nichtstaatlichen Institutionen (Foucault 1998:110f.). Neben dem Wirkungsfeld von Macht in Diskursen liegt nach Foucault auch eines ihrer Hauptwirkungsfelder in den Praktiken der Körperbeherrschung.[14] Dabei geht es um Machtwirkungen, die aus Handlungen und ihrem wechselseitigen Einwirken entstehen, also aus Interaktionen von Handlungen (Lorey 1996:61). Anders als Butlers Vorstellung von einem hegemonialen Diskurs, der sich im – auch die Praktiken bestimmenden – Gesetz und Verbot äußert, sind Praktiken bei Foucault selbst produktiv und befähigt, Kräfteverhältnisse zu verschieben. Lorey (1996:49) bezeichnet diese Machtkonzeption bei Foucault als *strategisch-produktiv*.[15]

Solche strategisch-produktiven Kräfte von Macht durch die Interaktion von Personen, Körpern und Institutionen, die Macht durch ihre konkrete Herrschaft realisieren, möchte ich in meiner Arbeit herausarbeiten. Butler hat mit ihrem Modell der Performativität ein Verständnis von Identität als Effekt von Performanzen eröffnet. Durch diese De-Essentialisierung sind Identitäten von biologistischen Erklärungsmodellen befreit worden und nun dem kulturellen Raum als Produktionsstätte überlassen. Butlers Modell der Performativität bleibt m.E. jedoch in den Sprachstrukturen stecken: sie verortet Handlungsmacht von Subjekten in dem *Riß* (Derrida 1997a:117), den die postmoderne Theorie den Strukturen zugefügt hat (Butler 1998:209ff.) und der Fülle der dadurch freiwerdenden Signifikationen.[16] Bei der umfassenden Textualisierung in der postmodernen Theorie wurde jedoch die Materie als passives Objekt außen vor gelassen. So dient Butler die Materialität des Körpers eigentlich nur als Werkzeug zur Realisierung des diskursiv herbeigeführten Bruches, der Vergegenständlichung der Performativität diskursiver Identitäten. Die Körper bringen den Bruch selbst nicht hervor, zumindest nicht eigenmächtig. Die HipHopper sprechen ihren Körperpraktiken hingegen eine eigene Logik und Produktivität zu, die ich nicht in diskursive Strukturen hineinzwängen möchte. Auch nicht-diskursive Praktiken sollen in ihrer eigenen Logik in meine Betrachtung einbezogen werden. Sowohl Butler als auch Foucault sind hier allerdings keine große Hilfe; sie sprechen zwar von der

zentralen Bedeutung von Körperpraktiken, behandeln sie jedoch beide nur als
›verlängerten Arm‹ einer (zentralen oder eben zerstreuten) Macht. Butler gesteht der Körper-Materie kein Eigenleben zu und wenn, dann nur eines, das
undurchdringlich, unkontrollierbar, folglich für Überraschungen gut ist: »Kein
Sprechakt kann die rhetorischen Effekte des sprechenden Körpers vollständig kontrollieren oder festlegen« (Butler 1998:220). Der Körper spricht zwar,
er spricht sogar gegen die Konventionen des Sprechaktes. Aber was er sagt,
ist auf jeden Fall verblüffend, unerwartet und in einer fremden Sprache. Also
ist der Körper doch das ›Außen‹, durch dessen Faktizität letztendlich die Subversion gelingen kann. Der Materialität des Körpers werden die Überra-
schungseffekte zugeschrieben, auf denen Butlers Subversionsakt letztlich basiert. Bei Foucault erscheint der Körper als blanke Oberfläche, in die
Machtverhältnisse eingeschrieben werden (McNay 1999a:96). Anders als beim
Diskurs konzipiert Foucault für den Körper keine Dialektik mit der Macht.
Meiner Ansicht nach wird aber der Körper ebenso wie der Diskurs sowohl
von der Macht beeinflußt, als er in seiner Materialität selbst ein Mittel zur
Machtausübung (ohne Umweg über das Sprachlich-Diskursive) darstellen
kann. In Teilen verstehen HipHopper ihre Identitätspositionen auch als kör-
perlich-materielle Performanzen: Identitäten entstehen auch in materieller
Form an Körpern und beziehen sich auf andere materielle, nicht sprachlich-
diskursive Konstrukte. Haraway geht bei ihrer Konzeption von Wissensproduktion einen Schritt hinter Butlers Begriff von Diskursivität zurück bzw. sie
fängt auf einer anderen Ebene an. Der Körper wird bei ihr nicht von seinen
Bedeutungen getrennt, sondern Wissen ist immer auf eine bestimmte Weise
verkörpert, Positionen sind immer schon auch körperliche Positionierungen
(Haraway 1988:582ff.). Haraway (1988:591ff.) durchbricht die Kultur-Natur
vs. Diskurs-Materie-Opposition und betrachtet auch Körper als AgentInnen,
als Subjekte. So gelangt sie zu der Position, daß »diskursive Performativität
weit verstreut ist, sie ist nicht uns vorbehalten« (Haraway 1995:108), sondern
findet sich auch bei (sogenannten) Dingen oder Objekten. Um die Performativität innerhalb der materiellen Formen zu fassen und die strategisch-produktiven Aspekte der körperlichen Identitätspraxis greifen zu können, werde ich
an den gegebenen Stellen Bourdieus Konzept des Habitus verwenden.[17] Nach
Bourdieu (1987:187) hat die tatsächliche Praxis zwar nicht die Schlüssigkeit
eines strategischen Subjekts, aber es gibt eine Logik der Praxis, die sich in »einer Art Einheitlichkeit des Stils« zeigt. Diese ›Einheitlichkeit des Stils‹ nennt
Bourdieu auch Habitus. Die Ausbildung des Habitus geschieht durch die
Teilnahme an Praktiken, wobei hier nicht wie bei der Bewußtseinsbildung
durch normative Unterordnung Repräsentationen einverleibt werden, also
Inhalte aufgenommen werden, sondern nur *Grenzen* konstituiert werden. Im
Handeln wird eine *dispositionale* Struktur etabliert, die durch das Gegenspiel

mit erneuten Handlungen verändert werden kann. Der Habitus entsteht in
der Interaktion verschiedener, mit unterschiedlicher Macht ausgestatteter Individuen. Das Konzept des Habitus basiert auf einem interaktiven und dialogischen Modell. Der Habitus arbeitet als Vermittler zwischen Struktur und
Praxis, er stellt ein spezifisches Körperwissen dar (Butler 1998:216).[18] Ich gehe davon aus, daß für eine Subjektbildung körperlich-habituelle Handlungen
ebenso zentral sind wie die sprachlich-performativen Äußerungen, also die
diskursiven Anrufungen des Subjekts. Diese habituelle Konstitution von Subjekten erscheint mir ebenso performativ zu verfahren wie die sprachliche
Konstitution.[19] Denn auch Praktiken folgen laut Bourdieu (1979:190) einem
generativen Prinzip; der Habitus beinhaltet ein produktives und generatives
Moment, so daß vielleicht von einer Performativität des Habitus gesprochen
werden kann.

2 ›Getürkte‹ Identitäten
– Die ›Subalternen‹ besetzen performative Räume

Nach dem deutschen Staatsbürgerschaftsrecht bestimmt die familiäre Abstammung die Nationalität einer Person. Um die Zugehörigkeit zur ›Nation der Deutschen‹ hat sich der Mythos vom gemeinsamen lokalen Ursprung Deutschland gebildet – ausgedrückt in der ›Blutsverwandtschaft‹ (White 1997: 760). Bei den Gruppen, die seit den 50er Jahren nach Deutschland eingewandert sind, wird eine ethnische Differenz gegenüber dem homogenen Staatskörper eröffnet. Die Kinder von *MigrantInnen*, auch wenn sie in Deutschland aufgewachsen sind, werden als *2. oder 3. (MigrantInnen)-Generation* bezeichnet (Caglar 1997:174), da von einer biologischen oder kulturellen Kontinuität als Faktor für die ethnische Identitätsposition ausgegangen wird. Den jeweils nationalen Herkünften wird dann keine Bedeutung beigemessen. Unter der Bezeichnung *Ausländer* oder *Migrant* oder dem pejorativen Sammelbegriff *Türken*[1] wird nicht differenziert. Die *MigrantInnen* erscheinen als ›ethnische Masse‹ im Gegensatz zur Nation.[2] Seit einiger Zeit wird die Trennline zur MigrantIn allerdings an den Grenzen von ›Schengen-Land‹ gezogen.

Der Begriff Ethnizität entstand mit der Bildung von Nationalstaaten und der Entdeckung des Phänomens abgesonderter Traditionen als kulturelle Enklaven in größeren multikulturellen Staaten. Mit dem Konzept Ethnizität sollte das Phänomen der Existenz eigenständiger ethnischer Gruppen oder Identitäten erklärt werden (Orywal & Hackstein 1993). Der Begriff der Ethnischen Gruppe wurde in den 50ern als Quasi-Substitut für die Begriffe ›race‹/›Rasse‹ und *tribe*/›*Stamm*‹ eingeführt.

Bis in die 60er gab es nur primordialistische Theorien zu Ethnizität. Für die PrimordialistInnen ist die ethnische Zugehörigkeit einer Person anhand objektiver Merkmale feststellbar, die die WissenschaftlerIn an tatsächlichen Personen zu konkreten Zeiten und Orten erkennt. Die ethnische Zugehörigkeit bildet dabei eine Art emotionales Band, das nicht auflösbar erscheint. Kultur und soziales Verhalten der Individuen seien vollkommen davon bestimmt. Diese Merkmale haften den Personen entweder von Natur aus an und sind direkter Ausdruck ihrer Ethnizität, weshalb sie auch als objektive Merkmale

der WissenschaftlerIn für die Untersuchung zur Verfügung stehen. Bei dieser
biologistischen Herangehensweise werden Personen durch körperliche
Merkmalen unterschieden, deren soziale/politische Konstruiertheit nicht zur
Debatte steht. Solche bezeichnenden Merkmale können jedoch laut primor-
dialistischer Theorien auch kulturell erlernt oder sozialisiert sein, also z.B. in
Verhaltensmustern bestehen. Auch der kulturalistische Zug bei den PrimordialistInnen beansprucht aber ebenso die objektive Erkennbarkeit der Merkmale durch einen Betrachter. Kultur wird bei den primordialistischen Theori-
en auf körperliche und soziale Phänomene reduziert. Dort ist die Essenz der
jeweiligen Kultur erkennbar, die sich jedoch auch als eine Art ›Struktur‹ in den
Köpfen der Untersuchten widerspiegeln soll.

Auch in der Symbolischen Anthropologie der 60er Jahre von Geertz und
Turner wurde immer wieder die objektive Realität von Kultur betont. Kultur
ist aber nicht in den Köpfen zu suchen; sie ist nicht die kognitive Matrix, die
die Bewegung der Personen im sozialen Raum begrenzt. Hier sind vielmehr
Symbole der Untersuchungsgegenstand, sie sind das ›Fenster für Kultur‹ bzw.
sie selbst sind wirksam in den untersuchten sozialen Prozessen. Die politischen Prozesse innerhalb des kulturellen Feldes werden in der symbolischen
Anthropologie allerdings noch nicht thematisiert.

In den 70ern rückten die sozialen AkteurInnen und ihre Intentionen weiter
in den Mittelpunkt der Betrachtung. Kultur war nun von Menschen gemacht,
mit Absicht produziert. Barth war der Begründer der konstruktivistischen
Ansätze in der Ethnizitätsforschung. Ethnizität wird bei ihnen als Prozeß verstanden; sie ist eine kontinuierliche Selbst- und Fremdzuschreibung, eine
subjektive Handlung. Barth (1969) verwendet das Konzept der *Ethnischen
Grenze*, die je nach Kontext und Horizont der jeweiligen Handlung gezogen
wird. Was die entsprechende Grenze einschließt, ist abhängig von der Situation, in der sich die soziale AkteurIn gerade befindet. Ein immer wiederkeh-
rendes Motiv stellt für Barth der Anspruch der jeweiligen Gruppen auf eine
geteilte kulturelle Herkunft dar. Er konstatiert ein fixes Element in den fortlaufenden, situationsbezogenen Grenzziehungen, welche Ethnitzitätsprozesse
formen. Dieser Gesichtspunkt erlaubt es, sie auch als Identitätsprozesse zu
beschreiben. So kam hier das Konzept der ethnischen Identität auf. In Fortsetzung von Barths These konnte sich ein Verständnis von ethnischer Identität als Instrument zur Durchsetzung politischer Interessen entwickeln, wie
es in den 80er Jahren bei den instrumentalistischen Ansätzen geschah. Mit
dem Paradigma des Konstruktivismus innerhalb der Sozialwissenschaften war
auch ein neues Verständnis von Repräsentation etabliert worden (Hall
1997a:5). Repräsentation war nun konstitutiver Bestandteil des *Seienden*, nicht
mehr sekundär. Die Repräsentation von ethnischer Identität wurde damit zu
einem Element der ethnischen Identitätkonstruktion selbst. Ethnische Iden-

tität war eine politische Strategie der Repräsentation geworden. Die instrumentalistischen Ansätzen fassen Ethnizität als Produkt politischer Mythen auf. Diese Mythen werden produziert und manipuliert von kulturellen Eliten und dienen ihnen zur Machtaneignung in politischen und ökonomischen Verteilungskämpfen. Hall (1996a:169) entwickelte den Ansatz weiter zum Konzept der *Neuen Ethnizitäten*, bei dem Differenzen zwischen ethnischen Identitäten positional verwendet werden. Auch Spivak ([1985]1996:214) favorisiert in einem politischen Kontext einen »strategic use of positivist essentialism«.[3] Nach Spivak und Hall soll eine fremdzugeschriebene, essentialistisch-ethnische bzw. postkoloniale Identität weniger machtvoller Gruppen (Marginalisierter/Subalterner) positiv umgedeutet und in politischen Kämpfen zum Einfordern von Rechten eingesetzt werden.

In der Postmoderne wurde mit der Dekonstruktion der binären Oppositionen, die in westlichen Wissenssystemen Bedeutung schaffen, die Möglichkeit von multiplen Subjektpositionen und Identitäten aufgezeigt.[4] Es zeichnete sich ab, daß die Dichotomie ›Selbst‹ und ›Anderes‹ entsprechend den Polen Zentralität und Marginalität sich gegenseitig bedingen und aufrechterhalten. TheoretikerInnen des Postkolonialen machten die *epistemische Gewalt* der Diskurse über den ›Anderen‹ sichtbar (Spivak [1988]1994:76), wo das kolonialisierte ›Andere‹ lediglich das ›Selbst‹ des Kolonialismus im Diskurs repräsentiert und ihm dadurch Identität verschafft. Entsprechend wurde nun ein Identitätsmodell favorisiert, bei dem Identität »mit und durch die Differenz lebt« (Rutherford 1990:22). Mit Gewahrwerden der fortschreitenden Globalisierung entstanden Konzepte von gebrochenen und hybriden Identitäten (Woodward 1997b:15ff.). Dabei verloren Identitäten ihren Bezug zu einer spezifischen Lokalität und ließen sich über Grenzen hinweg in einer transnationalen Perspektive theoretisieren (vgl. Bhabha 1997b; Basch et al. 1994). Identitäten speisten sich nun nicht mehr aus Traditionen einer Gruppe an einem bestimmten Ort, vielmehr bildeten sich neue Typen von Identität heraus, die sich an ›Kulturen der Hybridität‹ orientierten (Hall 1992:310). Diese bilden an den Grenzen von Kulturen einen *Schwellenraum* oder *Zwischenraum* (Bhabha 1997b:127,131) aus, in dem unwiderruflich – also produktiv – und permanent zwischen Kulturen *übersetzt* wird (Hall 1992:310).

Mit der Differenzierungsbewegung der Hybridität erfährt das Subjekt nach Bhabha (1997a:107) eine ›Verdopplung‹ oder ›Spaltung‹. Die Abwesenheit des Differenten, das die Anwesenheit des Gleichen/Identischen garantiert, wird indessen sichtbar: Das ›Andere‹ und die Unmöglichkeit von Identität wird in der Identität selbst mitgedacht (Bhabha 1997a:107).[5] Diese Doppel-Bewegung sieht Bhabha (1997a:111) insbesondere durch die Identitätskonstitution von postkolonialen und subalternen Subjekten aufgezeigt. In der mimetischen Wiederholung der Identität (Mimikry) des ›weißen‹, kolonialen Subjektes beim

Etablieren von postkolonialen Subjekten wird eine Differenz erzeugt, so daß die reproduzierte Version nicht ganz, aber fast mit dem ›Original‹ identisch ist (Ha 1999:134). Bhabha liefert hier eine neue Lesart der ›Nachahmung‹ durch die ›Kolonisierten‹: Während bei Fanon (1981:41,33) noch die Psyche der ›Kolonisierten‹ Schaden nimmt, wenn sie die Kultur des ›Unterdrückers‹ annehmen und den Kolonialismus internalisieren, versteht Bhabha das Imitieren des Dominanten als aktiven Widerstand mittels Umkehrung. Hybridität und Mimikry erfüllen nach Bhabha eine kritische Funktion (vgl. Ha 1999:133).

In den 90ern gab es jedoch auch unter den VertreterInnen der Hybriditätstheorien Einwände gegen eine radikal-situationistische Definition von Identität. Eine kulturell-erlernte Komponente in ethnischer Identitätskonstruktion wurde als ergänzendes Erklärungsmuster wieder zugelassen. So verortet Gilroy (1992, [1993]1996) in seiner Konzeption vom *Black Atlantic* die ›*black atlantic* identity‹ zwar an verschiedenen Orten um den Atlantik herum – er beschreibt sie mit der Metapher des Schiffs als transatlantische Identität (Gilroy 1996:4).[6] Aber er läßt bei der Identitätskonstruktion auch die Anrufung einer gemeinsamen Geschichte zu, nämlich der Erfahrung von Verschleppung und Sklaverei, die in den Artefakten der ›black culture‹ (Literatur, Popmusik etc.) eingeschrieben sei. Bei Gilroy wandern materielle Kulturprodukte und konkrete Personen auf transatlantischen Wegen. Ihr gemeinsamer Ursprung ist dabei nicht an einem bestimmten Ort festzumachen, sondern zerstreut (vgl. Gilroy in Engelmann 1997:47). Die kulturell erlernte Komponente in der ›*black atlantic* identity‹ ist aufzufinden im Moment der »Rastlosigkeit und Energie« (Lipsitz 1999:85). Damit wird eine Identität vorstellbar, die »situiert, aber nicht statisch« (Lipsitz 1999:92) ist: die Identität der Diaspora. Mit dem Konzept Diaspora werden im Allgemeinen verschiedene Gruppen/Kulturen bezeichnet, die nicht räumlich gebunden sind. Diese Bezeichnung beinhaltet die Vorstellung von Kulturen im ›Normalzustand der Zerstreuung‹ über verschiedene Nationalstaaten hinweg, ohne feste Verortung in einem Territorium. In den 80ern wurden Modelle von transnationalen (kulturellen) Diasporas entwickelt (Basch et al. 1994), um die Diasporatheorie von den Migrationstheorien und ihrem Assimilationsmodell abzusetzen. Zugehörigkeit zur Diaspora deutet nun an, daß man Teil eines transnationalen Netzwerkes ist, das selbständig existiert und das Heimatland miteinschließt – die Transnation. Beispiele für solche Diasporas sind Bhabhas durch ein Verschieben des Kulturkonzepts identifizierte »hybride Überlappungsräume« von Kulturen (*Third Space*) und Gilroys interkultureller, transnationaler Raum des afrodiasporischen Austauschs (*Black Atlantic*).

An den Konzeptionen hybrider Identitäten gab es jedoch auch grundsätzliche Kritik. Es ist unübersehbar geworden, daß kulturelle Differenz sich gut in das System des Warenkapitalismus einbauen läßt, denn »hybridity and difference sells« (Hutnyk 1997:122). Die in der Theorie eröffnete Differenz wird von ökonomischen Kategorien schnell wieder eingeschlossen. Außerdem trägt der Begriff der Hybridität die Konnotation des ›Abgeleitetseins‹ mit sich, so auch die Vorstellung, daß es ursprüngliche, vor-hybride Kulturen gebe (Lavie & Swedenburg 1996:8). Daher bleibt diese Konzeption im politischen Kampf gegen essentialistische Ideologien wirkungslos (Hutnyk 1997:119). Auch Spivak (1990:46f.) betont, daß *affirmative Dekonstruktion*, worunter ich z.B. das Konzept der hybriden Identitäten fassen würde, keine politische Position darstelle, von der aus wirksam gesprochen werden könne: »Deconstruction cannot found a political program of any kind« (Landry & MacLean 1996a:6). In der Politik sei es dagegen notwendig, eine bestimmte Position einzunehmen, wenn auch nur provisorisch. Nach Spivak (1990) wird Dekonstruktivismus falsch verstanden, wenn unter seiner Prämisse die eigene Position endlos relativiert wird. Vielmehr sei es notwendig, sich einen Ort zu schaffen, der für einen selbst repräsentativ sei. Die so erarbeitete Position fortwährend zu hinterfragen, sei das eigentliche Projekt der Dekonstruktion. Eine solche Position könnte die des *Third-Time-Space* (Lavie & Swedenburg 1996:13) sein, eine auch aus zeitlichen Verortungen gelöste Version des *Third Space* von Bhabha (1990:211). Lavie & Swedenburg (1996:15) schlagen weiterhin Gilroys Konzept der Diaspora (vgl. Gilroy 1996) und Theorien zu *Border*-Identitäten[7] vor. Hier wird Identität weder als Essenz noch als Vermischung, sondern als kreative, nicht nur reaktive Praxis der Opposition verstanden (Lavie & Swedenborg 1996:17ff.). Im Ohr behalten werden sollte jedoch auch die weitreichende Kritik Friedmans (1997) u.a. an den Hybriditätskonzepten, die beanstanden, daß eine hybride Identifikationspraxis v.a. in elitären Sphären wie akademischen und künstlerischen Kreisen der Diaspora möglich sei, aber kaum in stark marginalisierten Bevölkerungsteilen praktiziert werde.

Ein ungelöstes Problem bleibt in den (de-)konstruktivistischen Theorien allerdings die Konzeptionalisierung von Handlungsfähigkeit bzw. die des oppositionellen subalternen Bewußtseins.[8] In den dekonstruktivistischen Theorien wurde der ›Subjekt-Effekt‹ (Spivak 1996:213) entlarvt (vgl. Foucault 1983:161ff., Butler 1991:209ff.), wonach die Kohärenz der Subjekte nur im Prozeß des Diskurses entstehe und außerhalb dessen gar nicht existiere. Die Identität von Subjekten stellt nun einen Prozeß der Identifikation im Diskurs dar. Fraglich ist, ob diese Identifikation nur innerhalb eines dominanten Diskurses stattfinden kann. In einer Sichtweise unterwirft sich eine Person den ideologischen Strukturen des Diskurses und wird dabei zum sprechenden und handlungsfähigen Subjekt. Dieser Position folgt auch Butler, für die Subjekte allein durch den dominanten Diskurs konstituiert sind. Ihre Identität versteht sie als Effekt des Diskurses. Eine Möglichkeit für Subversion durch margina-

lisierte Subjekte sieht Butler nur im System der Identitätsbildung selbst, nämlich im Entdecken von ungenutzten Spielräumen durch die Erkenntnis der
Performativität von Identitäten und von Strukturen im allgemeinen. Veränderung verortet sie in dieser Erkenntnisfähigkeit und nähert sich damit den Positionen der Subaltern Studies an, die mit einem gespaltenen ›subalternen Bewußtsein‹ argumentieren.[9] Um Veränderung zu konzeptionalisieren, wird bei
den Subaltern Studies den Marginalisierten ein Bewußtsein zugesprochen und
Subjektivität für sie beansprucht.[10] Hier wird jedoch von einer Spaltung des
Bewußtseins der Subalternen ausgegangen. Von ihnen soll gelebt werden, was
gleichzeitig bekämpft werden muß und eine Vorstellung davon, wie das Leben anders sein könnte, muß währenddessen auch exisitieren (Fuchs
1999:151). Spivak (1996:214) kritisiert derartige Ansätze, die sich auf das Bewußtsein der Marginalisierten konzentrieren, als *positivist essentialism* und versucht einer defizitären Argumentation durch die strategische Umcodierung
der Begriffe zu entkommen. Bei Bhabha (1997a) kann Selbst-Bewußtsein erst
durch die Erfahrung der Verdopplung in der Subjektbildung erlangt werden.[11]
Auch Butler verwirft den Ansatzpunkt des Bewußtseins (wenn sie sich bzgl.
der Frage der Subversion vom Subjekt mitsamt seinem Bewußtsein als diskur-
sivem abwendet), jedoch analysiert sie immer wieder ›innere Zustände‹, die
sich durch die Unterwerfung unter den Diskurs ausbilden, z.B. den Zustand
der Melancholie (vgl. Lorey 1998). Der Anstoß zur Subversion geht bei Butler
eher von einem körperlich als einem kognitiv bewußten Wissen um die Veränderbarkeit von Strukturen aus. Bei ihrem Subjektbegriff geht sie jedoch
immer von einem Defizit aus: Der determinierende Diskurs wird als einzige
Quelle der Subjektkonstitution herangezogen.

Bei allen Konzepten, dem der strategischen, positionalen und auch der performativen Identitäten und Subjektkonstitutionen ist ein Abwenden von der
Fokussierung auf ein individuelles (oder auch kollektives) Bewußtsein zu verzeichnen. Identitäten werden hier vielmehr als Teile eines – räumlich und
zeitlich – größeren Diskurses betrachtet. Innerhalb dieser Diskurskonzeption
von Identitäten sind jedoch Unterschiede in den Diskursentwürfen selbst zu
erkennen. Wenn von einem dominanten Diskurs ausgegangen wird, wird die
Freiheit zur Veränderung in den Strukturen selbst und in der Erkenntnis z.B.
ihrer Performativität verankert, da das Subjekt für Subversion nicht mehr zur
Verfügung steht. Meiner Ansicht nach ist es sinnvoller, den Diskurs als Praxisfeld zu betrachten und seine tatsächliche Konstitution in der Interaktion
von DiskursteilnehmerInnen zu untersuchen. Um die Widerstandsfelder und
Brüche aufzeigen zu können, muß die Gespaltenheit *aus* dem Bewußtsein *in*
die soziale Praxis verlagert werden:[12] hier treten die Brüche beim Übergang
zwischen verschiedenen sozialen Feldern mit ihren jeweils eigenen Bedingungen für Identität und speziellen Machtbeziehungen auf (vgl. McNay 1999a:

106ff.). Die Idee des Subjekts kann dann in der Vorstellung von *Handlungssubjektivität* (Fuchs 1999:165) beibehalten werden: Subjekte bilden sich interaktiv in kulturellen und sozialen Handlungen aus. Nach einer solchen interaktiven Diskurskonzeption (Fuchs 1999:141) können sie sich immer wieder neu positionieren und sind nicht a priori durch einen dominanten Diskurs determiniert. Subjektivität bedeutet hier Intersubjektivität und *Handlungssubjektivität*, auch Reflexions- und Distanzierungsfähigkeit im Sozialen (Fuchs 1999:165). Diese Vorstellung greift die Idee der Performativität von Identitäten auf, erweitert sie jedoch um eine interaktive (Lorey 1996:139) und soziale Dimension. Der Aspekt der Interaktion bei Performativität wird von Ahmed in ihrer Diskussion um *passing*[13] hervorgehoben, was Butler (1997:231ff.) in ihrer Rezeption von *passing* versäumt. *Passing* stellt für Ahmed (1999) die Bewegung dar, die beim Prozeß der Identifikation zwischen entgegengesetzten sozialen Komplexen (z.B. zwischen ›black‹ and ›white‹ oder weiblich und männlich) stattfindet. Diese Bewegung etabliert die Beziehung eines sozialen Konflikts. *Passing* als Technik des Selbst (Ahmed 1999:101) beinhaltet daher ein kritisches Wissen um die Bedingungen und die gewalttätige Geschichte von Identität und die Ökonomie konkreter Identifikationsprozesse. Daher ist *passing for black* z.B. ein Wissen, das ein ›weißes‹ und koloniales Privileg darstellt: Das ›weiße‹ Subjekt ist dasjenige, das die Differenz kennt und dadurch das ›Andere‹ »knowable, seeable and hence be-able« (Ahmed 1999:102) macht. *Passing for white* wiederum enthält ein vollkommen anderes kritisches Potential. Die Instabilität, die durch die Prozesse des *passings* hervorgebracht wird, kann nur aufgezeigt werden, wenn die Betonung nicht auf dem Ergebnis des Identifikationsprozesses liegt, sondern auf dessen Bedingungen und den wechselseitigen Effekten zwischen AkteurIn und Umfeld.

Die postmoderne Vorstellung vom reflexiven *making of identities* (Rutherford 1990:20ff.) bedeutet, daß Identitäten formbar sind. Unter bestimmten Umständen sind sie auch wählbar. Individuen konstruieren sie aus existierenden sozialen, kulturellen und ökonomischen Beziehungen, die sie vorfinden. Diese Konstruktion ist nicht frei von Machtverhältnissen, die u.a. auch aus der Vergangenheit dieser Beziehungen resultieren. Sowohl die Betrachtung der sozialen AkteurIn als auch ihres internalisierten kulturpolitischen Umfelds kann mit den Methoden der *Theorie der Praxis* unternommen werden. Sowohl die Zugangsweise zu Kultur über reale, objektiv beobachtbare Phänomene als auch die Bedeutsamkeit der subjektiven menschlichen Handlung fanden ihren Weg in die neueren *Theorien der Praxis*. Beobachtbar wird Kultur über menschliche Handlungen, die aus einer politischen Perspektive betrachtet werden. Diese sind folgenreich und schaffen Realitäten, die wiederum sowohl beabsichtigt als auch unbeabsichtigt sein können. Die Handlungen der sozialen AkteurInnen über die Zeit betrachtet schaffen dabei ein Umfeld, durch das wiederum andere AkteurInnen sozialisiert werden. Die Praxis kann Strukturen reproduzieren oder sie auch verändern. Die Aufgabe der Praxisforschung ist die Untersuchung dieser Interaktionen zwischen Praxis und Struktur. Diamond (1996:4f.) hat die von Butler analysierten Prozesse für die Geschlechterkategorien zusammengefaßt in: »Gender is both a doing … and a thing done«. Auch für die Frage der ethnischen Identität ergeben sich durch diese Diskussion neue Konzeptionalisierungsmöglichkeiten (Bentley 1987: 27ff.). Sie wird nicht mehr als rein affektive Weiterführung der Struktur, wie im primordialistischen Modell, und auch nicht als allein zielgerichtete Praxis, wie im instrumentalistischen Modell verstanden, sondern die beiden Ebenen werden zusammengeführt: Nach Bourdieu werden sowohl Praktiken als auch ihre strukturellen Reproduktionen vom Habitus produziert (Bentley 1987:28). Als Handlungsprinzipien sind sie habituell jenseits des Zugriffs durch das Bewußtsein verankert. Sie sind entstanden aus einer Lebenserfahrung, die auch von einer Gruppe gemeinsam getragen werden kann. Die ethnische Identität könnte man also in einer Analogie zu Butlers Genderidentität als reflexive Aufführung und Weiterführung von ethnischen Identifizierungen verstehen. Die Diskurskonzeption von ethnischen Identitäten wird bei einem solchen Praxiszugang um eine kreative und performative Dimension erweitert. Die Macht über die Repräsentationssysteme ist nun nicht mehr von vorneherein festgelegt, sondern steht bei jeder Repräsentation von neuem zur Debatte. Identitäten können in diesem Sinne als kreative und reflexive kulturelle Performanzen betrachtet werden, die sich auf immer neue Kontexte mit unterschiedlichen Machtkonstellationen beziehen, also nicht nur auf bestehende Konstruktionen von Klasse, ›race‹ etc. zurückgreifen (Werbner 1997:62). Der kreative Prozeß der Identifizierung verändert die Identitäten *und* die Kontexte. Ethnische und postkoloniale Identitäten sind auf der Bühne des sozialen Lebens zur Verfügung stehende Identifizierungs- und Repräsentationsstrategien. Sie stellen allerdings auch über konkrete Kontexte hinausweisende performative und performierende Handlungen dar, die neue, ungeahnte Identifikationsräume eröffnen.

3 PopMusikIdentitäten
– Performativität in Zitat und Fiktion

Popmusik ist ein sehr wichtiger Bezugspunkt in der Identitätskonstruktion von Jugendlichen (Grimm 1998:11;Wicke 1993:6f.). Seit den 50er Jahren schaffen sich Jugendliche über Popmusik eigene soziale und kulturelle Welten, die mehr oder weniger unabhängig von der Erwachsenenwelt existieren (Vollbrecht 1997:26). Mein Interesse gilt nun den performativen Elementen von Identitätskonstruktionen, die mit Popmusik im Zusammenhang stehen. Ich möchte sie anhand der Themenkomplexe Warenförmigkeit der Popmusik, Verhältnis von Popmusik zu ›schwarzen‹ Musikkulturen und den popmusikalischen Interaktionen zwischen unterschiedlichen kulturellen Komplexen herausarbeiten.

Unter Popmusik verstehe ich alle Arten von populärer Musik,[1] die im Umfeld von Jugendkulturen entstanden sind.[2] Entgegen einer gängigen musikwissenschaftlichen Praxis (vgl. Wicke et al. 1997) vertrete ich die Ansicht, daß für die Popmusik der Gegenwart, wie sie von Jugendlichen rezipiert wird, insbesondere ›schwarze‹ Musikstile wie Blues, Jazz, Gospel etc. als wichtige ästhetische Quelle anzusehen sind. Unter Popmusikkulturen fasse ich alle Sub- und Jugendkulturen,[3] die sich mit einem Popmusikgenre beschäftigen und sich über einen Popmusikstil definieren (vgl. Grimm 1998:10). Dabei stellen die Jugendlichen sich mir als aktive ProduzentInnen ihrer Kultur dar, ich folge damit dem Ansatz von neueren ethnologischen Untersuchungen zu Jugendkulturen (vgl. Amit-Talai & Wulff 1995, Dracklé 1996b, Sharma et al. 1996, Gillespie 1995). Bei diesen Arbeiten werden Jugendliche und Kinder nicht als *incomplete adults* verstanden (Wulff 1995:11), die erst noch in die Gesellschaft hineinwachsen müssen sondern als Konstrukteure sozialer und kultureller Welten ernstgenommen. Die *Jugend*[4] verändert die ihr zur Verfügung stehenden kulturellen Repertoires und erschafft sie neu: sie inszeniert Kultur auf eine performative Weise. Allerdings stellt Jugend für mich nur *eine* soziale AkteurIn neben vielen anderen dar, keineswegs sind nur die Jugendlichen in einer Gesellschaft für deren ›Erneuerung‹ zuständig.[5] Daher möchte ich versuchen, in jugendkulturellen und subkulturellen Aktivitäten nicht per se eine »performative Inszenierung … als Gegenmoment zur Gesellschaft« (Grimm 1998:14) zu sehen, sondern konfrontative Selbstpositionierungen von Jugendlichen als Bausteine eines Modells von Gesellschaft zu betrachten, das

sie *mit und gegen* etablierte Modelle entstehen lassen. Das neue Gesellschafts-
modell entsteht immer zugleich aus Reproduktionen *und* Fiktionen. Die akademische Beschäftigung mit Jugendlichen schwankt zwischen den beiden
Extremen: entweder wird ihnen *das* subversive Potential einer Gesellschaft
zugesprochen oder sie werden wie *cultural dopes* (Giddens 1981:17) behandelt,
die lediglich Kopien der elterlichen Vorbilder anfertigen. Aus den von Jugendlichen in ihrem Handeln konzipierten Modellen von Kultur lassen sich
jedoch bei genauerer Betrachtung auch für die Ethnologie neue Perspektiven
auf Kultur gewinnen (Wulff 1995:16; Amit-Talai 1995).

Die AkteurInnen aus *represent what* ... sind ›Jugendliche‹, die im Zusammenhang mit einer sich über ein bestimmtes Popmusikgenre definierenden Gruppe eine Identität ausbilden. Die Konstruktion von Identität verläuft in Popmusikkulturen stark über Waren, die von der Kulturindustrie bereitgehalten
werden. In den Populärkulturtheorien wurde im Verlauf ihrer Geschichte solchen Identitätskonstruktionen jedoch unterschiedliche politische Qualität
beigemessen. Die Cultural Studies, die sich in den 80er Jahren als Disziplin
etabliert haben (Frith & Goodwin 1990:41) – allerdings erst seit den 90ern
etwas lebhafter in den deutschen Sozial- und Kulturwissenschaften rezipiert
werden (Mikos 1997:162ff.) – orientieren sich nicht mehr an den pessimisti-
schen Massenkulturtheorien der Frankfurter Schule (vgl. Strinati 1996:1-85)
mit ihrer äußerst kritischen Beurteilung der Funktion der Kulturindustrien.[6]
Sie beschäftigen sich mit der ›Alltagskultur von KonsumentInnen‹ (Winter
1999:36) und betonen weniger die repressive als die ›produktive‹ Seite von
Konsum. Die Warenförmigkeit der Popmusik ist nicht mehr nur ein Störfak-
tor (Gurk 1997:21). Die Jugendstudien der Cultural Studies aus den 70er Jahren (Hebdige [1979]1989,1998;Hall & Jefferson 1976) beobachten insbesondere die Umdeutungsprozesse, die bei der Aneignung von Waren ablaufen
(vgl. Kap.6). Damit konnten (subversive) Signifikationen von Kulturgütern als
Widerstand theoretisiert werden. Der Widerstand wurde dann in oppositionellen Jugendkulturen verortet. Die Jugendsubkulturstudien stellten auch die
Verknüpfung zwischen dem soziologischen Modell *Jugend* und der Musik her
(Frith & Goodwin 1990:40ff.), auf die sich sehr viel später die hauptsächlich
am Sound orientierten *sonic*-Identitätstheorien (Eshun 1998a:184) berufen
(vgl. Frith 1996, Diederichsen 1998), die sich von textlichen und visuellen Signifikationen abgewendet haben (Bloedner 1999:67). In den 80er Jahren erkannte man, daß Momente des Widerstands nicht nur im grundlegenen ›An-
derssein von Subkulturen‹ zu suchen sind. Mit Hilfe der Hegemonietheorie
Gramscis und der Diskurstheorie Foucaults wurde die gesamte populäre
Kultur und der populäre Diskurs als Ort der Auseinandersetzung und des
möglichen Widerstandes betrachtet (Winter 1999:37). Widerstand entfaltet
sich nun im Handeln von gewöhnlichen ›KonsumentInnen‹: in ihrer alltäglichen Konsumpraxis erzielen sie nach Grossberg (1997:24ff.) durch *affektives*

Handeln Effekte *kultureller Ermächtigung*. De Certeau (1999) macht in ihren Praktiken einen gewissen ›Eigensinn‹ (vgl. Winter 1999:40) aus. Solche Theorien stellten die Grundlagen für das kulturpolitische Modell von Gegenkulturen *im Herzen* des Mainstreams bereit, das in den 90er Jahren aufkam, als das Differenzmodell offensichtlich politisch inhaltslos geworden war (Holert & Terkessidis 1997). Auch die Rapmusik ist schon lange nicht mehr ›unschuldig‹: spätestens seit der Popularisierung des Gangsta-Rap[7] auch unter einem ›weißen‹ mittelständischen Publikum läßt sich nur noch schwer von einer »revolutionären Einheit der Rapmusik« sprechen (Ha 1999:161, vgl. Kap.6).

Die Warenförmigkeit der Popmusik hat allerdings auch Auswirkungen auf die popmusikkulturellen Identitätsmodelle und die darin enthaltenen Authentizitätsvorstellungen. Daß die Kulturindustrie Güter sehr gut verkaufen kann, wenn sie sie mit einer ›Aura‹ von Authentizität und Marginalität umgibt, muß nicht im Gegensatz stehen zur These, daß als »Formprinzip der Popkultur die Oberflächlichkeit« (Meueler 1997:32) und ihre Massentauglichkeit gelten können. Jederman kann ein ›Original‹ kaufen (Goodwin 1990:259)[8], dabei ist dieses ›Original‹ auch ein längst hybrides Produkt: Die Ästhetik der Pastiche bzw. des *cut 'n' mix* ist in der Popmusikkultur weit verbreitet. Die Taktik des *crossover*, insbesondere »der Einbruch in den weißen Teenagermarkt ist für viele schwarze Musiker und ihre Plattenfirmen« finanziell erfolgreich gewesen, »Blues, Jazz und Rap haben heute ein überwiegend weißes Publikum und viele weiße Nachahmer« (Karrer 1995:41). Populäre Musik ist immer wieder aus Querverbindungen unter verschiedenen Musikgenres hervorgegangen (Wicke et al. 1997:389). Ausschlaggebend für die Entstehung dessen, was wir/die Jugendlichen heute als Popmusik kennen, war auch die Tatsache, daß ›weiße‹ und ›schwarze‹ KünstlerInnen ›schwarze‹ Formen des Musizierens ›nachgeahmt‹ bzw. performiert haben, sie einem breiteren Publikum präsentierten und daß diese Interaktionen auch ›über den Atlantik‹ (vgl. Gilroy 1996:88ff.), ich würde meinen auch über den pazifischen und indischen Ozean hinweg stattfanden. Auf ähnliche Weise wie in den *minstrel-shows* zuerst ›weiße‹ und dann ›schwarze‹ PerformerInnen ›schwarze‹ Musik und Kultur (allerdings als Karikatur) auf die Bühne brachten, entstanden auch Blues, Jazz, Gospel, R&B, später Soul, Disco, HipHop, Techno, House etc. aus Interaktionen ›schwarzer‹ KünsterInnen mit ›weißen‹ KünstlerInnen und der ›schwarzen‹ (und ›weißen‹) KünstlerInnen mit dem jeweiligen Publikum. Während man hier von interaktiven Praktiken spricht, muß einem natürlich das Machtgefälle zu bedenken geben, aufgrund dessen ›weiße‹ MusikerInnen sich ›schwarze‹ Musik aneignen konnten – eine Tatsache, die sich durch die gesamte Geschichte der populären Musik zieht. Auch eine extreme Variante, bei der man vielleicht nicht mehr einfach von einem ›Austausch‹ sprechen kann, ist die Aneignungspraxis westlicher ›weißer‹ und ›schwarzer‹ Musiker von süd- und ostasiatischer Musik- und Popkultur (Hutnyk 2000; Banerjea 1998). Hutnyk zeigt in diesem Zusammenhang, daß die Formen des Zusammenfließens von Pop(musik)kulturen sehr unterschiedlich verlaufen; so sind bei marginalisierten Personen/Kulturen die Metaphern des Hybriden viel schneller zu Hand als bei der dominanten Kultur des Zentrums. Die marginalisierte Kultur wird bei ihrem Einschluß durch die dominante ›exotisch‹, die dominante Kultur aber nicht zugleich ›hybride‹ (Hutnyk 2000:124,128). So ist auch die Beschreibung des kreativen Prozesses in der Popmusik als Collage[9] problematisch: Bei der Metapher der Collage wird die ungleiche Machtverteilung zwischen den einzelnen MusikerInnen und zwischen MusikerIn und Publikum weitgehend ausblendet. Wenn verschiedene Musikstile oder -elemente und deren jeweilige Kontexte bzw. ihre Bedeutungen/Evokationen innerhalb ihrer jeweiligen Kontexte zusammengestellt werden, müssen die Überkreuzungen der Kontexte auch unter politischen Gesichtspunkten betrachtet werden. Ich bevorzuge daher die Metapher des Performativen/der Performativität, um zwischen subversiven Pastiche-Parodien und affirmativen ›Pantomimen‹ (Hutnyk 2000:117) unterscheiden zu können.

Seit den 70er Jahren wird eine konstitutive Zitathaftigkeit in der Popmusik als Offensichtlichkeit diagnostiziert (Diederichsen 1997:44ff.): die Popmusik sei zu großen Teilen selbst-referentiell geworden (Goodwin 1990:260). Spätestens seit der Erfindung des *samplers* ist das Zitieren zu einer stetig verwendeten musikalischen Technik geworden (Goodwin 1990). Da mit dem *sampler* aber nicht nur Aufnahmen ›älterer‹ Musikstücke *reproduziert*, sondern auch alle möglichen ›neuen‹ Klänge in unterschiedlichsten Kombinationen *produziert* werden können (auch so, daß sie sich wiederum wie ›alte‹ Klänge anhören), wird durch diese Technologie nicht nur die Trennung zwischen Original und Kopie, sondern auch die ehemals genrebildende Spannung zwischen menschlich und maschinenproduzierter Musik aufgelöst (Goodwin 1990:262). Bei einer ›Live‹-Musikaufführung z.B. können ›natürliche‹ Klänge von Computern imitiert werden, so daß reale PerformerInnen auf der Bühne Computer wie ›echte‹ Instrumente spielen. Ein Live-Auftritt orientiert sich spätestens seit MTV und Madonna immer auch an Images, also reproduzierten Identitäten z.B. aus Musikvideos. Die Videoclips werden manchmal vor der eigentlichen Musik veröffentlicht, schaffen also die ersten Bilder, reagieren andererseits aber auch wieder auf die jeweiligen Live-Performances. Live-Ereignisse und mediale Reproduktionen stehen in einer wechselseitigen Abhängigkeit, die ontologische Differenz zwischen Liveness und Mediatisierung ist aufgelöst (Schumacher 2000:102). Die Quellen der Authentizität sind heute auch Zitate, auf schon Bestehendes bezogen und damit offen für Verschiebungen seiner Bedeutungen. Authentizität und Performativität bedingen sich gegenseitig (Auslander 1999:65ff., Schumacher 2000:103), das Moment der Authentizität in Popmusikdiskursen hat auch performative Züge. Gerade die technologischen Entwicklungen in Verbindung mit der medialen Verfügbarkeit von

Popmusik haben die performativen Aspekte in Pop-Identitätsmodellen befördert.

Aber besonders der öffentliche Charakter von Popmusik durch massenhafte Produktion und Warenförmigkeit ist ein wichtiger Faktor für die Performativität von Identitäten in Popmusikkulturen. Die Popmusik wird im öffentlichen Diskurs in einzelne Popmusikgenres unterteilt. Frith (1998:75ff) analysiert die ›Genre-Regeln‹ zu den einzelnen Popmusikstilen, die sich aus diskursiven und musikpraktischen Verhandlungen unter MusikerInnen, Fans, MusikkritikerInnen, Discjockeys (die KritikerInnen der musikalischen Praxis) und der Industrie entwickeln. Er kommt zu dem Schluß, daß die Genre-Bildung immer ein kommerziell-kultureller Prozeß ist (Frith 1998:89) und entwickelt daraus die These, daß jede (popmusikalische) Performanz schon immer in einem *frame*, nämlich dem bestimmter Genre-Regeln stehe (Frith 1998:207ff.). Dieser *frame* ist jedoch als soziales Handlungsgeflecht von MusikerInnen, KritikerInnen, Industrie etc. zu sehen. Ich verstehe ihn als zeitlich parallele Performanz zur eigentlichen musikalischen Performanz. In der konkreten musikalischen Performanz fließen *frame* und Handlung ineinander: das ›Publikum‹ erwartet von der ›PerformerIn‹ eine gewisse Kompetenz (über *performance* – und die darüber hinausreichenden Genre-Regeln) und die ›PerformerIn‹ nimmt wiederum an, daß das ›Publikum‹ kompetent ist, nämlich daß es ihre Performanz ›versteht‹ (Frith 1998:208). Dieses Modell ist exemplarisch vorgeführt in der Organisationsform der ›black music‹, dem *call and response*. In der Antiphonie zerfließen die Grenzen zwischen HörerInnen und MusikerInnen, zwischen ›Selbst‹ und ›Anderem‹ und zwischen Individuum und Gemeinschaft (Gilroy 1996:78f.; Sidran 1993:32). Das erklärt Sidran (1993:20) daraus, daß die Grundlagen dieser Musik und Kultur in oralen Traditionen liegen. Als besondere Merkmale dieser *oral culture* arbeitet er ihre »Kommunikationsform der Unmittelbarkeit«, ihre Orientierung an Handlungen (*actionality*) und ihr besonderes Verhältnis zur Zeit heraus, das eher einem rhythmischen als linearen Verhältnis entspreche (Sidran 1993:22,29). Außerdem orientiere man sich hier vornehmlich am Sound der Musik (Sidran 1993:30f.). Daher ist die konkrete Handlung des Sprechens und Musizierens wichtiger als die Sprache oder Musik an sich, was sich auch auf spezielle Formen des Sprechens (*talking black*) übertragen läßt. Ein Grundzug des *talking black* ist seine performative Orientierung, nämlich daß Konversationen grundsätzlich als *performance*s verstanden werden, also sowohl verbale als auch ›Körper‹-Sprache verwendet wird (Frith 1998:210). Tate (1993:166f.) sieht die afrikanisch-amerikanische Kultur als »von Anbeginn an bildlich und figurativ« orientiert, denn: »Etwas sagen und etwas anderes meinen war in den westlichen Unterdrückungskulturen überlebenswichtig«. Als wichtiges rhetorisches Ritual wird immer wieder das *signifyin(g)*[10] genannt.[11] Gates u.a. (in Gates 1984) analysieren die verschiedensten Ausprägungen des *signifyin(g)s*, der Praxis des indirekten Benennens (Gates

1993:184) in der ›schwarzen Literatur‹. Gates (1993:178,184) erkennt in diesem rhetorischen Spiel der Ambiguität die Elemente der Parodie und Pastiche. In der Wiederholung werden Wörter oder die Wörter umgebenden Strukturen leicht verändert. Die dadurch ausgestellte Differenz erzeugt ein Hinterfragen der angenommenen Identität der Wörter und ihrer Strukturen (Gates 1993:182ff.).[12] Tate (1993:171ff.) kritisiert an Gates' Ansatz, daß er zu stark textgebunden sei und keinen Bezug zur (sozialen) Politik dieser Sprachpraxis herstelle. Stattdessen schlägt er die Untersuchung der Sprachrituale im HipHop und eine Erweiterung des Beobachtungshorizonts auf die Ebene der Musik und des Tanzes in der ›schwarzen‹ Kultur vor (Tate 1993:173ff.).

Insbesondere die Alltäglichkeit der *performance* macht ›schwarze‹ Musik und Kultur zu einer wichtigen Quelle des Stils in Popmusikperformances (Frith 1998:210). Identitäten in der Popmusik werden in konkreten Aufführungen ›verkörpert‹. Der Körper spielt bei der Realisierung von musikkulturellen Identitäten eine entscheidende Rolle: bei der Bühnenperformanz bzw. der *streetperformance* (wie z.B. im HipHop), der alltäglichen oder auf der Bühne realisierten Performanz mit Hilfe eines bestimmten Kleidungsstils und der Performanz in Musikvideos, durch die Popmusik heute überhaupt erst zu ihren ›Hörern‹ gelangt. Diese Performanzen finden in der Popmusikkultur oft auch in der Form des Tanzes statt, der auch den Konventionen der einzelnen (Musik-) Genres folgt. Tanz enthält Momente des Spiels und der Regelhaftigkeit und folgt so auch dem musikalischen Modell: Frith (1998:223) bezeichnet Tanz als *enhanced listening*. Der Körper selbst ist der Ort und das Instrument der Musik. Identität wird beim Tanzen durch die körperliche Performanz erfahrbar, sie ist nicht mehr allein sprachlich-diskursiv zu begreifen.

Identitäten in der Popmusik sind performativ, da sie die Grenzen zwischen Publikum und PerformerIn, Körper und Diskurs sprengen. Sie lassen die Verbindungen zwischen vergangener, gegenwärtiger bzw. zukünftiger Musik und zwischen Musik verschiedener kultureller Verortungen hervortreten.[13] Diese Identitäten präsentieren das Sinnliche, Emotionale und Soziale *als* Performanz (Frith 1998:272). Auch für die Popmusik gilt, daß die eigentliche Bühnenperformance mit dem CD-Player jederzeit in den Alltag geholt werden kann. In der Popmusikkultur verwischen die Grenzen zwischen dem *staged* und dem *everyday*: Musik *lebt* soziale Werte, sie repräsentiert sie nicht (Frith 1998:272). Frith (1998) und einige andere Theoretiker im Umfeld der Cultural Studies (Gilroy 1996; Eshun 1998a; Diederichsen 1998) entwickelten aus diesen Elementen Modelle musikalischer Identität bzw. den Ansatz, Musik als Modell für Identität zu begreifen. Diese musikalischen Modelle von/für Identität sind unterschiedlich konkret ausgeführt und weisen verschiedene Abweichungen auf, verfolgen jedoch alle eine politische Idee: über das performative Moment (das auch nicht immer als solches benannt ist) Essentialismen einstürzen zu lassen und die Vorstellung von einer Musik, die allein auf ihre soziale Funktion reduziert ist, zu überwinden.[14] Musik wird hier als sozialer Prozeß aufgefaßt, sie selbst produziere und reflektiere soziale Werte (Frith 1998: 272). Die Bedeutung von Musik ist nicht mehr aus dem Sozialen abzuleiten, wie noch im Modell der Homologie in den Jugendkulturstudien des CCCS.[15] Nicht die Musik beruft sich auf bestimmte kulturelle Identitäten, sondern Musik *produziert* diese Identitäten performativ. Der Prozeß der Identitätsbildung verläuft in popmusikkulturellen Modellen über Performanzen.[16] Diese Performanzen beinhalten sowohl soziale Aufführungen von Identität (vgl. die Genre-Regeln von oben), als auch sehr persönliche, individuelle und körperliche Versionen von Identität. Identität wird hier allerdings als schon immer in irgendeiner Form existentes Ideal betrachtet, nach dessen Realisierung zu streben ist (Frith 1998:274). Man versteht sie in einem *anti-anti-essentialistischen* Sinne als Produkt sozialer Praktiken, von denen eigentlich angenommen wird, daß sie sich aus einer Identität ableiten (Gilroy 1996:102).[17] Die musikalische Praxis bietet reale Erfahrungen dieser Identität (Frith 1998:274). Gilroy benennt solche anti-essentialisierenden Effekte aufgrund des performativen Charakters bei der ›black music‹. In *The Black Atlantic* ([1993]1996) modelliert er eine ›black identity‹, die sich in der Bewegung zwischen verschiedenen Orten am Atlantik entlang entwickelt und in der Bewegung der ›verstreuten‹/diasporischen Verankerung einen Gegendiskurs zur Moderne und ihren Identitätsmodellen entwirft. In der Musik des *Black Atlantic* sieht Gilroy (1996:101) die von Baraka ([1967]1979) herausgearbeitete ›schwarze‹ Ästhetik des *changing same* realisiert. Die fortlaufenden Bewegungen innerhalb von Identität werden dabei ermöglicht durch Schallplatten, die Musik und ihr performatives Ideal transportieren, und Schiffe, die Menschen und kulturelle Artefakte befördern. Keil & Feld (1994:23) übersetzen dieses »philosophische Prinzip changing same« in den alltagssprachlichen Ausdruck *music grooves*. Mit dem *groove* in der Musik ist gemeint, daß sie einen Prozeß, nämlich eine Kreisbewegung und Wiederholung, vollzieht, in der es immer etwas Neues *und* etwas Bekanntes zu hören gibt (Keil & Feld 1994:23,109). Gilroy (1996:36) verankert diesen hybrid-performativen Charakter von Musik jedoch in einer spezifischen ›black identity‹-Ästhetik, während für Frith diese Prozesse in *allen* Bereichen der Popmusik wirksam sind – allerdings in unterschiedlicher Intensität.[18] Nach Frith (1998:224) gibt es in einzelnen Musik-Genres unterschiedliche Modelle der Beziehung zwischen »performer and audience, performer and song, performer and performer«, also der Selbstreflexivität der PerformerIn, auch gegenüber ihrem Publikum. Daß solche Beziehungen aber bestehen ist ein fundamentales Element der Popmusik. Sicherlich ist die ›schwarze‹ Ästhetik ein, wenn nicht *der* entscheidende Einflußfaktor auf die Popmusikästhetik. Dies gilt allerdings nur, wenn diese ›schwarze‹ Ästhetik als Interaktionsraum zwischen konträr konstruierten kulturellen Identitäten mit divergierender Machtausstattung verstanden wird. Eshun (1998a) entwirft – allerdings ohne den Anspruch, ein wissenschaftliches Modell zu konstruieren, sondern vielmehr um soziologische Modelle von Musik zu dekonstruieren und zu überwinden – eine musikalische, in diesem Fall rein ›klangliche‹/›tönende‹ *sonic*- Identität: »So this is the idea that the sonic can produce identities in itself. ... I never try to collapse the sonic back into the social« (Eshun 1998a:184). Allerdings läßt Eshun dieses Modell über die Evokation eines spezifischen Genres der ›schwarzen‹ Musik und Ästhetik, der Tradition des *Afro-Futurismus*[19], entstehen. In der afrofuturistischen Praxis sind Identitäten v.a. Fiktionen, weniger Reproduktionen. Identitäten werden höchstens parodiert, eigentlich aber neu erfunden und dabei im *space* des Weltraums verortet (Diederichsen 1998). So wird in einer Gleichsetzung mit dem ›alien‹ die Teilhabe am Humanen vollständig zurückgewiesen (Eshun 1998:156), der ›alien‹ gibt das Bild des ›Anderen‹ ohne Referenten in der Realität (Nagl 1998:74). Die afrofuturistischen Fiktionen erstellen daher Simulakren (Kopien ohne Original).[20] Eshun hat das Thema Politik schon längst hinter sich gebracht, denn »der performative Charakter von Pop macht politische Einstellungen erst kommunizierbar und körperlich erfahrbar« (Bloedner 1999:67). PopmusikakteurInnen entwickeln spezifische Ästhetiken, um den performativen Raum zu kartographieren (vgl. Volkart 2000:59), d.h. auch, ihn mittels Praxis analysierbar zu machen.

4 *Sampling* zwischen Verortung und *sonic fiction* – Performativität im HipHop

Am außergewöhnlich starken Sinn für Präsenz im HipHop – »the fun lies in the process not the result« (Frith 1996:115) – läßt sich ablesen, welch herausragende Rolle die Performanz hier einnimmt. Im HipHop werden über Performanzen Bedeutungen geschaffen. Die performative Ausrichtung des HipHop zeigt sich in Musik und Text, im Tanz, den Graffitis und der Mode. Ich werde mich in diesem Kapitel hauptsächlich auf die Rapmusik, also die Musik- und Textebene im HipHop, konzentrieren, um das in Kap.3 eingeführte musikalisch-performative Modell von Identität feiner auszuarbeiten. Die Musik spielt für das Etablieren dieses Identitätsmodells im HipHop eine große Rolle. Die performativen Momente zeigen sich natürlich ebenso in der Bedeutung der Mode im HipHop (z.B. im Markenbewußtsein der HipHopper, vgl. Rose 1994a:36f.; Grimm1998:103f.) und in den Tanz- und Malstilen (Rose 1994a:41ff.). Die körperliche Performanz – auch als visuelles Erlebnis – spielt im HipHop eine wichtige Rolle. Dazu wurde die Tanzästhetik ausführlich von Rode (1999:87ff.) untersucht, Henkel & Wolff (1996:120ff.) geben eine Einführung zu den Verwendungsweisen von Mode im HipHop und Treeck (1993) beschäftigt sich mit der deutschen Graffiti-Szene.

Im Folgenden möchte ich einen kurzen Überblick über die Geschichte der Rapmusik und die verschiedenen Stilistiken geben, die sich seit den Anfangsjahren im HipHop entwickelt haben. Ich werde auch auf die besondere Situation des HipHop in Deutschland eingehen. Anschließend möchte ich einige DJ- und Rap-Techniken vorstellen, die sich aus dem musikalischen Zusammenhang des HipHop mit ›schwarzen‹ Musikstilen und aus Innovationen auf dem technologischen Sektor entwickelt haben.

Kurze Geschichte der Rapmusik

Die Geschichte der Rapmusik bis in die 90er Jahre ist sehr gut dokumentiert, insbesondere von Toop (1992), Rose (1994a) und Fernando (1994). Im Folgenden beziehe ich mich auf diese und auf weitere AutorInnen, die sich in ei-

ner wissenschaftlichen Form mit HipHop beschäftigt haben (Karrer & Kerkhoff 1995a; Potter 1995; Dufresne 1997; Gilroy 1996; Baker 1993 u.a.). Ich
werde aber auch die Geschichte des HipHop, so wie sie mir von meinen GesprächspartnerInnen erzählt wurde, in diesen Abriß einfließen lassen. Die
Geschichte wird zwar auch HipHop-intern immer wieder neu entworfen,
aber bis auf einige Variationen scheinen die im Folgenden beschriebenen
Phasen des HipHop gesichert.

Old School (1975 – Mitte der 80er Jahre)

HipHop entstand Mitte der 70er Jahre in der Bronx von New York. Es war
die Zeit der De-Industrialisierung in den amerikanischen Großstädten, die in
solchen Vierteln besonders zu spüren war (Rose 1994a:27ff.; Karrer 1995:24).
Dort trafen DJ-Techniken und die Straßenreimkultur des Rapping zusammen; auf Straßen und öffentlichen Plätzen veranstalteten DJs und MCs gemeinsam *block parties*: Der DJ legte auf zwei Plattenspielern jeweils ein Ex-
pemplar der gleichen Schallplatte an einer bestimmten Stelle (dem Instrumen-
talteil) auf und erzeugte durch Hin- und Her-Mixen zwischen den beiden
Plattentellern die fortlaufende Wiederholung eines Rhythmus'. Der MC forderte durch ein Mikrophon mit Reimen und Kommentaren das Publikum
zum Tanzen auf. Mit diesen HipHop-Straßenpartys schufen sich die Jugendlichen als Gegenmoment zur damals blühenden, allerdings eher luxusorien-
tierten Disco-Clubkultur eine eigene Musik- und Jugendkultur, zu der jeder
Zugang haben sollte. Ein Jugendlicher mußte nur zwei Plattenspieler oder
auch Kassettenrekorder/Tonbänder – die auch relativ billig zu beschaffen
waren – bedienen lernen, sich in der Kunst des Rappings üben, zur Musik
tanzen lernen (nämlich in einem ganz bestimmten, sich hier entwickelnden
Stil, dem Breakdance) oder in der ganzen Stadt (insbesondere auch in den rei-
cheren Vierteln) durch Graffitis an Hauswänden und auf Zügen die Existenz
dieser Jugendkultur demonstrieren. Mit der Zeit entstanden *crews* (Gruppen) –
ähnlich dem Vorbild von Gangs,[1] allerdings als Zusammenschluß auf künstlerischer, nicht nur sozialer Basis – über diese vier Disziplinen hinweg. Diese
crews ›kämpften‹ dann in den *performance*s gegeneinander. Der für eine ›Straßenkultur‹ so elementare Wettbewerb wurde auf einer kreativen Ebene ausgetragen (Toop 1992:20). Ab 1980 wurde die HipHop-Musik von kleineren
Independent-Labels entdeckt und in den frühen 80er Jahren gab es einen
ersten Höhepunkt für HipHop als Tanzmusik. Der damalige Musik- und Lebensstil ist heute unter der Bezeichnung *Old School* bekannt. Die Hauptszene-
rie des *Old School*-HipHop lag auf der Straße. Bald gab es Rapmusikveranstal-
tungen allerdings auch in Clubs – wo DJs, MCs, Graffiti-Künstler und Break-

dancer in Aktion traten – nachdem die New Yorker Kunstszene zunächst die Grafitti-, bald aber auch die Rapkünstler für sich entdeckt hatte (Toop 1992:154ff.). Die Musik entstand im Mix mit Plattenspielern meist aus Soul-, Funk- und Jazzstücken der 60er/70er Jahre, bald wurden jedoch auch ganz andere, nicht so klar ›schwarz‹ codierte Musikstile als Grundbausteine oder Zitate eingebaut – so geschehen z.B. beim in dieser Zeit aufkommenden Electro-Funk, einem Musikstil, der auch heute noch als eigenes Genre im Umfeld des HipHop weiterlebt. Hier handelt es sich um eine stark rhythmusorientierte Musik, die als HipHop-Weiterentwicklung der Funk-Musik aus den späten 60er Jahren gilt und heute hauptsächlich den Breakdancern als Tanzmusik dient. Als eigentliche Geburtsstunde dieses Sounds aber gilt das Stück »Planet Rock« (1982) von Afrika Bambaataa, in dem viele *sample*s aus unterschiedlichen Musikrichtungen vereint sind. Sehr prominent ist dabei ein *sample* der deutschen Musikgruppe Kraftwerk, die als Vorläufer der Techno-Musik gilt. Das Stück ist eine Mischung aus Funk, HipHop, aber auch Synthesizer- (also digital produzierter) Musik. Zu dieser Zeit begann man auch, Rhythmusmaschinen an Stelle der bis dahin obligatorischen zwei Plattenspieler oder eines Live-Schlagzeugs als Rhythmusgeber einzusetzen. Gerade diese eher künstlichen, technologischen Klänge erreichten die Jugendlichen bei ihrer Begeisterung für Science-Fiction und Comic-/Zeichentrickfilme, die damals gerade ein Revival erlebten. Hier beginnt die enge Beziehung zwischen Rapmusik und Technologie. Insbesondere im Sound waren technologische Entwicklungen immer wieder Bezugspunkte für den HipHop. Afro-futuristische Traditionen wurden von den HipHopper aufgegriffen und weitergeführt, der futuristische *electronic jazz* der frühen 70er war eine wichtige Bezugsquelle.

Aber auch andere kulturelle Traditionen, z.B. die ostasiatische Popkultur in Form von Kampfsportfilmen lieferten Ästhetiken, die in den HipHop Einlaß fanden.[2] Die tatsächliche internationale Bedeutung des HipHop manifestierte sich allerdings in dem riesigen Erfolg, den die zahlreichen Breakdance-Filme (natürlich einschließlich der dort verwendeten Musik) hatten, die in den frühen 80er Jahren herauskamen und weltweit Verbreitung fanden; damals war ihr Vertrieb noch nicht sonderlich kommerzialisiert, sondern fand über persönliche Kontakte statt. Bemerkenswert ist, daß Rap gegen Ende dieser Phase fähig geworden war, fast alle anderen (zeitgenössichen) Musikstile (Disco, Punk-Rock, Funk, etc.) aufzugreifen (Toop 1992:178). Besonders erfolgreich war die Fusion von HipHop mit Rock-*breaks* und Rockgitarrentönen, was dem HipHop auch ein ›weißes‹ Mittelstandspublikum eröffnete. Den ersten großen Durchbruch bei einem ›weißen‹ Publikum hatten Run-DMC 1983 mit ihrem ziemlich gitarrenlastigen Stück »Walk this way«. An diesen Erfolg schloß sich jedoch auch der Anfang einer Auseinandersetzung von Rapmusikern und Medien, Zensurbehörden und Elternverbänden ,an, die in den Rap-

texten immer wieder die Ursache für Gewalttätigkeiten suchten (vgl. Rose
1994b). Das Verhältnis zu den Medien ist für die Rapmusik auch heute sehr
wichtig. Im Kontakt zwischen Medien und Rapmusikern spielt sich ein wesentlicher Teil der Performanzen ab (Grimm 1998:75).

New School/Mid School [3] (~1987 – Anfang der 90er Jahre)

Für die Zeit um 1987 wird meist ein Bruch in der Geschichte der Rapmusik
diagnostiziert. Damals sei eine gewisse Richtungslosigkeit ausgebrochen (Toop 1992:210; Karrer & Kerkhoff 1995b:6; Rose 1994a:4), auch dadurch daß
alle möglichen *crossover*-Innovationen ausgeschöpft waren und ihre Energie
sich in kommerzialisierten Versionen verloren hatten. Eine neue Generation
von Rappern trat auf:

Einerseits entwickelte sich die Rapmusik – ausgehend von Los Angeles
und Miami – an der Westküste und im Süden der USA, wo man sich hauptsächlich an den Rock-*crossover*s und Rhythmusmaschinen-Klängen orientierte:
Hier entstand der Gangsta-Rap, der die Tradition der in Los Angeles seit den
40er Jahren etablierten Gang-Kultur (Toop 1992:190) zelebrierte und eine nihilistische, auf den ersten (in einigen Fällen auch auf den zweiten) Blick un-
politische Interpretation der sozialen Verhältnisse in den ›Ghettos‹ lieferte.
Gangsta-Rap erfuhr äußerst großen, internationalen Erfolg, nicht zuletzt wegen des starken Medieninteresses und zahlreicher Zensuraffären. Insbesondere ein ›weißes‹ Publikum schien an den fatalistischen Verherrlichungen von
Drogenproblemen und Kriminalität in den ›Ghettos‹ Gefallen zu finden (vgl.
Ro 1996) und begeisterte sich für die Figur des Gangsta, die dabei entweder
als ›authentisches‹ Kulturprodukt des ›schwarzen‹ Machismo immunisiert und
verteidigt wurde oder eine Begründung für verstärkten Rassismus in der Verkleidung eines moralisierenden Diskurses abgab.[4]

Andererseits entstand v.a. in New York und an der Ostküste der USA eine
politisch bewußte Version der Rapmusik, die dem Rap ihren Ruf als *Black
CNN* (vgl. Matussek & Hüetlin 1994:57) einbrachte: Hier wurde die soziale
Situation der ›schwarzen‹ Bevölkerung explizit gemacht und politische Forderungen gestellt. Die bekannteste *political-rap*-Gruppe Public Enemy wurde
zum ›Superstar der Rapmusik‹ (Rose 1994a:4), obwohl Texte und Musik auf
ihrem Debutalbum *Yo! Bum Rush the Show* von 1987 sehr aggressiv klangen.
Mit Public Enemy kam auch eine neue Welle von ›schwarzem‹ Nationalismus
und ›Afrozentrismus‹ auf, denn sie machten ein ›schwarzes‹ Bewußtsein wieder zum (Medien-) Thema.

Ein wichtiges Merkmal dieser Phase ist die Medienpräsenz der Rapmusiker, die sich v.a. aus den zahlreichen Skandalen und Prozessen im Zusam-

menhang mit der Zensur ergab. Hier wurden auch die sozialen Umgangsformen des *posing* und *dissing* wichtig, da man sich als Rapper in einer großen Öffentlichkeit behaupten mußte. Es gab natürlich auch viele Rapkünstler, die nicht in die Medien kamen. Diese behielten eine gewisse Ästhetik bei, die aus dem Mangel an (finanziellen) Produktionsmitteln entstanden war, und bildeten die Basis für den Underground-Bereich der Rapmusik, der bis heute kontinuierlich besteht.

Next School / Native Tongues[5] (Anfang – ~ Mitte der 90er Jahre)

Ungefähr seit 1990 begann die Rapmusik global tatsächlich bedeutsam bzw. interkulturell zu werden. An vielen Orten auf der Welt griffen (zunächst) Minderheitengruppen diese Musikrichtung auf und brachten ihre eigenen (musikalischen) Einflüsse ein. Vorbild für diese interkulturelle Öffnung waren die Gruppen der *Native-Tongues*-›Schule‹. Diese Gruppen verstanden sich als Teil einer transatlantischen ›schwarzen‹ Kultur. Daß sie ihre teilweise ›interkulturelle‹ Zusammensetzung explizit machten, erschien als Neuheit in der ansonsten als ›schwarz‹ rezipierten Rapmusik.[6] Sie etablierten eine spielerische Art und Weise des ›Afrozentrismus‹ durch eine Hybridisierung der ›schwarzen Wurzeln‹. Die Besonderheit ihrer ›schwarzen‹ Ästhetik war es, sich nicht allein auf afrikanisch-amerikanische Musikstile und die obligatorischen Rockelemente als Quellen zu beschränken, sondern sich alle nur denkbaren musikalischen Genres anzueignen bzw. diese auf eigene Art und Weise weiterzuverwenden. Ihre Texte sind dabei eher intellektuell, aber teilweise auch mystizistisch und psychedelisch-verspielt. Gilroy (1996:85) versteht den von ihnen eingebrachten ›Afrozentrismus‹ als *black internationalism* gegenüber dem von anderen Gruppen favorisierten *black nationalism*, der in diesem Genre allerdings auch mit dem Internationalismus vermischt ist. Freunde und Nachfolger der *Native Tongues* fanden sich bald auch in Großbritannien und anderen Ländern. Man darf jedoch nicht übersehen, daß es im HipHop neben dem hybrid-performativen Umgang mit ›Ursprüngen‹ auch die in der Popmusik wohlbekannte Praxis gibt, die ›hybriden Wurzeln‹ einer Musik zu verdecken und sie als authentisch-ethnischen Musikstil zu präsentieren.

HipHop als globale kulturelle Praxis

Seit den 90er Jahren sind die verschiedenen Stile innerhalb des HipHop global verfügbar und die Genres lassen sich immer schlechter abgrenzen. Diese Entwicklung hin zu einer Auflösung der Genres wurde nicht nur durch die Entwicklung der Informationstechnologien (Globalisierung der Medien), sondern auch durch eine Veränderung der Produktionstechniken, die im Hip-Hop verwendet werden (vgl. Kap.4), befördert. Heute können nur noch verschiedene stilistische Traditionen identifiziert werden, die allerdings in der konkreten Performanz eines Acts[7] ineinanderfließen. Die Individualität in der Auswahl und Kombination einzelner Stilelemente auch aus den verschiedensten Genres macht heute die Einzigartigkeit eines Künstlers/Acts aus. Gilroy (1996:85) identifiziert drei Stränge in der HipHop-Ästhetik: die pädagogische, die affirmative und die spielerische Linie, welche v.a. aus den oben beschriebenen Genres des politischen Rap, des Gangsta-Rap und des spielerischen ›Afrozentrismus‹/›schwarzen‹ Internationalismus hervorgegangen sind. Diese bilden jedoch heute keine eigenen Genres mehr, was u.a. damit zu tun hat, daß ein bestimmter musikalischer Stil nicht mehr zwingend mit dem einen oder anderen Ende des Kommerzialisierungsspektrums verbunden sein muß, v.a. auch weil Elemente aus anderen zeitgenössischen Musikstilen außerhalb des HipHop (z.B. House, Disco, Drum 'n Bass) aufgenommen werden, um breitere Käuferschichten zu gewinnen (*crossover*). Heute ist es z.B. durchaus chic geworden, eine geradezu ›primitivistische‹ Ästhetik im Sound zu präsentieren (nämlich underground, also ›billig‹ zu klingen), während die übrige Ästhetik sich vollkommen luxusorientiert zeigt. Immer wichtiger ist in den 90er Jahren auch die visuelle Repräsentation in Musikvideos geworden. Das gilt allerdings hauptsächlich für den kommerziellen Bereich, da für Musikvideos hohe Produktionskosten anfallen. Blümner (2000:15) erkennt zwei wichtige Traditionen der ›schwarzen‹ Popikonographie, die in die Ästhetik von Musikvideos aufgenommen wurden: das ›Schwelgen im Luxus‹ (Glamour) und den Futurismus bzw. die ›Science-Fiction-Ästhetik‹. Sowohl die übertriebene Glamourästhetik – als Bestätigung eines hart erkämpften Reichtums – als auch die (ursprünglich v.a. literarische und musikalische) Tradition des *Afro-Futurismus* – als Zurückweisung der Vorstellung vom ›heimatlosen Schwarzen‹ durch das Proklamieren eines ›fiktiven‹ Heimatortes im Weltraum – spielen parodistisch mit Stereotypisierungen von ›Schwarzsein‹.[8] Gerade aber die Strategie der Ironisierung ist heute zum – gut verkäuflichen – Standardrepertoire der Musikindustrie geworden. Verkaufszahlen sind kein verläßlicher Hinweis mehr auf die Ästhetik und politische Zielrichtung einer Gruppe.[9] Seit einiger Zeit wird darüber diskutiert, inwiefern man beim HipHop aufgrund derartiger Prozesse von einer spezifisch postmodernen Ästhetik sprechen sollte. Während einige AutorInnen an den parodistischen, spielerischen Techniken des HipHop seine Postmodernität festmachen (vgl. Potter 1995: 2ff., Baker 1993:89ff.), sehen andere genau darin eine populäre statt einer postmodernen Ästhetik (vgl. Frith 1998:209). Wiederum andere AutorInnen betrachten die oralen Aspekte, die sich in der Rapmusik manifestieren, als speziell vor-moderne Ästhetik, die durch die heutigen technologischen Möglichkeiten beibehalten bzw. erweitert werden kann (vgl. Toop 1992). Ich möchte mich der Position von Rose (1994a:95) anschließen, die die technologischen Aspekte von Rapmusik als eigene ästhetische Innovationsquelle den oralen Aspekten gleichstellt, anstatt die speziell mit ›schwarzer‹ Kultur in Verbindung gebrachte Oralität in den Vordergrund zu stellen. Die positive Aneignung von Technologie ist m.E. nicht nur in der black sci-fi/afrofuturistischen Ästhetik von Bedeutung, sondern stellt eine Konstante in der Rapmusik dar. Rose (1994:96) erkennt einen wechselseitigen Einfluß von technologischen Veränderungen auf die ›schwarze‹ Musik und von Rapmusik und ihren Erfindungen auf neue Technologien. Die Liaison mit der Maschine – die Monstrosität der daraus entstehenden Identitäten – entwickelt eine politische Sprengkraft, die Identitäten aus ihren natürlich-biologistischen Angeln heben und ihre performative Konstruiertheit entlarven kann. Die HipHopper haben eine besondere soziale Ästhetik der *sonic fiction* (Eshun 1998) entwickelt, die ihnen ›Platz schafft‹, indem sie die »performative Konstruiertheit von Orten und Menschen« (Biemann 2000:65) hervorhebt. Daraus entwickelten sie nicht nur neue Kartographien des nicht-menschlichen, post-humanen Raumes, sondern auch des irdischen Raumes mit seinen bestehenden sozialen Alteritäten. Auch Roses Position könnte man zu denjenigen zählen, die im Rap eine explizit postkoloniale Kultur sehen (vgl. Gilroy 1996, Lipsitz 1999, Ha 1999), die sich von ihrer Verortung in der ›schwarzen‹ Kultur gelöst hat bzw. bei der der Begriff der ›schwarzen‹ Kultur erweitert ist und sich z.B. über verschiedene Minderheiten erstreckt. Bei Rose (1994:96) ist ›schwarze‹ Musikkultur eine ästhetisch-kulturelle Praxis, die ›schwarze‹ musikalische Stile und Manipulationen von Technologie zusammenbringt. Wahrgenommen wird sie trotz allem als ›minoritäre‹ Kultur, die Rapmusik steht heute in einer Spannung, die sich aus der Kommerzialisierung einer ›Minderheiten-Kultur‹ ergibt.

HipHop in Deutschland

HipHop kam sowohl in die BRD als auch in die DDR über die Breakdance-filme Mitte der 80er Jahre (vgl. Fuchs 1995:163).[10] Es gab damals in beiden deutschen Staaten eine extreme Breakdance-Begeisterung. Als diese verflogen war, etablierte sich HipHop in subkulturellen Szenen als Kombination aller vier Disziplinen (Rapping, DJing, Graffiti, Breakdance). Während die soziale Thematik des HipHop bei seiner Rezeption in der DDR eine geringere Rolle spielte bzw. Sozialkritik gefährlich war (Fuchs 1995:162; Krekow & Steiner 2000:125), wurde er in Westdeutschland hauptsächlich von politisierten Minderheitengruppen aufgenommen.[11] Die Informationen aus den USA kamen in

die DDR über persönliche Kontakte oder sehr kostspielige Plattenkäufe im
Urlaub, in die BRD hauptsächlich durch Musikzeitschriften und Tonträger.
Der Musikfernsehsender MTV sendet erst seit Anfang der 90er auch Hip-
Hop-Sendungen; der deutsche Sender Viva zog Mitte der 90er nach (vgl.
Hachmeister & Lingemann 1999:150ff.). Nach einem ersten Höhepunkt entwickelten sich Ende der 80er Jahre in der BRD und der DDR kleine subkul-
turelle Szenen. Diese bilden heute den Hauptteil der *deutschen Old School*, aus
der immer noch zahlreiche Künstler hervorgehen, die seit Ende der 90er Jahre in die deutschen Charts kommen. In den 80ern gab es HipHop-Zentren in
der DDR in Magdeburg, Dresden, Potsdam, Berlin, etc. und in der BRD in
Berlin, Hamburg, Frankfurt, dem Ruhrgebiet, in Heidelberg/Mannheim und
in vielen kleineren Städten. Gerade der wiedererstarkende Rassismus nach der
Wende bildete für die HipHopper einen gemeinsam zu bekämpfenden Geg-
ner und die Szenen aus Ost- und Westdeutschland verbanden sich zwar nicht
gleich, aber relativ schnell nach der Wende (Fuchs 1995:167). Allerdings sind
die Großstadtszenen überall recht autonom, man tauscht sich intern aus. Der
Stil der Berliner und Frankfurter Szene wird oft hervorgehoben und als
hardcore bezeichnet (Henkel & Wolff 1996:13), beide Szenen orientieren sich
am Stil des HipHop in New York City. Die anderen Szenen galten als offener
für die verschiedensten Einflüsse, besonders die Szenen der ›Kleinstadt-Hip-
Hopper‹, die fast jedes Wochenende quer durch Deutschland auf HipHop-
Treffen (*jams*) fahren, um sich dort auszutauschen. Erste Rapmusikveröffent-
lichungen in Deutschland gab es Anfang der 90er Jahre. Auf der kommerziell
geplanten Zusammenstellung *Krauts with Attitude* von 1991 waren west- und
ostdeutsche Gruppen vertreten, außerdem auch die sich später unter dem Label *Deutscher Sprechgesang* perfekt vermarktende Gruppe Die Fantastischen
Vier. Gerappt wurde in Deutschland anfangs auf englisch, von einigen bald
auch auf deutsch. Der deutsche Rap hatte allerdings lange Zeit einen schweren Stand. Besonders der *Deutsche Sprechgesang*, das von der deutschen Musikindustrie ›erfundene‹ Genre, machte es den Rappern schwer. Der Markt
wurde durch die Veröffentlichungen *einer* auf ›Niedrigniveau‹ (Jacobs 1993:
214) in deutsch reimenden Popgruppe, den Fantastischen Vier, unter dem
Label *Deutscher Sprechgesang* seit 1991 dominiert. Mit deren Adaptation des
amerikanischen Rappings konnte sich die restliche Szene allerdings kaum
identifizieren.[12] 1992 veröffentlichten Advanced Chemistry aus Heidelberg ihr
Stück »Fremd im eigenen Land«, das durch den deutschen Text hervorstach.
Es sollte auch für lange Zeit eines der wenigen explizit antirassistischen[13]
Stücke sein, die größeren Erfolg in den Medien hatten. Von vielen *MigrantInnen der 2. und 3. Generation* wird HipHop als Mittel zur Politisierung der rassi-
stisch erlebten Alltagskultur wahrgenommen, kommerziell wird ihre Musik
allerdings kaum verwertet. Die auf türkisch rappende Gruppe Cartel hatte

1995 mit ihrem gleichnamigen Album sowohl im Mainstream in Deutschland als auch in der Türkei einen Durchbruch, aber ihr Erfolg war von keiner langen Dauer (Ayata 1999:282; Ayata & Weber 1997:33).[14] Heute gibt es einen breiten, kommerziell sichtbaren deutschsprachigen Mainstream und eine kaum vermarktbare *MigrantInnen*-HipHop-Szene (Ayata 1999:274ff.). Die deutschsprachige Rapmusik hat sich seit Mitte der 90er Jahre mit der Musikindustrie ›arrangiert‹ und hatte in den Jahren seit 1998 höchste Verkaufszahlen. In der *MigrantInnen*-HipHop-Szene wird währenddessen eine »Kanak-Sprak«, eine Art Creol oder Rotwelsch etabliert, … das dem Free-Style Sermon im Rap verwandt ist«; man spricht hier »aus einer Pose« heraus, mit der das Recht auf eine hybride Selbstdefinition eingefordert wird (Zaimoglu 1997:13, vgl. Ha 1999:165ff.). Diese Entwicklungen werden jedoch (erst) langsam von der Industrie entdeckt (vgl. Rating- Schatz 1999; Köhne 1999).

Techniken und Technologien

Die zentralen Werkzeuge der Rapmusik sind die Sprache und der *sampler* bzw. die *turntables* (Plattenspieler).[15] Mit ihnen haben die HipHop-Musiker Praktiken hervorgebracht, die gewohnte Modelle von Identität – von Personen und Dingen über die Zeit hinweg – destabilisieren. Die sich innerhalb der Strukturen der Popmusikkultur entwickelnde Praxis des *signifyin(g)*,[16] des »repetition *with a difference*« (Potter 1995:27), wird hier eingesetzt in rhetorischen und musikalischen Praktiken. Die Bezüge zwischen Vergangenheit und Gegenwart bzw. die Vorliebe für ›Brüche‹ in der Zeit sind deutlich vorgeführt in der Technik des *samplings* – Rose (1994:96) vergleicht sie mit einer musikalischen Zeitmaschine. Durch *sampling* ist z.B. das ›Zitieren‹ älterer Stücke oder das Wiederholen oder auch Zerstückeln eines Rhythmus bis zu seiner Unkenntlichkeit möglich. Diese musikalische Praxis ist ein Beispiel für die Technik der Intertextualität, der mehrfachen Reversion vorausgegangener Texte (vgl. Gates 1993:183f.), die in der Rapmusik auf verschiedene ›Textformen‹ – musikalische, verbal-rhetorische, performative – angewendet wird. Im folgenden werde ich zunächst die rhetorischen, dann die musikalisch-performativen Entwicklungen aufgreifen.

Die ›*black oral traditions*‹ der »collage, intertextuality, [des] boasting, toasting, and signifying« (Rose 1994a:64) wurden in der HipHop-Lyrik weiterentwickelt. Aus der Straßenkultur[17] der großstädtischen ›Ghettos‹[18] hat sich zum Anzeigen der sozialen Beziehungen innerhalb und nach außen eine bestimmte Form der Sprachverwendung entwickelt (Karrer 1995:24f.). Dieses *public street talking* wird auch als Rapping bezeichnet (Abrahams 1974:257).[19] Ein Sprechakt wie er im Rap vorkommt durchläuft verschiedene Stadien mit unterschiedlichen Sprachstrategien. Hierunter fallen Sprachformen wie Spiel, Konfrontation, Pädagogik, Täuschung etc. (Folb 1980:90ff., Abrahams 1974), die als Performanz durchgespielt werden (Karrer 1995:26). Damit die Sprache für Außenstehende nicht zu verstehen ist, wechseln die Codes und Sprechakte sehr schnell. In der Kombination mit Musik wird das Sprechen auch rhythmisch eingesetzt; außerdem wird zwischen Tempo, Tonhöhe und Klangfarbe gewechselt. Gerappt werden kann hart und weich, auf dem Beat oder neben dem Beat (Karrer 1995:28f.). Karrer (1995:31f.) klassifiziert nach Stanley die Texte im Rap weiterhin nach ihren Funktionen: es gibt die *boasting-Raps* (das Preisen der eigenen Vorzüge),[20] die *toasting-Raps* (das Geschichtenerzählen) und die *teaching-Raps* (die Botschaften). Sehr wichtig in der Rapmusik ist die Technik der Collage und Intertextualität: hiermit bezieht sich der Künstler auf andere Musikstücke oder Texte, spielt mit ihnen und identifiziert sich mit ihnen bzw. parodiert sie.

Die Rapmusik hat die musikalischen Praktiken des *scratchings, cuttings, mixings, blendings, backspinnings, punch-phrasings, samplings, loopings* etc. hervorgebracht (Karrer 1995:30; Rose 1994a:62ff.; White 1998). Diese entstanden .v.a. in der Beschäftigung mit dem Plattenspieler, den analogen (Kassettenrekorder, Tonband), aber auch mit digitalen Reproduktionsgeräten (*sampler* etc.). Beim *backspinning* wird auf dem Plattenteller der Tonträger (gegen den Uhrzeigersinn) zurückgezogen. In der Wiederholung mit einem leichten Druck auf die Platte erzeugt dies das markante Geräusch des *scratchings*, das rhythmisch in der Gesamtperformance eingesetzt wird. Die Technik des *Cuttings* besteht darin, daß ein bestimmtes musikalisches Segment isoliert wird. Das

Segment kann dann einzeln eingespielt werden – während auf dem zweiten Plattenspieler Musik weiterläuft – oder wiederholt werden – indem auf beiden Plattenspielern dieselbe Stelle isoliert wird. *Mixing* bedeutet, daß zunächst die Geschwindigkeit der beiden Musikstücke auf den Plattenspielern· durch manuelle Veränderung am *pitch-controller* (Geschwindigkeitsregler) aneinander angepaßt wird und danach diese beiden ›gemischt‹ werden. Das kann geschehen, indem beide gleichzeitig gespielt werden und sie sich dabei zu einem neuen Stück ergänzen (*blending*) oder indem ein kurzes Segment eines Musikstücks eingeblendet wird, während das andere ausgeblendet wird (*punch-phrasing*) – hierzu ist der *cross-fader* (Ein-, Aus- und Überblendungsbauteil) auf dem *Mischpult* notwendig, das die beiden Plattenspieler verbindet (vgl. White 1998). Die DJ-Techniken sind heute allerdings zu einem großen Teil von der Arbeit mit DAT-[21] und Samplinggeräten abgelöst. Mit einem *sampler* kann ein Teil eines Musikstücks dauerhaft isoliert und reproduziert werden; es kann dann *geloopt*, also mehrfach wiederholt werden, um so z.B. einen fortlaufenden Rhythmus zu erzeugen. Die Rapmusiker haben sich besonders den Praxismustern der Wiederholung und des musikalischen *breaks* verschrieben. Dies geschah in einer Auseinandersetzung mit der ›*black cultural tradition*‹, aber auch mit technologischen Entwicklungen auf dem Musikinstrumentensektor. Nach Snead (1994:65ff.) und Rose (1994b:69) ist der Umgang mit Wiederholungen (*loops*) und Brüchen (*breaks*) in der ›schwarzen‹ kulturellen Praxis ein besonderer: Hier gibt es sowohl den *break* als auch sein Gegenelement, den *flow*, der durch Wiederholungen in der Musik oder durch fortlaufende Muster und Verbindungen in den Rap-*lyrics* oder auch der Musik hergestellt wird. Im Zusammen- und Gegeneinanderwirken von *loop* und *break* wird die zirkulatorische Struktur dieser Musik hervorgehoben (Snead 1994:67). Wichtig ist auch die Wiederholung in einer bestimmten Version, das *versioning* (Rose 1994b:66). Die Differenzen, die zwischen den Versionen entstehen, werden bewußt eingesetzt, um die wiederholende Struktur der Musik hervorzuheben – die Illusion der Identität wird entblößt. Durch Reproduktionstechnologien wie die *sampling*-Technologie kann ein Element eines Musikstücks – meist der Rhythmusteil ohne melodische Instrumente – fortlaufend reproduziert werden (*looping*). Dieser verlängerte Instrumental-*break* wird dann *breakbeat* genannt. Die Möglichkeit der Wiederholung, die durch die *sampling*-Technologie stark erweitert wurde, haben die HipHopper auf eine neue Ebene gehoben: sie etablierten eine offene Praxis der Intertextualität bzw· Intermusikalität und benutzen *sample*s explizit als Referenzpunkte. Sie formen eine Ästhetik des ›Wiederverwendens‹ gegen eine Ästhetik simpler Identität und verwenden *sample*s in der Art von Zitaten. Mit einem *sample* soll immer gleichzeitig ein vergangener und ein aktueller Kontext evoziert werden. Die Transformation, die das *sample* dabei erfährt, wird erfahrbar gemacht durch den Sound: Die

HipHop-Musik ist baßlastig und hat einen sehr ›körperlichen‹ Klang; sie vermittelt dem Hörer ein starkes Gefühl von Präsenz.

Solche destabilisierenden Praktiken werden gerne mit der spezifischen Produktionssituation einer postmodernen oder postkolonialen Kultur in Verbindung gebracht. Sicherlich ist die postmoderne und postkoloniale Verschiebung des Betrachtungshorizonts ein wichtiger Faktor für die Entwicklung hin zu einer Vorstellung von *sonic forces* (Rose 1994a:94) hinter der Rapmusik. Einen weiteren wichtigen Umstand stellen jedoch die Veränderungen in den von den Rapmusikern, v.a. den DJs und *break*-Bastlern verwendeten Technologien dar. Beide Entwicklungen haben die kulturellen Praktiken des *break*, *flow* und *loop* möglich gemacht: Rose (1994a:85) bezeichnet Rap als »complex fusion of orality and postmodern technology«[22] und bricht damit die Oppositionen von Natur-Mensch/Kultur-Technologie auf. Die durch die postkoloniale Diskussion in den Blickpunkt gerückte afrikanisch-amerikanische Tradition der Oralität und die postmoderne Reproduktionstechnologie sind gleichzeitig Quellen für die Rapmusik.

Teil II
»Das ist einfach ein bewußter Umgang
mit dir selbst«
– Performativität von Identitäten im HipHop

HipHop läßt sich nicht einfach als künstlerische Freizeitbeschäftigung verstehen, die man je nach Lust und Laune praktiziert oder es bleiben läßt. HipHop bildet vielmehr einen Sozialkomplex, in dem man sich mit Persönlichkeiten/Identitäten verortet, die sich nicht einfach wieder ›ausziehen‹ lassen und die zur gleichen Zeit von inner- und außerhalb der Szene ihre Impulse beziehen. Die HipHopper haben sich ästhetisch einen sozial-kulturellen Raum geschaffen, den sie auch auszuweiten gewillt sind, allerdings nicht um jeden Preis. Die spezifische Ästhetik der Performativität artikulieren die HipHopper konkret in ihren Identitätskonstruktionen, deren Ausformulierung ich in diesem empirischen Teil anhand der Ergebnisse meiner eigenen Forschung im HipHop nachgehen möchte. Die Performativität von Identitäten artikulieren die HipHopper in Performanzen und Diskursen, die Teil der HipHop-Konzepte *style*, *realness*, Repräsentation sind; diese Konzepte werde ich jeweils genauer untersuchen.

Zunächst soll in Kap.5 das Konzept *style* mit seinen verschiedenen Elementen erläutert werden. Innerhalb des HipHop ist es insbesondere als performatives Modell für individuelle Identitäten von Bedeutung.

Auf die kollektive Identität der HipHopper werde ich in Kap.6 eingehen. Diese bildet sich in einer Auseinandersetzung mit der Öffentlichkeit, bei der sich die HipHopper sowohl selbst als Gruppe positionieren als auch gruppeninterne Ausgrenzungsverfahren anwenden. Der Dialog mit dem ›Ausgegrenzten‹ wird jedoch fortlaufend aufrechterhalten.

Kap.7 dient dazu, die Prämisse der Performativität von Identitäten in den Repräsentationsstrategien der HipHopper, also ihrem identitätspolitischen Auftritt nach außen, aufzuzeigen.

Die von mir vorgenommene Unterteilung in einzelne Kapitel – einer Innen-Außen-Dichotomie folgend – ist insofern problematisch, als das Performativitätsmodell der HipHopper darauf abzielt, solche Trennungen gerade zu überwinden und Identität in Bewegung zu halten. Ihr Identitätsmodell zeichnet sich an einzelnen praktizierten Verfahren ab, die in einer Analyse allerdings nur einem ›Innen‹ oder ›Außen‹ oder dem Raum des ›Dazwischen‹ zugeordnet werden können. Den konzeptuellen Zusammenhang dieser Praktiken werde ich durch Bezüge zwischen den einzelnen Kapiteln zu fassen versuchen.

Zu Wort kommen werden nun v.a. einige GesprächspartnerInnen aus meiner Forschung im Raum Heidelberg/Mannheim.[1] Es sind diejenigen TeilnehmerInnen am HipHop-Diskurs, mit denen ich persönlich gesprochen ha-

be und die ich für ein persönliches Zitat ausgewählt habe. Daß diesen nun eine herausragende Rolle zukommt, bedeutet nicht, daß die anderen (hier nicht
explizit erwähnten) HipHop-DiskursteilnehmerInnen für meine Forschung
unbedeutend gewesen wären. Ich habe nur nicht mit allen persönlich gesprochen und konnte auch nicht alle meine GesprächspartnerInnen im Text zitieren.

presenting ...

Im folgenden charakterisiere ich meine InterviewpartnerInnen so weit, wie es
notwendig ist, um die einzelnen Aussagen im nachfolgenden Text zu verstehen. Den jeweiligen Kontext der Aussagen werde ich an den gegebenen Stellen genauer erläutern. Den persönlichen Erfahrungshintergrund der einzelnen
Personen, z.B. eine Migrationsgeschichte der Eltern möchte ich jedoch nicht
herausarbeiten, da es in meiner Arbeit um allgemeine Umgangsformen mit
Identitätskonstruktionen im HipHop geht und nicht darum, ein Sozialverhalten aus einer von mir fremdzugeschriebenen Identität abzuleiten. Als zusammenhängende soziale Gruppe lassen sich meine GesprächspartnerInnen nicht
konstruieren; sie kannten sich nur teilweise untereinander, hier ist auch nicht
von einer eng verbundenen Gruppierung auszugehen. Allerdings sind die HipHop-Künstler über den HipHop-Mediendiskurs und die Diskurse in der
Szene verbunden, auch wenn sie sich nicht persönlich kennen.

Karin (K.), Mitte 20, ist Herausgeberin des nicht kommerziellen HipHop-
Magazins *Subotage* und Bookerin bzw. Tourmanagerin für – meist befreundete
– Rapmusikgruppen aus den USA und Großbritannien in Deutschland. Au
ßerdem ist sie Studentin und auch an einer theoretisch-wissenschaftlichen
Auseinandersetzung mit HipHop interessiert. Sie bewegt sich seit Anfang der
90er Jahre in der HipHop-Szene. Unsere Gespräche fanden bei ihr zu Hause
statt.

Kid Konya (K.K.), Mitte 20, ist Discjockey und arbeitet außerdem als Geschäftsführer in einem HipHop-Mode/Accessoire-Geschäft. Er ist seit den
80er Jahren in der HipHop-Szene. Seine HipHop- und sonstigen Tonträger
kauft er in einem Musikgeschäft, aus dem auch ich einen Großteil meiner
Schallplatten beziehe und wo wir uns kennengelernt haben. Unser Gespräch
fand in einer Bar statt, die uns beiden als Treffpunkt bekannt war.

Torch (Tch.), 28, ist Rapper bei der bekannten HipHop-Gruppe Advanced
Chemistry (A.C.), die seit den späten 80er Jahren existiert. Er versteht sich au
ßerdem als Musiker und Produzent und besitzt ein HipHop-Musiklabel und
ein Studio, in dem auch andere Bands ihre Platten aufnehmen. Torch finanzierte sich zum Zeitpunkt des Interviews hauptsächlich aus der Musikproduk-

tion von Schallplatten und Mixtapes befreundeter Künstler. Das Gespräch fand in seinem Studio statt, wo zu Beginn auch Bou (B.) anwesend war, ein weiterer Rapper von A.C., und später ein Bekannter von Torch vorbeischaute und sich zu uns setzte.

Luigi (L.) und Michele (M.), Anfang/Mitte 20, waren beide Rapper und Musiker der HipHop-Gruppe Avanty Fratelly (A.F.), die seit Mitte der 90er Jahre existierte und eine CD veröffentlicht hat. Inzwischen treten sie nicht mehr in der anfänglichen Formation auf: Zum Zeitpunkt unseres Gesprächs machten Luigi und Michele bevorzugt zu zweit Musik, heute spielen sie bei Booty Jam, einer Funk-HipHop-Band. Wichtig ist ihnen, die Musik mit Instrumenten wie Gitarre, Baß oder Schlagzeug selbst zu spielen und nicht nur auf reproduzierte Musik zurückgreifen zu müssen. Dies steht im Gegensatz zu Micheles Selbstverständnis außerhalb des Bandkontexts, wo er sich auch als DJ bezeichnet. Ihre Musik bezeichnen Luigi und Michele als G-Funk, wobei sie sich damit lediglich in den Zusammenhang von Funkmusik stellen möchten. Luigi hat einen Lehrberuf gelernt und arbeitet Vollzeit in einem Betrieb, Michele ist noch Schüler. Das Interview fand zu viert (L., M., C.K., S.M.) in einem modern eingerichteten Café/Restaurant statt, das offensichtlich alle Beteiligten als neutralen Ort betrachteten.

Serdar (S.), 30, war zum Zeitpunkt des Interviews bereits seit mehreren Jahren als Veranstalter von HipHop-, Black Music und Türkische Popmusik-Events tätig gewesen. Teilweise handelte es sich dabei um Konzerte, teilweise um Parties, auf denen eine oder mehrere dieser Musikrichtungen gespielt wurden. Wir trafen ihn zur Zeit seines Umzugs in eine größere deutsche Stadt, wo er als Produktmanager bei einem Unterhaltungskonzern zu arbeiten begann. Er hat ein wirtschaftswissenschaftliches Studium absolviert und ist nun als Experte speziell für das Marketing türkischer Popmusik engagiert worden. Das Interview fand zu dritt (S., C.K., S.M.) in einem Café statt.

5 *Style*
– Die Identität im HipHop als bewußte Selbstinszenierung

»Im HipHop ist ein eigener Stil von besonderer Bedeutung. In der Regel werden danach die Writer, MCs, Breaker und DJs beurteilt. Dabei ist nicht nur wichtig, daß der Style gut und innovativ ist, sondern auch, daß er eigen und für den, der ihn repräsentiert, charakteristisch ist.« (Krekow et al. 1999:295f.). Ein guter *style* muß also die beiden Kriterien Innovativität und Individualität erfüllen.[1] Diese Elemente des Konzepts *style* will ich im Folgenden am Beispiel seiner Bedeutung für meine GesprächspartnerInnen aus dem HipHop beschreiben.[2] Dabei werde ich besonders auf das Konzept *style* als Werkzeug der Identitätsbildung für HipHopper (Rose 1994a:36) eingehen. Es geht mir an dieser Stelle nicht um die Interpretation der Stilformen des HipHop als *signifying practice* (Hebdige 1989:118) einer Gruppe in Bezug auf ihre ›Außenwelt‹.[3] Vielmehr möchte ich in diesem Abschnitt die internen Funktionen von *style* im HipHop untersuchen und dabei die besondere Form und Funktion von Stilschöpfung im HipHop herausarbeiten. *Style* als Werkzeug zur Identitätsbildung stellt sich für mich als Praxiskonzept dar. Ich verstehe es als Handlungsanweisung zur Identitätskonstruktion im HipHop. Wie die Modelle Innovation und Individualität als Ausformulierungen von *style* in der Praxis funktionieren, möchte ich die HipHopper selbst vorstellen lassen. Praxis erklärt sich nach Bourdieu (1987:169), dem richtungsweisenden Theoretiker der Studien unter dem Vorzeichen der Praxis (Ortner 1984:144), nicht selbst; ihre Logik muß von der WissenschaftlerIn oder den AkteurInnen selbst als AnalytikerInnen erklärt werden. Bourdieu (1987:157) unterscheidet dabei die *Logik der Praxis* von einer *Logik der Logik*. Da die Fähigkeit zur Identitätsbildung nicht das Ergebnis eines kognitiven Prozesses darstellt, sondern in der Praxis erworben wird, entsteht sie nach der den Praktiken immanenten Vernunft, der »Logik der Praxis …, die sich definitionsgemäß einer theoretischen Erfassung entzieht« (Bourdieu 1987:157). Die Logik der Praxis rekurriert nicht auf eine sprachlich-diskursive Ebene. Die HipHopper erklären aber in einer Selbstbeobachtung sehr wohl ihr Praxismodell *style* in den Worten der Logik (der Logik). Sie beschreiben seine Elemente Innovativität und Individualität, wie ich zeigen werde.

Style ist ein Modell zum Erlangen von Identität auf einer ästhetischen Ebene. Die Identität verstehe ich dabei als »mimetischen Akt …, dessen Bezugnahme nicht vom theoretischen Denken, sondern mit Hilfe der Sinne, aisthetisch, hergestellt wird« (Gebauer & Wulf 1998:16). Den Theorien, die Identitätsbildung als ästhetischen Prozeß beschreiben, wird der Vorwurf gemacht, zu sehr in einer konsumistischen Sichtweise verhaftet zu sein, die nicht unbedingt alle AkteurInnen teilen bzw. teilen können, da es ihnen an materiellen Ressourcen mangelt (Fraser 1999; McNay 1999a). Unter die ästhetischen Modelle fällt für mich auch das Konzept der *Expressive Identities* von Hetherington (1998:20), bei dem es um Identitäten geht, die besonderen Wert auf den expressiven Charakter des täglichen Lebens legen. Auch Butlers Entwurf der performativen Identitäten, der die alltägliche Inszeniertheit von Identität hervorhebt, gehört m.E. in diese Reihe.[4] In den beiden Modellen wird Expressivität und Performativität als Quelle der Identifikation nach außen aufgefaßt; expressive und performative Identitäten seien speziell inszenierte Identitäten.[5] Hier wird Identität zur Praxis der Identifikation und damit zum politischen Akt, der sich allerdings nicht getrennt von Themen des ›Lifestyles‹ betrachten läßt (vgl. Hetherington 1998:3). Ein konsumistischer Ansatz erscheint mir für die Diskussion um HipHop grundsätzlich nicht falsch, da die Identitätsbildung explizit auch über Konsumgüter und insofern entlang der Grenze der Kommerzialisierung verläuft, worauf ich in Kap.6 genauer eingehen werde. Die Frage des Konsums wird im HipHop jedoch v.a. in Bezug auf ein ›Außen‹ diskutiert, z.B. in der Frage der politischen Einflußnahme über Konsumgüter. Intern ist die Kommerzialisierungsdebatte aus der Sicht der HipHopper zum Allgemeinplatz geworden: die zur Identitätsbildung im HipHop benötigten Güter werden als Werkzeuge und nicht als Luxusgüter betrachtet; eine ›Grundausstattung‹ mit diesen Werkzeugen wird für erschwinglich gehalten. Das ästhetische Konzept von Identität wird innerhalb der Gruppe verwendet, ohne daß es als speziell konsumistisches Modell verstanden würde. Expressivität und Performativität basieren auf Konsum, sie lassen sich jedoch nicht darauf reduzieren – zumindest nicht in der Sicht der HipHopper. Dies bedeutet jedoch nicht, daß das Thema Konsum intern nicht diskutiert würde (vgl. Kap.6). Nach m.E. bildet *style* im HipHop das Mittel zur bewußten Selbstinszenierung als *Person*. Dabei fasse ich die Möglichkeit des Selbst-Bewußtseins nicht als Konsequenz einer allgemeinen Ästhetisierung der Gesellschaft und Auflösung des Sozialen in individuell und zwanglos gewählte und performierte Lebensgeschichten auf.[6] Selbstbewußtsein stellt für mich eine speziell in der postmodernen Welt entstandene Möglichkeit für die Mitglieder einer Gruppe dar, sich von der Selbstverständlichkeit der eigenen

Identität zu distanzieren, da für sie der Übergang zwischen verschiedenen gesellschaftlichen Feldern – und damit auch unterschiedlichen Machtfeldern – und die dabei erlebte Unsicherheit und Spannung zur Normalität geworden ist (vgl. McNay 1999a:112 f.).

Die Realisierung des ästhetischen Konzepts im Modell *style* und seinen Elementen Innovativität und Individualität innerhalb des HipHop werde ich in den folgenden beiden Abschnitten beschreiben, um dann gegen Ende des Kapitels auf die Performativität von Identität im HipHop zu sprechen zu kommen, die hier durch *style* als Mittel zur Identitätsbildung realisiert wird.

Skills und Innovativität

Mein Interviewpartner DJ Kid Konya stellt im Zusammenhang mit dem Konzept *style* die Komponente Innovativität in den Vordergrund: »Es geht darum, innovativ zu sein, Ideen miteinzubringen in die Sachen, die du machst und neue Sachen zu entwickeln, neue Techniken zu entwickeln«.

Auf der Suche nach Innovation entstehen im HipHop neue Techniken. Dabei ereignet sich die Innovation auf der Ebene des (einzelnen) Künstlers. Die Kreativität der einzelnen Akteure forciert die Innovation im gesamten HipHop. Für einen DJ-Wettbewerb beschreibt Kid Konya die Bedeutung von Kreativität: »Das, was gewertet wird, ist, wieviele Platten du in der Zeit auflegst und wie du diese Platten in der Zeit auflegst und wie kreativ du bist und was für Einfälle du mit in deine Show einbringst«. Bewertet werden die Fähigkeiten und das Können des DJs, also ein aktives Wissen, das sich dann allerdings in Techniken[7] sedimentiert. Diese Techniken haben einen tendenziell statischen Charakter: als Wissen werden sie zunächst einmal aufbewahrt und verbreitet, bis sie schließlich wieder verändert werden. Ein nicht statisches Wissen hingegen stellen die Fähigkeiten und das Können dar, die von den HipHoppern auch als *skills*[8] bezeichnet werden. *Skills* beinhalten Wissen um eine bestimmte Handlungspraxis. Als praktische Fertigkeiten werden sie mit dem Körper ›ausgeführt‹. Ich verstehe sie als Körperwissen (vgl. Kap.1) und möchte sie v.a. mit dem von Bourdieu entwickelten Konzept des Habitus als körperliche Positionierungen zu fassen versuchen. Ein Habitus bildet sich in der ›Nachahmung‹ von Handlungen heraus, er stellt ein Grundmodell und Grundwissen über praktisches Verhalten und seine Folgen dar. Das habituelle Verhalten kann auch als *mimetische* Handlung verstanden werden: es ist ein »Noch-einmal-Machen von vorgängigen Handlungen«, auch ein Bezug-Nehmen auf diese (Gebauer & Wulf 1998:16). *Skills* verstehe ich als habituelle, also auf der körperlichen Ebene erlernte Fähigkeiten. Sie entstehen bei HipHoppern durch eine fortdauernde künstlerische Beschäftigung, die in einem

Umfeld stattfindet, das Kreativität besonders schätzt. Im Habitus-Modell von Bourdieu ist die handelnde Person in eine Gemeinschaft eingebunden. Durch die Handlung wird sie zu einer sozialen Person, da sie Reaktionen in ihrem Umfeld hervorruft und ihre Handlungen auch auf derartige Reaktionen zielen. Die Person weiß dabei habituell, welche Körperbewegungen und Gesten, also welche Handlungen des Kommunikationspartners auf die eigene Handlung folgen können. Das handelnde Subjekt ist also notwendigerweise ein soziales. So bezeichnen Gebauer & Wulf (1998:54) die Bewegung der *Mimesis* auch als »grundlegende Weise der Vergesellschaftung«. In der künstlerischen Arbeit des ›Zitierens‹ wird auf andere Welten Bezug genommen: den künstlerischen Prozeß werde ich daher auch als soziale Handlung betrachten. DJ Kid Konya beschreibt, wie mit den eigenen Techniken bei einer DJ-*performance* auf andere Techniken Bezug genommen wird. Diese Bezugnahme sollte nicht zur bloßen Imitation verkommen:

> K.K.: [Und es geht darum,] was du eigentlich abgeschaut hast von anderen und was es schon vorher gab. Es gibt so Standardsachen. Gute DJs sind die DJs, die innovativ sind, die neue Sachen entwickeln für sich.

> S.M.: Also, nicht abgeschaut?

> K.K.: Nicht abgeschaut am besten. Aber das ist schwierig, weil irgendwann ist das Repertoire einfach erschöpft. Es gibt nicht mehr viele Dinge, die du machen kannst mit einem Plattenspieler.

Kreativität besteht nicht allein aus freier Erfindung. Im kreativen Prozeß kann und muß auf Altes Bezug genommen werden, um Neues entstehen zu lassen. Es geht bei einer Innovation also weniger um freie Schöpfung, als um *Re*-Kreation. Der Habitus ist nach Bourdieu (1987:277) ein »Erzeugungsprinzip objektiv klassifizierbarer Formen von Praxis und Klassifikationssystem ... dieser Formen«; er produziert Praxisformen und dient gleichzeitig zu ihrer Unterscheidung und Bewertung, bringt also das Klassifikationssystem für die Praxisformen mit der Praxis selbst hervor. Insofern ist es richtig, wenn Butler (1998:217) bemerkt, daß »der Habitus im Sinne einer Performativität verfährt«.[9] Man kann geradezu von einer Performativität *des Habitus* sprechen. Die HipHopper wiederholen nach der Logik ihrer ästhetischen Praxis bestimmte Techniken und erschaffen dabei diese Logik selbst. Sie lernen von »körperlichen Vorbildern«, wie es üblicherweise bei den »expressiven Verhaltensweisen wie Musik ... und Tanz« geschieht (Gebauer & Wulf 1998:50f.) und erschaffen indessen weitere ›Körper-Vorbilder‹. Dabei wiederholen sie bestimmte Techniken nicht einfach, sondern liefern ihre eigene Interpretation, eine neue, subjektive Version, die *im* Körper sitzt. Der Körper des einzelnen Künslters vollzieht diese Innovation, er ist der soziale Agent, der sich durch diese subjektive Version positioniert.

Biten und Individualität

Im HipHop wird der einzelne Künstler als Innovationspunkt aufgefaßt. Die als Körperwissen in dem Umfeld eines ›Habitus der Innovation‹ erlernten *skills* befähigen den Künstler, eine individuelle Interpretation schon bestehender Techniken zu geben.

> K.: Also was optimal ist, ist wenn die Leute deine Arbeit sehen, z.B. wenn du was malst und die sehen die Arbeit, oder wenn du tanzt, daß sie irgendwie deine Persönlichkeit darin sehen. Das ist so der Idealfall, also darum geht's eigentlich bei allem.

Hier könnte der Eindruck entstehen, daß meine Gesprächspartnerin Karin Musik und Tanz als ›expressive‹ Verhaltensweisen in dem Sinne versteht, daß hier eine schon existente Persönlichkeit in der künstlerischen Arbeit lediglich *ausgedrückt* wird. DJ Kid Konya erwähnt jedoch, daß eine Persönlichkeit so lange nicht besteht, wie sie nicht ›gezeigt‹ wird:

> K.K.: Du mußt beweisen, daß du's halt drauf hast, dich zu zeigen – zeigen und hören lassen, beides. Es geht nicht nur darum, wie die Musik jetzt zustandekommt und wie das alles zusammen klingt, sondern du mußt auch eine gewisse Ausstrahlung dabei haben, das muß auch alles gut ablaufen, das muß alles ganz cool und locker ablaufen, ohne Fehler wohlgemerkt, das ist das Wichtigste.

Persönlichkeit kann in der Aufführung gewonnen werden – wie Karin es oben erwähnte – aber dort auch verloren gehen. Kid Konya attestiert einem DJ, der auf einer Veranstaltung nicht seiner ›Persönlichkeit‹ als HipHop-DJ gemäß *innovative* Musik auflegt, sondern kommerzielle[10] Musikstile spielt, dementsprechend: »In dem Moment verliert er seine Persönlichkeit. … [Denn] es geht um Anerkennung natürlich«. Persönlichkeit ist keine Essenz, die besessen wird, sondern sie ist ständig im Fluß. Sie wird gewonnen und verloren – d.h. eine neue Persönlichkeit kann auch aus einer alten entstehen. Bedingung und Träger der eigenen Persönlichkeit im HipHop ist die Anerkennung der anderen Gruppenmitglieder. Diese Anerkennung wird auch als *respect*[11] bezeichnet. Durch *respect* entsteht eine Persönlichkeit. Meine Interviewpartnerin Karin beschreibt die Voraussetzungen für *respect*: «Das ist natürlich ein Hauptbestandteil, also du mußt immer aktiv sein, um irgendwie deine Anerkennung zu kriegen, egal auf welche Art und Weise«. Ohne Aktivität gibt es keine Anerkennung oder *respect*. Unter Aktivität fällt dabei laut Karin nicht nur künstlerische Beschäftigung im ›klassischen‹ HipHop-Sinne: »Ich finde, man muß auch nicht unbedingt eines von den vier Elementen machen, um jetzt ganz toll anerkannt zu sein.« Auch andere HipHop-Aktivitäten sind möglich: Karin veröffentlicht z.B. ein HipHop-Magazin. Andere bekommen Respekt durch ihre ständige Präsenz auf gemeinsamen Veranstaltungen:

> K.: Es gibt auch Leute, z.B. einen aus Karlsruhe …, der malt auch, aber der ist eher bekannt dadurch, daß er überall immer *da* ist. Ja der ist auch immer da und der ist auch cool und der ist schon seit Jahren immer da, und dadurch kriegt er auch seinen Respekt.

Die Persönlichkeit entsteht in der Handlung ihrer ›Aufführung‹. Für die Arbeit an der eigenen Persönlichkeit, an der Selbstdarstellung, bekommt jeder zunächst einmal *respect*. Der andere wird als Person akzeptiert, solange er sich ›zeigt‹ und etwas ›tut‹:

> K.: Du gibst den anderen Leuten viel Respekt für die Arbeit, die sie bringen – auf alle Fälle. … Egal, ob das schlechter oder besser ist, du respektierst was [der andere] kann.

Wichtig ist dabei jedoch auch die individuelle Entwicklung:

> K.: Es geht im Prinzip immer darum, daß du deinen eigenen style findest. Das heißt also, daß du was machst, was kreativ ist, was vorher noch nie dagewesen ist und was irgendwie deine Persönlichkeit widerspiegelt.

Die Persönlichkeit entsteht durch individuelle Kreativität und den ganz eigenen *style* bei der Aktivität. *Styles* sollte man nicht *biten*:

> K.: Schlimm ist [es], wenn du bitest, wenn du von jemand anderem also abguckst. Von jemand anderem lernen ist gut – also jeder bitet in Anführungszeichen … – aber man sollte dann immer den Leuten Respekt … zollen. [Man sollte] immer schön wissen, woher man hat, was man hat.

Biten und Respekt-Zollen stellen also die komplementären Umgangsweisen mit fremden *styles* dar. Das *biten* ist verpönt. Das Respekt-Zollen hingegen verschafft einem eine eigene Persönlichkeit. Denn gerade durch das Hervorheben der individuellen Verwendungsweise eines *styles* entsteht ein *eigener style*. Man *wird* dabei geradezu *sein eigener style*; individuelle Persönlichkeit erhält man durch Präsenz in einem ganz bestimmten *style*. Dieser *style* kann aber nicht einfach als gut oder schlecht beurteilt werden: *style* macht eine Persönlichkeit, die Beurteilung kommt erst danach:

> K.: Du respektierst jeden eigentlich für das, was er tut. Ob dir das jetzt gefällt oder nicht, das ist erstmal eigentlich zweitrangig – oder idealerweise, finde ich eigentlich.

Es kommt eher auf die Individualität an. Ein individueller *style* legt die Grundlage für eine Persönlichkeit.

Battles und Performativität

Die Individualisierung der Persönlichkeiten wird durch das Ausdifferenzieren der Stile geschaffen. Hierfür gibt es eine wichtige Institution im HipHop: die *battles*. Ein *battle* ist eine Form des friedlichen Wettstreits, den es in allen Teilbereichen des HipHop gibt:

> K.: Im HipHop hast du halt viele Wettbewerbe, viel Konkurrenz, gerade auch beim Tanzen, aber nicht nur da. Du schaukelst dich dadurch auch gegenseitig hoch. Es geht da nicht immer nur um persönliche Sachen – also daß man sich nicht leiden kann oder weil der [eine] dem anderen die Freundin wegnimmt – das trägst du dann nicht irgendwie auf dem Tanzboden aus, sondern [es geht] mehr um so tänzerische Sachen.

Die »Urform des Battles, den DJ-Battle« (Krekow et al. 1999:42) charakterisiert DJ Kid Konya als »Wettkampf wie im Sport – ganz normal«; außerdem hätten sich »durch diesen Kampf untereinander [verschiedene] Stile entwickelt«. Nach Kid Konya wird auf den *battles* mit Techniken und *styles* konkurriert: »Im DJ-battle mußt [du] dann zeigen, was für einen neuen scratch du drauf hast oder was für Techniken und styles du drauf hast«. *Battles* sind Veranstaltungen, auf denen man die oben erwähnte Anerkennung bekommt:

> K.: Du gibst den anderen Leuten viel Respekt für die Arbeit, die sie so bringen, auf alle Fälle. Also das ist auch bei battles so. Das soll bei battles … nicht irgendwie auf einer feindschaftlichen Basis ablaufen, sondern immer auf der Basis, daß du erstens Spaß hast und zweitens mal auch dem anderen den Respekt gibst [für das,] was er tut. Egal, ob das schlechter oder besser ist. Du respektierst, was er kann.

Neben diesem grundsätzlichen *respect* für die Performanz von Persönlichkeiten wird auf solchen *battles* die Individualität eines persönlichen *styles* in Frage gestellt. Denn für die Entwicklung eines *styles* gibt es immer Vorbilder. Aus diesen Vorbildern muß etwas Neues geschaffen werden und die Herkunft des neuen *styles* soll transparent gemacht werden. Dies geschieht auf *battles* bzw. dort werden derartige Prozesse sichtbar. Denn auf *battles* zeigt sich schnell, wer *bitet*, also *styles* einfach übernimmt, und wer sie respektvoll ›wiederauflegt‹. Durch den Respekt für andere *styles* wird deren Existenz anerkannt. *Styles* sollten als solche respektiert und dann weiterbearbeitet werden:

> K.K.: Gute MCs hören Platten von 86–88 und hören sich alte styles an. [Man kann] aus der Vergangenheit lernen – die Zukunft entscheidest nur du. Wenn du samples nimmst aus der Vergangenheit, solltest du dich rechtfertigen, warum du das genommen hast.

Bestehendes wird also bestätigt und verändert im eigenen Tun, nämlich indem du, wie DJ Kid Konya das beschreibt, »Sachen einfach nimmst, die schon bestehen, und sie dann immer wieder auffrischst und wieder neu machst« Ein *style* hat eine Geschichte, zum individuellen *style* wird er durch die konkrete Performanz, z.B. auf *battles*. Ein *style* muß ständig ›in Arbeit‹ sein, um individuell zu bleiben. Weil die Individualität einer Persönlichkeit aus ihrem *style* entspringt, müssen Identitäten im HipHop fortlaufend performiert werden. Identität wird hier als Prozeß verstanden. Durch die ständige Aktivität und Auseinandersetzung mit HipHop wird man sich der eigenen Identität gerade in der Abgrenzung zu anderen bewußt:

> K.: Dir wird das nur einfach mehr bewußt mit der Zeit, also das ist einfach ein bewußter Umgang mit dir selbst, weil es im HipHop halt auch immer so wichtig ist, deinen ei-

genen style zu finden, sich mit anderen zu vergleichen bzw. nicht zu vergleichen und
dich ständig wieder zu hinterfragen. HipHop ist einfach ein ständiges sich Hinterfragen
und dadurch wirst du dir halt wirklich selber ziemlich bewußt über das, was du machst.
Du fragst dich auch ständig: Was mach' ich und was mach' ich mit meinem Leben, mit
[mir] selber? Und was machen andere und wie bring' ich mich vorwärts und wie bleib'
ich nicht stehen? Also das schlimmste ist immer stehenzubleiben. Du mußt immer an
dir arbeiten.

Sich der eigenen Identität im HipHop bewußt zu werden, bedeutet auch zu
erkennen, daß sie nicht ›selbstverständlich‹ oder ›natürlich‹ ist.[12] Daß der individuelle *style* jeweils eine Variation und Weiterführung schon vorhandener
styles darstellt, läßt vermuten, daß Identität einer grundsätzlichen Veränderbarkeit unterliegt. Identität ist dann das Ergebnis einer Performanz, bei der
sie immer wieder mit Differenz konfrontiert wird. Sie stellt einen »Effekt der
Performanz« (Bell 1999:3) dar. Im HipHop wird eine besondere Einsicht in
diese Performativität von Identität gewährt. Hier wird das Augenmerk auf die
Performanz eines Zitates gelegt (Frith 1996:115). Das Konzept der Pastiche,
das aus der Popmusik bekannt ist (vgl. Kap.3), kommt verstärkt zum Tragen.
Im HipHop gibt es indessen, wie wir bisher gesehen haben, eine besonders
hohe Wertschätzung von Präsenz; man könnte auch von einer *Ästhetik der
Präsenz* sprechen. Vergangene *styles* gehen fortlaufend in aktuellen Performanzen auf. In diesem Sinne sind Musik, Malerei und Tanz dort keine Kultur-*Er-
zeugnisse*, sondern dynamische *Prozesse*; als Kunst stellen sie eher ein »Sprechen
als etwas bereits Gesprochenes« dar (Fisher 1996:81). In der *style*-Praxis wird
Wert auf Individualität und Aktualität gelegt, bei denen auch immer ein Wissen um die Vergangenheit der *styles* mitgetragen wird – dieses wird wiederum
mit der Kontrollinstitution des *bitens* explizit gemacht. In einem so geformten
Bewußtsein um Differenz – zur Vergangenheit und auch zu anderen Hip-
Hoppern – inszeniert eine Person im HipHop ihre Identität. *Style*, also das
Wissen um *Mimesis* und Performativität, ist ein Wissen des Handelnden; es
stellt jedoch gleichzeitig auch das »Strukturprinzip der sozialen Welt« dar
(Gebauer & Wulf 1998:61): In der Identität eines HipHoppers ist immer auch
die Differenz zu anderen HipHoppern präsent. Ein solcher Umgang mit
Identität stellt gewohnte Modelle der Repräsentation in Frage. Im Eingangszi-
tat zu diesem Teilkapitel wurde davon gesprochen, daß eine Person einen *style*
›repräsentiere‹: »Ein *style* muß für den, der ihn repräsentiert, charakteristisch
sein« (Krekow et al. 1999:295f.). Wenn eine Person einen *style*, ihren ganz eigenen *style* repräsentiert, ist sie gleichzeitig sie selbst – ihr eigener *style* – und
die Repräsentation eines anderen *styles* in dessen Weiterführung. Repräsentation bedeutet im HipHop *Vergegenwärtigung* von Vergangenem in der Performanz, es geht dabei weniger um Wiederholung als um Neuschöpfung. Diesen
speziellen Repräsentationsbegriff werde ich in Kap.7 genauer besprechen.

6 »*Keepin it real*«
– Reflexivität in der HipHop-Kultur

»HipHop ist an der Schnittstelle von Entbehrung und Verlangen entstanden. Er spiegelt den oft schmerzhaften Widerspruch zwischen gesellschaftlicher Entfremdung und utopischen Phantasien wider. ... Er ist geprägt durch die Spannungen zwischen der Gebrochenheit, die das Ergebnis der Unterdrückung in der postindustriellen Gesellschaft ist, und der Ausdrucksstärke schwarzer Kultur, die ein Gefühl der Zusammengehörigkeit schafft. Diese Spannung bildet den kritischen Rahmen, in dem die Entwicklungsgeschichte des HipHop betrachtet werden muß.« (Rose 1997:142)

In der Selbstbeschreibung als Kultur konstatieren die HipHopper für sich eine eigene Identität. Diese kulturelle Identität manifestiert sich v.a. in der Abgrenzung zu einem ›Außen‹, dessen Konstruiertheit – laut Hall (1996b:15) – seit Butler offenkundig geworden ist: »All identities operate through exclusion, through the discursive construction of a constitutive outside«. Beide Prozesse, Inklusion und Exklusion, können nur in ihrer Reziprozität betrachtet werden. Weder das Außen noch das Innen (des HipHop) sind dauerhaft festgelegt, beide werden in Wechselseitigkeit immer wieder mit neuen Inhalten gefüllt. Daß die HipHopper als Kultur sich der Performativität ihrer eigenen Identität gewahr sind, wird in ihren fortlaufenden Selbstthematisierungen deutlich. Anhand dieser Thematisierungen der eigenen kulturellen Identität lassen sich auch die Prozesse des Ein- und Ausschlusses im HipHop aufzeigen.

Die kulturelle Identitätsbildung im HipHop verstehe ich als einen reflexiven Prozeß, der mit Fuchs (1999:100) als »Austausch mit Angehörigen anderer Sozialitäten, Vertretern anderer Lebensweisen und kultureller Orientierungen als Quelle und Feld der Reflexion und Selbstdistanz« verstanden werden kann. Reflexivität bedeutet soziale Reflexivität oder auch kulturelle Reflexivität, denn hier ist das Vermögen einer Gruppe oder Kultur zur Selbstthematisierung und Selbstdistanzierung gemeint (Fuchs 1999:9). Im Zitat oben nennt Rose die Spannung zwischen Fragmentierung und Identität konstitutiv für den HipHop. Diese Spannung erhält einerseits den HipHop am Leben, andererseits sind die HipHopper aber auch selbst bemüht, diese Spannung durch ständiges Reflektieren über das eigene Selbstverständnis aufrechtzuerhalten. Dies gilt, wie meine Feldforschungserfahrung nahelegt, auch

für den HipHop in Deutschland. Das Zusammengehörigkeitsgefühl der Hip-
Hopper in Deutschland kann allerdings nicht aus der Identität ›black‹ erklärt
werden. Denn hier wird HipHop nicht – wie in der obigen Analyse von Rose
für die USA – als direkte Weiterführung einer ›schwarzen‹ Kultur verstanden.
Mein Gesprächspartner DJ Kid Konya weist im folgenden Zitat darauf hin,
daß man HipHop nicht allein als Ausdrucksform einer kulturellen oder gar
einer ethnischen Identitätsposition interpretieren sollte. Er läßt vielmehr seine
Version der Kulturgeschichte des HipHop bei der *sozialen* Situation im New
York der späten 60er Jahre beginnen:[1]

> K.K.: Das waren hauptsächlich Puertoricaner, Italiener, auch Schwarze … und Weiße:
> Es gab damals keine Trennung, daß es [etwa] hieß: HipHop ist ein Ding, was nur
> Schwarze machen. Sondern HipHop ist eine Kultur, die besteht aus allen Kulturen, egal
> wo du herkommst, also aus welchem Herkunftsland du bist, … sondern aus der Situa-
> tion heraus, aus der schwierigen Situation in der Bronx heraus. Und da ist es entstanden
> eigentlich.

Für die Situation in Deutschland konstatiert er, daß »es immer noch eine
Schwarzen-Kultur ist …, aber es sich hier so weiterentwickelt hat, daß sich
auch alle anderen Ausländer – wie auch in den USA die Puertoricaner, Spanier, Italiener, wie auch immer – sich anfreunden konnten mit der Musik, da es
das ausgedrückt hat, was sie hier fühlen«. Kid Konya reflektiert die Diskussion um HipHop als ›black culture‹. Seiner Ansicht nach waren jedoch die sozialen Spannungen Ausgangspunkt des HipHop, nicht etwa eine fremdzugeschriebene, statische Identität. Es war die »schwierige Situation« in der Bronx,
mit der sich das Lebensgefühl in Deutschland vergleichen läßt, das die Menschen zum HipHop führte. Dieses Lebensgefühl sei eine ›schwarze‹ Erfahrung, eine Erfahrung der Unterdrückung, wie Rapper und Musiker Luigi das
erklärt: »So entsteht schwarze Musik: indem du diskriminiert wirst«. ›Schwarz‹
wird hier entsprechend dem »term ›black‹ … as a way of referencing the
common experience of racism and marginalization« (Hall 1996a:163) verwendet, was Hall auch als ›älteres‹ Modell der anti-rassistischen Kulturpolitik in
Großbritannien beschreibt. Bei einer derartigen Verwendung des Begriffes
›black‹ geht es darum, die negativ konnotierte fremdbestimmte Identität positiv als Selbstbestimmung umzufomulieren.[2] Dabei wird eine gemeinsame
Identität für eine Gemeinschaft über vermeintliche ethnische und kulturelle
Grenzen hinweg geschaffen (Hall 1996a:164). So erwähnt auch Kid Konya,
daß eine solche ›schwarze‹ Erfahrung überall auf der Welt möglich sei: »Hip-
Hop ist ja auch nicht nur in Amerika anzuwenden, sondern es ist einfach uni-
versell«. Die Erfahrung der Unterdrückung, áls Gemeinsamkeit der Hip-
Hopper in den USA und Deutschland bzw. anderen Ländern, bedingt die
Universalität des HipHop. So weist auch Luigi von Booty Jam auf die Frage
nach dem ›schwarzen‹ Kulturerbe darauf hin, daß es »egal ist, wo du her-

kommst, [denn] HipHop ist einfach HipHop geworden«. Die Gemeinsamkeiten zwischen HipHop und der ›black culture‹ basieren auf ähnlichen Erfahrungshintergründen.[3] HipHop nimmt in diesem Punkt die Traditionen der ›schwarzen‹ Kultur auf. Aus einem solchen Erfahrungshintergrund ergibt sich für die ›black culture‹ nach Welz (1991:143), daß sie sich in einem »Wirkungsgefüge gegenläufiger Prozesse befindet- [in Prozessen] von *deculturation*, also Kulturverlust, einerseits und kulturbildenden Prozessen andererseits, in denen kreativ auf neue Situationen reagiert wird«. Solch konträre Prozesse lassen sich auch im HipHop entdecken: In der Prämisse der *realness* thematisieren die HipHopper Authentizität und die Gefahr eines Identitäts- und Kulturverlusts.[4] Ich betrachte diese Prozesse allerdings als Manifestationen des performativen Ideals der HipHopper. Im Erörtern der eigenen Authentizität wird sowohl die interne Vielfalt und Unterschiedlichkeit als auch die Referentialität der eigenen Identität auf andere Identitäten in den Blick genommen. *Realness* im Sinne einer ›Wahrheit‹ des HipHop liegt jedoch sowohl in der internen Differenzierung als auch dem Abschluß nach außen, also sowohl in der Fragmentierung als auch der Identität und sowohl in der Arbitrarität als auch der Authentizität. Die Prämisse des *keepin it real* verstehe ich so als Mittel der Selbstreflexion im HipHop: Über diese Handlungsanweisung wird die eigene Identität als Kultur des HipHop festgestellt und aufrechterhalten.

HipHopper reflektieren über die Prozesse der Identitätsbildung als Gruppe auf verschiedene Weisen, dabei selten in abstrakter Form – wie bei theoretischen Reflexionen -, sondern eher im Handeln. So spricht man im HipHop zwar von *attitudes*,[5] also gewissen Einstellungen oder Werthaltungen. Diese existieren jedoch nur für ihre angewandte Form, nämlich eingelassen in die künstlerische Arbeit. *Keepin it real* bedeutet »sich und seinen Idealen in Bezug auf HipHop treu zu bleiben« (Krekow et al. 1999:181). Die Prämisse der *realness* betrachte ich als Handlungsanweisung, über die *attitudes* in praktischer Form zu reflektieren. Ich möchte daher die *attitudes* hier nicht gesondert darstellen,[6] sondern sie in ihrer Rolle beim Spiel der Selbstreflexion des HipHop in den Blick nehmen. Die Selbstreflexion ist eine Konsequenz der oben erwähnten Spannung und gegenläufigen Prozesse im HipHop. Sie findet in einer Bewegung nach innen und außen statt, nämlich in den künstlerischen Formen oder dem Etablieren von *attitudes*, wie z.B. der *realness*-Prämisse innerhalb der Gruppe, aber auch im Auftritt nach außen in den kommerziellen Produkten. Die Grenzen zwischen dem ›Innen‹ und ›Außen‹ werden indessen ausgehandelt, hier beginnt dann auch die Rede von einer Kultur.

Die Selbstreflexion, der Kampf um die Grenzen der Gruppengemeinschaft, wird sowohl nach außen ausgetragen, in der Abgrenzung zu anderen Jugendkulturen oder gar der Gesellschaft als Ganzem (vgl. Kap.7), als auch nach innen, in den Ein- und Ausschließungsverfahren den einzelnen Mitglie-

dern gegenüber, dem Definieren der eigenen ›Ränder‹. Die Prozesse der
Identitätsbildung durch den Abschluß nach außen als Kultur möchte ich im
ersten Teil dieses Kapitels aufzeigen, die Pluralisierung der Identitäten nach
innen durch den Authentizitätsdiskurs (*realness*) werde ich im zweiten Abschnitt diskutieren.

HipHop als Kultur

Die HipHopper verstehen sich als Kultur in einem speziellen Sinne. Den
Kulturbegriff der HipHopper werde ich zunächst vom Kulturkonzept der
Subkulturtheorien zu unterscheiden versuchen und ihn später anhand der Ab-
schließungsprozesse der HipHopper nach außen genauer spezifizieren.

HipHop als Subkultur

Als Kultur im Sinne einer ›bestimmten Lebensweise‹ wird HipHop von meiner Interviewpartnerin Karin beschrieben. Sie bemerkt dann, »daß jeder irgendwie ein Teil der Kultur ist und dasselbe mag und dasselbe versteht und
dasselbe zusammenbringen will, also weiterentwickeln will«. Dieses Verständnis von Kultur möchte ich in Beziehung zu den kulturalistischen Ansätzen
der Cultural Studies setzen. Wegweisender Vertreter der kulturalistischen
›Schule‹[7] war Williams. Die Vorstellung von einer ›bestimmten Lebensweise‹
greift einen Kulturbegriff auf, wie ihn auch Williams verwendete. In dieser
von Williams (1975:41) favorisierten ›sozialen‹ Definition von Kultur bezieht
sie sich auf einen »particular way of life which expresses certain meanings and
values not only in art and learning, but also in institutions and ordinary beha-
viour«. Wichtiges Moment in dieser Konzeption von Kultur ist, daß sie etwas
›Gewöhnliches‹ (Hall 1999:17) darstellt. Sie wird nicht als ›Hoch-Kultur‹ verstanden, sondern drückt sich v.a. in den Institutionen und dem Verhalten des
Alltagslebens aus. Der Entwurf von Kultur als Verhalten, das sich in alltäglichen Institutionen wie Wertesystemen, Einstellungen oder einem Ethos nie-
derschlägt, und als Praktiken, die ein typisches ›Muster‹ ergeben, erinnert an
die Konzeption von Kultur in der amerikanischen Kulturanthropologie: In
einer Weiterführung des Kulturbegriffes von Benedict beschreibt Geertz
(1994:261) den »common sense als kulturelles System«. In der amerikanischen
Kulturanthropologie bzw. der symbolischen Anthropologie sind die Individuen allerdings nur Träger und Reproduzenten von Kultur, der Prozeß der
eigentlichen Produktion wird nicht in den Blick genommen. Daß HipHop
sich jedoch nicht in einem abstrakten Symbolsystem erschöpft, das schon als
solches existiert und von den Kulturmitgliedern nur noch angeeignet bzw.

ausgeführt werden muß, macht Karin mit ihrem Focus auf die Praxis der
kulturellen AkteurIn im HipHop deutlich: »Teil der Kultur zu sein« bedeutet,
»dasselbe zu mögen und zu verstehen« als abstraktes Wissen, aber auch als
Handlung: nämlich »dasselbe zusammenzubringen und weiterzuentwickeln«.
Mitglied der ›Kultur‹ HipHop wird man, wie ich in Kap.5 gezeigt habe, v.a.
durch Aktivität, nicht allein durch passive Teilhabe an einem abstrakten Be-
deutungssystem. Damit wird auch der zweite wichtige Punkt in Williams
Konzeption von Kultur (1975:48) angesprochen: nach Williams sollte bei der
Analyse von Kultur das Augenmerk auf ihre besondere Konstituierung als
structure of feeling gelegt werden. Eine Analyse der *structure of feeling* stellt die Frage, wie »Interaktionen zwischen Praktiken und Mustern [von Praktiken] im
Ganzen gelebt und erfahren werden« (Hall 1999:19).[8] Kultur ist nicht allein in
der Sphäre der Bedeutung zu finden, sondern stellt viel eher ein Wissen dar,
das nach Materialisierung in Handlungen strebt. Kultur liegt im Alltäglichen,
im Umgang mit Gegenständen, Technologien, Medien usw. Aus diesen Umgangsweisen ergibt sich Kultur. Indem Kultur als Alltagspraxis konzipiert
wurde, bekam sie auch eine soziale Dimension: »Kultur als alltäglich vollzo-
gene soziale Praxis betont die Handlungsmöglichkeiten der Akteure« (Hörning 1999:91). Kultur funktioniert daher nicht als Mechanismus, der den Zusammenhalt des komplexen Ganzen immer wieder nachvollzieht, sondern als
eine Handlungsanweisung und Handlung selbst, die zu einer Weiterentwicklung über Bestehendes hinaus führen kann und soll.

Wenn HipHop von den HipHoppern als Kultur bezeichnet wird, ist in dieser Selbstbezeichnung die Forderung nach Bewahrung einer kulturellen Identität hörbar.[9] Gleichzeitig soll mit dieser Bezeichnung ein Bezugsrahmen für
den Kontakt mit einer Außenwelt geschaffen werden. HipHop kommuniziert
als ›Kultur‹ mit anderen Kulturen. Im Kontakt entstehen die Grenzen zwischen ihnen, ihr Verhältnis wird ausgehandelt. Wenn dabei ein Machtgefälle
etabliert wird, bezeichnet man in der Wissenschaftssprache die untergeordnete Kultur oft als ›Subkultur‹. Fraglich ist jedoch, ob der aus Williams Kulturbegriff abgeleitete Subkulturbegriff auf den HipHop anwendbar ist. Aus-
formuliert wurde der Subkulturbegriff vom CCCS, welches in den 60er Jahren
den während der 50er Jahre entstandenen ›Problemzusammenhang‹ Cultural
Studies institutionalisierte (Hall 1999:13ff.).[10] Die nun folgende Beschreibung
des gemeinsamen kulturellen Verständnisses der HipHopper weist Ähnlichkeiten auf mit dem Konzept der Homologie, das Hebdige ([1979]1989,1989)
und Clarke ([1979]1998) von Willis ([1978]1981) übernommen haben. Der
Terminus Homologie benennt eine »symbolische Stimmigkeit zwischen den
Werten und dem Lebensstil einer Gruppe, zwischen den subjektiven Erfahrungen und den Musikformen« (Hebdige 1998:405):

> K.: Also es [HipHop] ist irgendwie wirklich was besonderes, also weil's wirklich auch
> nicht nur Musik ist, es ist einfach mehr. Das ist schon eine Kultur, also was weiß ich,
> einfach auch eine bestimmte Art zu reden, eine bestimmte Art, Dinge zu sehen oder so.

Das ursprüngliche Subkulturkonzept des CCCS, innerhalb dessen das Modell
der Homologie entwickelt wurde, ist jedoch an die Problematik der Klassen-
lage gebunden (Vollbrecht 1997:22).[11] Die Subkulturthese läßt Kultur, wie
schon zuvor Williams ›particular way of life‹, »entlang kategorialer Grenzen
arbeiten« (Hörning 1999:91). Hiernach bestimmen v.a. die Kategorien Klasse,
jedoch auch ›race‹ und Geschlecht die Zugehörigkeit zu einer Lebensweise.
Karin verwirft aber die Möglichkeit einer eindeutigen Verbindung zwischen
HipHop und einer bestimmten Klasse. Sie stellt die Vielfalt der Klassenlagen
im HipHop als sein besonderes Merkmal heraus:

> K.: Auf der anderen Seite ist das Interessante am HipHop: Er bringt unheimlich viele
> Leute zusammen, die ansonsten relativ wenig miteinander zu tun haben, total verschie-
> den sind, total verschiedene Klassen – also soziale Klassen – total verschiedene Hinter-
> gründe eigentlich auch. Das ist einfach das, was einen dann doch zusammenbringt.

Grossberg sieht jedoch entgegen dieser Orientierung an Klassenlagen die besondere Herangehensweise der Cultural Studies in einem ›radikalen Kon-
textualismus‹. Allgemein gesprochen sind die Konsequenzen eines solchen
Forschungsansatzes, daß »sich die Fragen, die die Cultural Studies formulieren – ihre Problematik – sich bei jeder Studie ändern« (Grossberg 1999:60).
Kategorien sind daher nicht als absolut, sondern situativ und kontextabhängig
zu betrachten. Das Wiederholen von Kategorisierungen wird durch ein Beobachten von Praktiken ersetzt. Praktiken sind keine endgültigen Äußerungen
von (gesellschaftlicher) Macht, sondern Macht ist in diese Praktiken eingelassen: Praktiken sind von Macht durchzogen und üben selbst Macht aus. Sie
zielen dabei auf Kontexte bzw. andere Praktiken und sind insofern interaktiv.
Die ›Alltagspraktiken‹ besitzen auch eine soziale Dimension: Sie bringen Menschen zusammen, die über die Praktiken Beziehungen knüpfen. So bilden sich
auch gemeinsame Praktiken aus, die sich zu »Lebensmustern bzw. Lebensstilen verdichten [können], in denen sich räumliche und zeitliche Bündel von
Handlungs- und Verstehensweisen verknüpfen« (Hörning 1999:97). Demge-
mäß schlägt Vollbrecht als Erweiterung des Subkulturansatzes das Lebensstilkonzept (Vollbrecht 1997; Hitzler 1994) vor. Dieser Ansatz beachtet die aktuellen Individualisierungsprozesse in der Gesellschaft und berücksichtigt, daß
die Zugehörigkeit zu einer Jugend- oder Subkultur nicht mehr allein
schichtspezifisch bestimmt ist, sondern daß eine mehr oder weniger freie
Wahl des Lebensstils unter vielen nebeneinander exisitierenden Lebensstilen
möglich ist. [12] Die milieubezogenen jugendlichen Subkulturen sieht er heute
durch ›Freizeitszenen‹ abgelöst (Vollbrecht 1997:23). Insoweit als das Lebensstilkonzept die »expressive und interaktive Verhaltensdimension betont«

(Vollbrecht 1997:23), könnte es auf HipHop anwendbar sein. Auch der Zusammenhalt wird im HipHop ähnlich dem Lebensstilmodell als ein kultureller beschrieben: Das Soziale wird über die ästhetisch-kulturelle Aktivität geschaffen. Aber im Unterschied zum Lebensstilmodell verstehen die HipHopper sich nicht als ›Freizeitszene‹. Sie verweisen auf einen stärkeren Zusammenhalt, wenn sie die Bezeichnung ›Kultur‹ bemühen. Die Verbundenheit, »das, was in Deutschland die Leute als Szene zusammenhält« führt Karin zurück auf »das Bewußtsein, daß jeder irgendwie ein Teil von der Kultur ist«. Dazu erwähnt sie auch die gemeinsamen Veranstaltungen:

> K.: Und dann natürlich diese *jams*. Das gehört auch dazu, daß du da hingehst. Also das ist halt wirklich schön. … Du weißt, du machst dasselbe, dir liegt irgendwie dasselbe am Herzen.

Der Zusammenhalt der Szene, des engeren Sozialverbunds HipHop, entsteht über das Bewußtsein der kulturellen Identität, die auf gemeinsamen Kulturveranstaltungen, *jams*, geschaffen wird. Die sozialen Beziehungen innerhalb einer Lebensform werden z.B. von den Community Studies (Wildner 1999: 10) stärker in den Blick genommen. Auch im Modell der Community Studies existieren verschiedene Lebensformen nebeneinander, die besondere Situation des relativ ungebundenen urbanen Lebens ist mitgedacht. Diese Lebensformen werden aber – anders als beim Lebensstilentwurf – als ›soziale Welten‹ bezeichnet (Hannerz 1980:26), das Soziale wird als wichtiger Ausgangspunkt für das Kulturelle betrachtet. Durch Überschneidungen und Neuordnungen dieser ›Welten‹ können sich neue soziale Gruppen und Bewegungen bilden (Hannerz 1980:269). Diese neuen sozialen Beziehungen in der Stadt werden von Fischer (Claude Fisher 1980:66, zit. nach Wildner 1994:6) auch ›Subkulturen‹ genannt. ›Subkultur‹ meint hier also eine Art von Community. In ihrem Überblick über die Community Studies unterscheidet Wildner (1994:6) zwei Perspektiven: Erstens, den Blick auf bestimmte Viertel einer Stadt, die sich räumlich abgrenzen lassen, und zweitens, die Perspektive der »aspatial communities …, die sich über gemeinsame Merkmale und Aktivitäten der Gruppe definieren«.[13] Beide Blickrichtungen fließen in die Selbstbeschreibung von HipHoppern ein: Es werden einerseits immer wieder lokale Identitäten im Zusammenhang mit der ›Ghettosituation‹ aufgerufen, die lokale Identität ist heute allerdings eine Sonderform innerhalb der räumlich ungebundenen, mediatisierten HipHop-Kultur – auch wenn in der Geschichtsschreibung die Entstehung des HipHop mit einem bestimmten Ort, nämlich der Bronx in New York, in Verbindung gebracht wird. Mich – und viele HipHopper – interessiert die Globalkultur HipHop, lokale Identitäten verstehe ich – mit meinen GesprächspartnerInnen – als ›Spielarten‹. So ist auch neben dem Terminus ›Kultur‹ die Vorstellung von einer transkulturellen, insbesondere transatlantischen *nation* im HipHop sehr präsent.[14] Um zu praktikablen theoretischen Grundlagen zu gelangen, müssen immer wieder die Hip-Hopper selbst befragt werden. So ergeben sich aus einer Analyse der Selbst-wahrnehmung der HipHopper für mich die beiden Konzepte *culture* und *na-tion*, die je nach Sprachraum verwendet werden: Im Deutschen wird meist von der HipHop-Kultur oder einfach *dem* HipHop gesprochen, im Amerikani-schen spricht man eher von der *hip hop nation*.[15] Während v.a. mit der Be-zeichnung als HipHop-Nation die transnationale Komponente in den Blick-punkt gerät, also einer »Gemeinschaft, die weit über Landes- und Sprachgren-zen hinaus existiert« (Rode 1999:3), wird sowohl in *nation* als auch in *Kultur* ein grenzenüberschreitendes Zusammengehörigkeitsgefühl ausgedrückt. Die Zu-sammengehörigkeit beruht dabei in beiden Fällen auch auf einem sozialen Zusammenhang,[16] simultan mit einem gleichgearteten kulturellen Verständnis ergibt sich ein soziales Feld. Beide Bezeichnungen umfassen sowohl die Per-spektive der kulturellen Lebensweise, als auch die der sozialen Bindung.

Die Community Studies bieten für eine Analyse des HipHop mit dem Community-Begriff und der durch sie ins Blickfeld gerückten Bewegungsper-spektive (vgl. Kap.7) einen guten Ausgangspunkt. Da der Begriff der Subkul-tur an sich jedoch Konnotationen hat, die nicht in der Selbstbeschreibung von HipHoppern auftauchen, möchte ich den Terminus Subkultur nach Fi-scher für den HipHop nicht anwenden. Ich werde im Folgenden den Begriff der ›HipHop-Kultur‹ neben dem schlichten Ausdruck ›HipHop‹ als Um-schreibung des Phänomens HipHop verwenden, wie sie auch bei meinen Untersuchungen im deutschen Sprachraum auftauchten.

HipHop als Kultur der internen Differenziertheit

In diesem Abschnitt werde ich die Prozesse aufzeigen, mit denen die Hip-Hopper ihren Zusammenhalt festigen, in deren Verlauf sie sich aber gleich-zeitig von anderen ›Kulturen‹ absetzen. Dies geschieht durch eine Abgren-zung gegenüber anderen Teilkulturen, die jedoch immer auch mit Blick auf eine Distanzierung von einer Gesamtkultur vor sich geht. Die Besonderheit der Differenzierungsform der HipHop-Kultur von der Gesamtkultur, näm-lich ihr Selbstentwurf als intern differenzierte Kultur, soll hier erkennbar wer-den.

HipHopper distanzieren sich, indem sie ein Bild ihrer eigenen Individuali-tät entwerfen. Um die kulturelle Identität aufrechtzuerhalten, werden Ele-mente, die den HipHoppern ihre Individualität geben, in Opposition zu ver-gleichbaren Elementen anderer Teilkulturen gesetzt. Beim Selbstentwurf des HipHop liegt die Besonderheit gerade im Zulassen intrakultureller Differenz. So beschreibt DJ Kid Konya die interne Vielfalt als besonderes Merkmal des HipHop:

K.K.: Weil zur damaligen Zeit gab's keine große Trennung, so von wegen: Ich höre das und ich höre das und ich mache das und mache das. Ich sag's mal so: Das war – na gut, Punk gab's damals auch schon und alles – aber es war damals eine der ersten Kulturen, wo man sagen konnte: Das ist innovativ, das ist neu, so was gibt's nicht, das ist einmalig. Es gibt keine Kultur, die ihren eigenen Tanz hat, die ihre eigene Kunst hat, die du auf eine Wand projizierst oder auf einen Zug, die eigenständige Musik hat und eigenständige Aussagen im Text und eine eigenständige Art des Singens und Sprechgesangs. Das war eben damals einmalig und das war das Interessante daran, so daß man dann da mitmachen wollte, mit dabeisein wollte.

Kid Konya beschreibt hier den Prozeß der Ausdifferenzierung, dem die Jugendkulturen schon seit Ende der 70er Jahre unterliegen, und faßt ihn als besonderes Kennzeichen der HipHop-Kultur auf. Die Vielfalt der Ausdrucksmöglichkeiten innerhalb einer Jugendkultur stellt tatsächlich ein neueres Phänomen dar, das durch gesamtgesellschaftliche Individualisierungs- und Pluralisierungsprozesse ermöglicht wurde (Vollbrecht 1997:27). Nach Kid Konyas Aussage scheint es jedoch lediglich im HipHop realisiert zu sein. HipHop wird als neue Form von Jugendkultur bezeichnet: HipHop lebt aus seiner Differenziertheit, setzt sich aus den unterschiedlichsten Elementen zusammen. Er gruppiert sich nicht nur um eine bestimmte Musikrichtung als ›symbolischem Objekt‹, mit dem sich eine Gruppe identifiziert, wie dies etwa in den Jugendkulturen der 60er und 70er Jahre der Fall war und wie es in den frühen Arbeiten des CCCS beschrieben wurde (vgl. Clarke [1979]1998:378ff.). HipHop besteht vielmehr aus mehreren mehr oder weniger eigenständigen Bereichen, die sich als Kunstgattungen etabliert haben. Die Verselbständigung der Disziplinen hat inzwischen schon zu einer Diskussion über die Zukunft *einer* Kultur HipHop geführt (vgl. Rode 1999:156).

Hebdige ([1979]1998:405ff.) hat den internen Zusammenhalt einer Jugendkultur mit der ›Homologie des Stils‹ erklärt. Die Homologie ist eine Art innere Gleichheit zwischen der Situation einer Gruppe und den von ihr verwendeten symbolischen Objekten. Aus der gleichgearteten Erfahrung ergebe sich eine gemeinsame Praxis der Verwendung bestimmter Objekte als symbolische Objekte. Ein Stil »muß eine Sensibilität verkörpern« wobei aber »verschiedene Subkulturstile verschiedene Grade von Brüchigkeit aufweisen« (Hebdige 1998:414). So konstatiert Hebdige (1998:411) für den Punk-Stil, daß er »genau durch seinen Mangel an Festigkeit zusammenpaßte«. Analog könnte man für den HipHop vorgehen und eine Uneinheitlichkeit des Stils erkennen, die durch eine Ästhetik der Bewegung und Aktivität wiederum zusammengeführt wird. Diese Ästhetik äußert sich bei den einzelnen Künstlern, aber sie kommt gerade auch auf gemeinsamen Veranstaltungen zum Tragen. Nach Bourdieu (1987:167f.) erscheint es jedoch falsch, von »Analogien oder Homologien zu reden ..., wo es lediglich um praktische Übertragungen einverleibter, sozusagen haltungsbestimmter Schemata geht«. Stattdessen sei es die »praktische

Mimesis, die Beziehungen zwischen verschiedenen Phänomenen herstellt«.
Die Gemeinsamkeit im Lebensstil einer jugendkulturellen Gruppe ergibt sich
zwar durch den gemeinsamen Bezug auf einen Popmusikstil (vgl. Kap.3), das
Verhältnis zwischen den Musikformen und den subjektiven Erfahrungen
(Hebdige 1998:405), also zwischen materiellen und kulturellen Formen, ist jedoch im HipHop v.a. durch die musikalisch-performative Praxis hergestellt,
die alle HipHopper teilen. Im HipHop ist die Trennung zwischen dem Sozialen und der Musik aufgehoben.[17] Diesen in einer gemeinsamen Praxis der
Uneinheitlichkeit entstandenen Stil der HipHopper möchte ich als Stil der
Performativität bezeichnen. Im Begriff der Performativität enthalten ist das
›ständig in Bewegung sein‹ und ›intern differenziert sein‹, was sich zunächst
auf der konkret ästhetischen Ebene in der Stilvielfalt äußert, die ich in Kap.4
für die verschiedenen musikalischen Genres beschrieben habe. Der HipHop-
Veranstalter Serdar bestätigte mir:

> S.: Im HipHop, da kann jeder was sagen, auch die Spießer rein theoretisch. Auch ein
> Spießer könnte ein HipHop-Lied [machen].

In der Bezeichnung ›Spießer‹ wird eine soziale und eine ästhetische Kategorie
zusammengebracht: ›Spießer‹ sind konservativ – im sozialen und ästhetischen
Sinne. Sogar der Gruppe der konservativen ›Spießer‹, die sich eigentlich dem
Ideal der Bewegung im HipHop nicht verbunden fühlen können, wird Platz
eingeräumt. HipHop versteht sich als ›offene‹ Kultur. Das läßt sich an den
Prozessen des Zusammenführens verschiedener Gruppen unter dem ›Dach‹
des HipHop nachweisen. Kid Konya bestätigte neben dem Auseinanderdrif-
ten der einzelnen Sparten im obigen Zitat sogleich deren starke Verbundenheit: »Wir sind alle voneinander abhängig. Wir gehören alle zusammen«. Diese
gegenseitige Abhängigkeit kommt seiner Ansicht nach besonders auf den gemeinsamen Veranstaltungen zu Tage: »Um dieses Miteinander zu schaffen
und sich kennenzulernen gibt es verschiedene Veranstaltungen, die nennen
sich *jams*«. Der Zusammenhalt der gesamten Kultur scheint über diese – bereits erwähnte – Institution der *jams* hergestellt zu werden. *Jams* sind Veranstaltungen, auf denen »Gruppen und Einzelakteure aus allen Teilbereichen
des HipHop in Aktion treten« (Krekow et al. 1999:175).

> K.K.: Auf diesen Veranstaltungen treffen sich Leute. Auf diesen Veranstaltungen treten
> zum größten Teil – wenn's ein richtiges HipHop-*jam* ist – MCs auf, Gruppen treten da
> auf, DJs allein, DJs mit Gruppen. Bei diesen Veranstaltungen wird gesprüht, es werden
> Leinwände besprüht. Die werden dann nachher auf diesen events gezeigt und ausge-
> stellt. Es gibt Breakdancer, die dann den ganzen Abend lang auf die Musik tanzen, die
> der DJ auflegt. Also hängt alles voneinander ab: um eine gute Mischung zu haben, eine
> gute Party zu haben, brauchst du Graffiti-Sprüher, brauchst du Breakdancer, brauchst
> du MCs und DJs – um eine *richtige* Stimmung zu erzeugen.

Der Zusammenhalt wird oft noch stärker betont und auch als ›familiäre‹ Bindung‹ beschrieben:

> K.K.: HipHop ist eine Familie. Alle Leute kennen sich untereinander, ob jetzt als Sprüher, Breakdancer, MC oder DJ.

HipHop funktioniert in der Art einer Familie als sozialem Zusammenschluß. Familie ist hier jedoch eher als Metapher für den starken Zusammenhalt der Gruppe zu verstehen, weniger als Beschreibung einer in sich hierarchischen sozialen Institution.[18] Aber auch im HipHop gibt es interne Prozesse der Ausdifferenzierung, die durchaus auf Hierarchisierungen hinweisen. Karin erwähnt differenzierende Tendenzen:

> K. : Also HipHop ist schon ganz schön hierarchisch finde ich – fame ist, wenn du oben bist eben. … Also ich begreife mich schon irgendwie als Teil von dem Ganzen, ich mach das nicht nur, damit andere Leute denken, wie toll ich bin. Natürlich gibt's viele, die das Ganze machen, um fame zu kriegen, aber ich meine, jeder ist anders.

Intern scheint es hier auch unterschiedliche Vorstellungen zu geben: *fame* ist nicht für alle gleich bedeutsam:

> K.: Für viele Leute ist es halt wichtig – das ist auch so 'n Schlagbegriff – fame zu haben. Also das muß jeder mit sich selber ausmachen, das find ich jetzt nicht so wichtig. Also das ist auch nicht das Ding, warum ich das mache.
>
> S.M.: Also fame ist was anderes als Respekt ?
>
> K.: Natürlich, fame ist Anerkennung zu kriegen von anderen. Respekt ist was, was du anderen gibst. Fame ist, was man kriegt.

Fame dient, anders als *respect*, der internen Hierarchisierung. Das Konzept *fame* ist Anzeichen für die individualistischen Tendenzen im HipHop, die auch in dem Konzept von *style*, wie ich es in Kap.5 beschrieben habe, angeklungen sind. *Fame* ist jedoch eine extreme Variante und scheint nicht für alle HipHopper gleich bedeutsam zu sein. Offenbar gibt es Spannungen zwischen den individualisierenden Tendenzen und den Gruppenbildungsprozessen:

> K.: Also HipHop ist – auf der einen Seite – wirklich sehr individualistisch und sehr individuumbetont, auf der anderen Seite hast du auch wieder dieses soziale Ding – mit allen anderen zusammen und Respekt und solche Sachen und Spaß haben und das Ganze zusammen nach vorne bringen. Und du hast auch immer ich, ich, ich, ich, ich, also das ist mir manchmal zu viel, ich bin auch nicht so veranlagt, immer ich, ich, ich zu sagen (*lacht*).

Die Selbstdarstellung des HipHop nach außen ist allerdings meist die einer geradezu egalitären Gemeinschaft. Machtfragen werden als Einbrüche von außen betrachtet, z.B. durch die außerhalb aufgebrachte Möglichkeit der Kommerzialisierung. Intern wird dagegen Gleichheit betont. So Luigi über die Prozesse innerhalb seiner ehemaligen Gruppe Avanty Fratelly bei der Veröffentlichung ihrer CD:

L.: Aber dann fing es halt irgendwie an, wer das Sagen hat. Und bei uns zwei hatte nie jemand richtig das Sagen, weil wir haben alle das Sagen.

HipHop wird als Kultur beschrieben, die interne Differenzierungen zuläßt. Man betont ihre ›Einheit-in-der-Differenz‹ (vgl. Hall 1999:35). Ihr Zusammenhalt wird über den Stil der Performativität hergestellt, Differenzen werden durch Bewegung zusammengeführt. Die Gemeinsamkeit entsteht auf internen Treffen: Durch die ›Bewegung‹ auf *jams* werden die verschiedenen Sparten zu einer ›Familie‹ zusammengeführt, in Gruppenbildungsprozessen werden den hierarchisierenden Tendenzen egalitäre Prozesse gegenübergestellt. Durch das Mitmachen in der Gruppe wird man im HipHop zum Mitglied.

Realness und Authentizität

Keepin it real ist seit Mitte der 90er Jahre ein Schlagwort im HipHop. Es entstand im Zusammenhang mit der Etablierung des Gangsta-Rap als populäres Genre innerhalb der Rapmusik. Seitdem wird über *realness* und *fake*-Sein, über *Gangsta* und *Studio-Gangsta* in der Öffentlichkeit diskutiert. Der *realness*-Diskurs hat sich inzwischen auf die anderen Genres der Rapmusik ausgedehnt und wird auch innerhalb der HipHop-Community weitergeführt.

Zunächst sollte ich diesen Diskurs aus seiner Entstehung im Gangsta-Genre darlegen. Gangsta ist die Slangbezeichnung für das Mitglied einer Gang (Krekow et al. 1999:141) und bezeichnet im HipHop ein Genre, das sich auf die Identität des Gangster aus den ›Ghettos‹ amerikanischer Innenstädte beruft.

L.: Ein Gangster ist einer, der eben in einer Gang ist. Und eine Gang sind 10, 20 oder 30 Leute oder noch mehr, und die hängen auf der Straße rum.

Das Bild des Gangsters steht für die Probleme der Straße, insbesondere seit dem Los-Angeles-Uprising (*riots*) von 1992 ist die anhaltende Bedeutung der Gang-Kultur offensichtlich geworden.[19] So wird die Beteiligung am L.A.-Uprising für Luigi und Michele im folgenden Zitat zum Zeichen für die Glaubwürdigkeit von Ice T,[20] einem bekannten Rapper aus Los Angeles, als Gangster:

L.: O.G. bedeutet Original Gangsta,[21] also einer, der wirklich mal ein Gangsta war, und der aber dann irgendwann Glück gehabt hat und da rausgekommen ist aus der Ecke. Weil wenn du ’n Gangsta bist, gehst du früher oder später drauf, wenn du nicht aufpaßt. … Und [wenn du da rauskommst] dann versuchst du den Leuten zu sagen: ›Jungs hört zu, ich war mal Gangsta, aber macht das nicht, das ist nix Schönes‹. … Der [erzählt] zwar von seinem täglichen Leben – ›ich hab’ vielleicht *den* angemacht und *den* umgebracht oder *dem* ins Knie geschossen‹ – aber das bedeutet nicht, daß das etwas Gutes ist.

[…]

M.: Ice T ist so einer. … Der weiß aber, was geht, der weiß [es] genau.

S.M.: Aber es ist nicht seine reale Welt, oder?

L.: Er erzählt z.B. von einem riot//

M.: Das war seine reale Welt//

L.: Er erzählt auch von den riots von L.A., wo dieser Bürgerkrieg war. Er sagt: ›Hey Jungs, ihr macht euch alle gegenseitig kaputt, was soll das?‹

In der Diskussion wird die Ambivalenz dieses Genres erkennbar. Die Texte handeln vom harten ›Ghetto‹-Leben und kritisieren diese Situation (»das ist nix Schönes«). Es wird auch appelliert – zumindest von Ice T, ansonsten von den wenigsten Gangsta-Rappern – den Kämpfen ein Ende zu machen und die Waffen niederzulegen (»Ihr macht euch alle gegenseitig kaputt, was soll das?«). Jedoch werden in den Gangsta-Raps üblicherweise keine tatsächlichen Lösungsansätze geboten. Es geht vielmehr um eine bloße Beschreibung der ›Ghetto‹-Situation. Serdar schildert, wie in dieser Textgattung verfahren wird:

S.: Der könnte rein theoretisch auch sagen: ›Ich hasse die Polizei, ich will alle umbringen‹ – oder sonst irgendwas. Moralisch darf man das Ganze nicht bewerten. *Der denkt so*, und moralische Bewertung ist dann etwas anderes. [Auch] daß man dann da hinkommt, zu sagen: ›Hey, hör zu! Komm’, wir finden eine Lösung usw., du mußt auf die Schule gehen, auf die Uni gehen oder sowas (*lacht*)‹. Aber es ist klar, daß der das nicht [sagt].

Die HipHop-Formation N.W.A., mit deren Album *Straight Outta Compton*[22] gerne der Anfangspunkt des Gangsta-Rap-Genres gesetzt wird (Ro 1996:4), führten das realistische Paradigma ein, das Gang-Lebensgefühl ohne moralische Distanzierung und Beurteilung zu beschreiben.[23] Solche Raps können natürlich auch als Verherrlichung des Gangsterlebens aufgefaßt werden. Hier setzt – neben der öffentlichen Zensur – auch die härteste Kritik vieler MusikbeobachterInnen ein (vgl. Ro 1996, Tate 1992, Baker 1993, Jacob 1993). Auch Luigi muß im obigen Zitat darauf aufmerksam machen, »daß es nicht bedeutet, daß das etwas Gutes ist«, wenn vom Gangsterleben berichtet wird. Die Textebene nimmt hier eine Distanz ein, die in der Rezeption oft nicht beachtet wird. Entsprechend berichtet Luigi auch über die Aufnahme seiner ›anti-rassistischen‹ Texte im Publikum:

L.: Demjenigen sag ich dann schon, wer ich wirklich bin, wenn er nicht richtig zugehört hat. Ich kann auch wirklich mal einen ganzen Text lang in der Ich-Perspektive reden, wie ein ganz normaler Buchautor, der in der Ichperspektive redet, aber der das eigentlich dadurch kritisiert. … Und es gibt Leute, die können das vielleicht auch dafür nehmen, daß sie sagen: ›Hey guck mal, der hat gesagt, ›Scheiß Ausländer‹, also bin ich jetzt auch für *Scheiß Ausländer*, aber dann hast du ihm nicht richtig zugehört, dann hast du nur das gehört, was du eigentlich hören wolltest oder was einfacher für dich ist.

Der Anspruch, das Leben möglichst ›realistisch‹ darzustellen, ist eine wichtiges Moment in der Rapmusik. Es ist in so gegensätzlichen Genres wie dem

politischen Rap und dem Gangsta-Rap zu finden. Die analysierenden Polit-
Rapper sehen HipHop in einer positiven Weise als Informations- und Aufklä-
rungsinstrument, während die Gangsta-Rapper sich eher als (klagende) Ge-
schichtenerzähler betrachten, die die (schlimme) Realität möglichst wahr-
heitsgetreu abzubilden versuchen (Grimm 1998:79). Gerade durch diesen
eher negativen, nihilistischen Ansatz (Ro 1996:6) erlangte Gangsta-Rap einen
so hohen Bekanntheitsgrad. Gangsta-Rap dominierte das Bild von HipHop in
der Öffentlichkeit (Ro 1996:9). Zumindest bis in die Mitte der 90er Jahre war
Gangsta-Rap *die* HipHop-Musik in den Medien – in den USA und über die
mediale Globalisierung auch in Deutschland. Seit seiner Etablierung als eigen-
ständiges Genre um das Jahr 1992 (Ro 1996:11) stieg der Bekanntheitsgrad
von Gangsta-Rap stetig. Rapmusik ist jedoch sicherlich nicht allein mit einem
Realitätsanspruch zu charakterisieren, wie er im Gangsta-Rap exemplarisch
vorgeführt wurde.[24] Es gibt auch Genres mit eher fiktionalem oder mystizisti-
schem Charakter (vgl. Kap.4). Die Debatte um *realness* prägte jedoch die öffentliche Diskussion über Rapmusik und war auch HipHop-intern von großer
Bedeutung. Die *realness*-Diskussion im HipHop betrachte ich als Fortsetzung
der Authentizitätsdiskussion, die über und in der Rockmusik geführt wurde.
Diese Gleichsetzung treffe ich auch aus der Feststellung heraus, daß Rock als
dominante Populärmusik durch HipHop und R&B – die zusammen von der
Musikindustrie als *urban music* vermarktet werden (Basu 1998:371) –, abgelöst
wurde.[25] Die Verkaufszahlen der beiden Musiksparten Rock und *urban music*
haben sich seit Ende der 80er Jahre sogar genau gegenläufig entwickelt.[26] Authentizität stellt sich mir ebenso wie *realness* als ›offensichtliche‹ Strategie (Kalra & Hutnyk 1998:345) dar bzw. als »Mittel, um kulturelle Konstruktionen
glaubwürdig und echt erscheinen zu lassen« (Grimm 1998:24). Diese Funktion haben *realness*- und Authentizitätsdiskurse innerhalb der einzelnen Musik-
szenen, aber auch nach außen bei der Vermarktung solcher kultureller Konstruktionen. In der Musikbranche geht es insbesondere um die Massentauglichkeit von »black cultural forms to white audiences« (Gilroy 1996:99). Authentizität wird dort mit Subversivität gleichgesetzt und dem Kommerz gegenübergestellt. Der Authentizitätsdiskurs im Rock beruft sich wie auch der
Gangsta-Diskurs auf die nicht-gesellschaftskonforme Identität des *black pop
rebell* (Reynolds 1995:137), also auf eine männliche ›schwarze‹ Identität, wie sie
in den Blueslegenden exemplarisch vorgeführt wurde. Rockmusiker berufen
sich (mimetisch) auf die Authentizität der Bluesmusiker (Freind 1997:1f.).
Auch die Gangsta-Identität wird in der Tradition von ›black culture‹ verortet.
Eine zentrale Figur ist dort der *urban bluesman* (Keill 1966, zit. nach Brake
1985:124); er ist das Vorbild für die Figur des *hustlers* aus dem ›schwarzen
Ghetto‹ (Keill 1966 zit. nach Brake 1985:124) und damit auch für die Gang-
ster-Identität. Er ist die Verkörperung des *cool*, der Pose des Unbeteiligtseins

aus der ›black culture‹, wie sie ›Schwarze‹ dem ›weißen‹ Amerika selbstbewußt entgegenbrachten (Brake 1985:125). Die Figur des *urban bluesman* führt auch den *Staggerlee*-Mythos fort, zuvor erzählt von den Blueslegenden und in den 70ern von den Ikonen der *blaxploitation*-Filme (Havelock & Gonzales 1991:165). Die Identität des *bad bluesman* ist dabei neben der des ›guten Predigers‹ eine zentrale Figur ›schwarzer‹ Männlichkeit: Beide berichten über das ›Ghetto‹-Leben in einer realistischen, auf ihre Art bewußten Weise. Sicherlich sind Parallelen in der Lyrik von z.B. Run-DMC's »It's like that«[27] und den realistischen Erzählstrategien im Blues zu erkennen. Bei all dem gilt, daß der Authentizitätsdiskurs entlang der ›*colour-line*‹ geführt wird (Ross 1989:95) und auch daß »Authentizität mit dem Konzept von Männlichkeit eng verbunden ist« (Grimm 1998:22).[28] In meinen Interviews mit HipHoppern wurde die Verbindung zur Bluesmusik auch erwähnt. So sehen sich z.B. Luigi und Michele in dieser Tradition und betonen dabei die Authentizität dieses und verwandter Genres. Sie beschreiben Blues als sehr emotionale Musik, die von ›echten‹ Musikern gespielt wird und grenzen sie damit von anderen, für sie ›unechten‹ Musiken wie Techno oder House ab:

L.: Aber wenn du dir dann ein Stück von B.B. King anhörst und der Gitarre spielt, so daß es dir richtig reingeht, … da krieg' ich sogar Gänsehaut! Also bei anderer Musik, wie Techno oder House, kann ich irgendwie nie (*Geräusche*), … ich fühle da nichts dabei. Und das ist schwarz für mich, also der Schmerz z.B. im Blues. Blues ist eine Musik mit viel Schmerz, also die Leute, die das gespielt haben, die haben auf der Straße gelebt und … nicht wie die Maden im Speck. Das war ein richtig *tiefes* Niveau. Deswegen haben sie den Blues gesungen. Und deswegen heißt er ja auch Blues – das kommt von blue – das heißt irgendwie melancholisch, traurig//

M.: Und die haben keine Texte gehabt, die haben einfach das gesungen, was ihnen in den Sinn kam. Du kannst nicht Blues machen, wenn du einen dicken Benz hast und in einem fetten Haus wohnst und alles schön in deinen Popo geschoben kriegst. Da kannst du nicht sagen, ich nehme die Gitarre und mache Blues, das geht nicht, weil du bist nicht der bluesman, du hast diese Sorgen nicht, du hast es vielleicht im Blut und du könntest es spielen, aber du bist nicht der. Ich sage jetzt nicht, daß jemand, der ein dickes Haus hat und ein Auto, daß er keinen Blues spielen kann. Natürlich kann er spielen, was er will. Aber so ist der Blues nicht, finde ich.

S.M.: Und wie ist das mit dem HipHop?

M.: Mit dem HipHop ist das genauso//

L.: HipHop ist eben das Extrem von dem Ganzen … Du nimmst kein Blatt mehr vor den Mund, du sagst einfach, wenn jemand scheiße ist, daß er scheiße ist, und nicht: ›Er ist gewöhnungsbedürftig‹ (*lacht*). Du sagst: ›Er ist scheiße‹. Fertig. Der Typ ist kacke. Egal was du eben denkst, du sagst das. Und die Musik ist eben der Funk. Und der Funk ist auch das, was du gerade denkst – das kommt einfach aus dir raus. Das ist schon das Extrem dazu.

Aus Luigis und Micheles Bezugnehmen auf die Bluestradition ist abzulesen, wie die Strategien der Authentizität auf den HipHop übertragen wird. Die

beiden führen die Merkmale eines authentischen Bluesmusikers auf und bezeichnen HipHop als Weiterführung oder sogar Höhepunkt dieses Genres.
Parallelen zwischen Blues und HipHop werden in den Texten und der ›natürlichen Grundhaltung‹ ausgemacht. Das Bindeglied auf der musikalischen Ebene sei die Funkmusik, ein Genre, das beiden auch als ›schwarze‹ Musiktradition gilt.[29] Über das ›Authentische‹ im Blues und Funk gelange man also unwei-
gerlich zum HipHop.

Authentizität und *realness* funktionieren als parallele Strategien. Bei der Forderung nach *keepin it real* in HipHop-Kreisen ist die strategische Zielrichtung
– allgemein gesprochen – das Bewahren eines (kulturellen) Identitätsgefühls.
Realness handelt von kultureller Authentizität. *Realness* wurde und wird im Hip-
Hop – auch außerhalb des Gangsta-Genres – v.a. in den Begriffen von *down to
earth,* echt, authentisch (*nicht aufgesetzt* bzw. *tatsächlich betroffen*) sein verwendet.
Dazu erwähnt der Musikveranstalter Serdar:

> S.: HipHop war für mich irgendwie die *Wahrheit.* Daß man sich in einem Lied mit
> Sprechgesang einfach die Wahrheit sagen konnte. Und es war die Stimme des Volkes –
> und zwar von dem, der wirklich betroffen ist und der was zu sagen hat. Und deswegen
> habe ich schon damals gesagt, daß HipHop die Perfektion der Musik ist. Und ich habe
> gesagt, daß in 10 Jahren oder 15 Jahren im Radio oder im Fernsehen nur noch HipHop
> gespielt werden wird, weil einfach alles andere nur Müll ist, … [weil auch] die Beats
> sehr, sehr kräftig und irgendwie musikalisch aussagefähig sind. Und damals haben sie
> mich alle für verrückt erklärt.

Serdar spricht an, daß es gerade die Authentizität sei, die HipHop zum kommerziellen Erfolg verholfen habe. Rap ist ein Industrieprodukt, andererseits
ist er aber auch Teil des öffentlichen und politischen Raumes. Authentizität
spielt in beiden Sphären eine Rolle. An Authentizität und *realness* wird so oft
auch das Widerstandspotential von HipHop festgemacht. Als ›echter‹ Under-
ground-HipHop gilt nur der ›nicht-kommerzielle‹ HipHop. Die ambivalenten
Einsatzmöglichkeiten von Authentizität sind ein fortwährendes Thema in den
Diskursen über HipHop, die dann immer wieder um Fragen wie die folgenden kreisen: Werden die Künstler durch Erfolg ›unreal‹? Entfernen sie sich
von ihren Grundsätzen, wenn sie sich kommerzialisieren lassen? Soll HipHop
überhaupt die ›Wahrheit von der Straße‹ erzählen oder kann er das überhaupt? Soll HipHop besser Phantasiewelten erfinden? Ist nicht in jedes Mas-
senprodukt schon ein Mythos eingelassen? Lassen sich Phantasie- und Image-
Welten von der realen Welt überhaupt trennen?

Das Konzept der *realness* berührt mit dem Leitmotiv Kulturelle Authentiti-
zität auch das Thema des (kulturellen) Widerstands (Basu 1998:372). Die Frage der Subversivität werde ich in diesem Kapitel nur in Bezug auf das Kom-
merzialisierungsproblem behandeln. Auf Konzeptionen des Widerstandes
gehe ich in Kapitel 7 ausführlicher ein.

In der *realness*-Prämisse wird v.a. die Spannung zwischen Rap als Ware und Rap als Kultur (Basu 1998:372) ausgehandelt. Gefeilscht wird dabei auf zwei Ebenen: Einerseits wird mit dem Gegenszenario von *fake*-Sein Kreativität und Innovativität von den einzelnen Akteuren gefordert. Andererseits werden die Mitglieder durch die *realness*-Forderung auch entlang der Grenzlinie Kommerzialisierung in ein ›Zentrum‹ und eine ›Peripherie‹ unterteilt. Wer sich zu sehr den kommerziellen Aspekten des HipHop verschreibt, entfernt sich von der Szene oder dem Underground. Mit dieser fortlaufenden Differenzierung zwischen Szene bzw. Underground und Kommerz entwirft sich HipHop immer wieder neu. Dabei werden auch Bilder des ›Echten‹ und ›Originalen‹ bemüht: der ›Kern‹ des HipHop wird im Underground verortet, von hier gehen die kulturellen Impulse aus.

Fake

Die Innovationsforderung an die HipHop-Akteure äußert sich, wie ich schon für den individuellen *style* in Kap.5 gezeigt habe, in dem Anspruch, Kulturelemente nicht unverändert zu übernehmen. Eine schlichte Reproduktion ohne Weiterentwicklung wird untersagt. So wie ein *style* nicht einfach *gebitet* werden darf, ist auch beim Recycling von Texten oder musikalischen Elementen Vorsicht geboten: man darf nicht imitieren. Das würde nach den Worten Luigis als *fake*[30] gelten: »ein *fake* ist eben irgendwas, was Schrott ist, was einfach nur nachgemacht ist«. Gerade weil HipHop eine Collagetechnik ist und auf Reproduktionsverfahren basiert, gelten strenge Zitier-Regeln. Der HipHop-Akteur muß seine eigene Welt erschaffen. Er darf nicht in den ästhetischen Räumen anderer leben, diese einfach nachbauen. Vielmehr soll Kreativität und Kunstfertigkeit gegen die Tendenz zur Wiederholung[31] eingesetzt werden, die dem HipHop aufgrund seiner Verwendung reproduzierter Musiken eigen ist. So beschreibt die Rapmusikgruppe Booty Jam ihre eher ungewöhnliche Technik, die Schlagzeug- und Baßelemente fremder Stücke mit ihren Instrumenten nachzuspielen – eben wie ein *sampler* Vorhandenes nochmals wiederzugeben - als Manifestation ihrer *realness*. Diese Technik beweise ihre Kunstfertigkeit und ermögliche Kreativität:

S.M.: Was ist der Vorteil davon, wenn man das selbst spielt oder warum macht ihr das?

L.: Das ist was ganz anderes, das ist eine ganz andere Welt. ... Okay, vorher haben wir auch unsere Lieder selbst gemacht – so wie sie im Endeffekt ausgesehen haben – aber so spielst du es dann auch noch selbst, das heißt, Du spielst 'n Funk und Du spielst 'n Baß ... und du kannst ihn auch zwischendurch mal ändern. ... Du kannst kreativer sein, also: Es lebt, wenn Du es spielst und Du hinter einem Baß stehst oder hinter einer Gitarre oder hinter einem Schlagzeug, einem Keyboard. ... Und zu fünft[32] kriegen wir irgendwie was hin, was richtig abgeht; du bewegst den Kopf dazu. Dann merkst Du, das ist was ganz anderes. Das ist viel geiler, das ist eben live und hundertprozent.

Liveness ist bei Booty Jam ein Zeichen für Vollkommenheit (»hundertprozent«) und Echtheit. Hier werden ›echte‹ Gefühle gezeigt:

M.: Das ist für mich sehr wichtig. Ich finde – egal was du gerade denkst und fühlst – du kannst es live am besten rüberbringen.

Der Künstler darf sich allerdings laut Serdar nichts ohne Vorbild in der ›Realität‹ ausdenken, Texte dürfen nicht ganz ›frei‹ erfunden sein:

S.: Das waren keine Reime über irgendwas, was man erfunden hat, sondern es wurden einfach nur Tatsachen wiedergegeben. Der Mensch hat von *sich* erzählt, von seinen Problemen, von dem, was er scheiße findet, von dem, was er haben *will*, von dem was er träumt. Und er ha's *offen* rausgesagt, *ganz* offen.

Es gibt jedoch einen Unterschied zwischen *fiktiver Welt* und *realer Welt*. Die Welt der Fiktion ist sozusagen eine ›vorgestellte reale Welt‹:

M.: Das sind dann die Ober-Rapper. Die erzählen irgendwas, was sie geschrieben haben, sich ausgedacht haben. Das ist aber nicht so, also – ich weiß nicht. ... Ich bin da eher der Typ, der real bleibt und sagt: Ich bin der und der und das bin ich nicht, tut mir leid, das hab' ich zu sagen, das bin ich ... Du kannst nicht sagen, ich bin der Gangsta und ich mache jetzt meine CD und jeder soll denken, das ist mein Image. Wenn du keiner bist, bist du keiner, Mann.

Hier werden verschiedene Realitäten unterschieden. Es gibt die simulierte Realität, nämlich die Image-Welt und die *reale* Realität. HipHop erscheint für Karin als eine Art Paralleluniversum zum ›normalen‹ Leben:

K.: Also real sein, damit ist wahrscheinlich gemeint, möglichst nichts vorzutäuschen, sondern das, was man macht irgendwie mit dem zu vereinbaren, was man eigentlich im normalen Leben auch [tut], das heißt also nicht so 'n Typen zu mimen und z.B. so zu tun, als ob man ganz besonders hart wäre. Im Prinzip geht's darum, daß das, was du machst, du bist – und du dich nicht irgendwelchen Klischees unterwirfst oder vorgibst mehr zu sein, als du eigentlich bist.

Auch Karin unterscheidet zwischen verschiedenen Welten. Diese in einer Persönlichkeit zu vereinen, wird als Idealzustand angesehen. Die Prämisse der *realness* bewahrt davor, daß im HipHop – bzw. Rapkontext etwas ›vorgespielt‹ wird, was nicht der Identität »im normalen Leben«, dem »was eigentlich ist«, entspricht. *Real-S*ein hat HipHop-intern Bedeutung als Prämisse der grundlegenden Bezogenheit auf eine Außenwelt. Innerhalb des HipHop selbst bewahrt die *realness*-Prämisse aber zusätzlich davor, daß Identitäten zu Stereotypen verkommen: du sollst nicht »irgendwie so 'n Typen mimen«, dich nicht »irgendwie Klischees unterwerfen«, die offenbar im HipHop existieren. Sondern es mußt »halt du sein, der das macht«.

Dieses *Du* scheint jedoch zwischen verschiedenen Welten zu wohnen bzw. in mehreren verankert zu sein. *Realness* bedeutet, sie in Einklang und in der eigenen Identität zur Deckung zu bringen. *Real* ist, wer über die eigene Identität reflektiert und keine Stereotypen übernimmt. Für den HipHop bedeutet das, daß Identitäten nicht wie *Rollen* einfach *besetzt* werden, sondern daß sie in *einem* Prozeß zusammenzusetzen und zu bewohnen sind. Dieser Prozeß ist durchaus ein Aneignungsprozeß, jedoch in einer reflexiven Form. Die Reflexivität dieses Prozesses verleiht der AkteurIn *realness*. Der Prozeß der Aneignung darf kein Gewaltakt in der Art eines Kopierens sein. Beim Recycling von Identitäten müssen diese zum ›wirklichen‹ Bestandteil der individuellen Identität werden, wo HipHop- und reale Identität sich überlappen. In den Texten von Luigi und Michele wird so vom ›täglichen Leben‹ erzählt:

> M. : Ich kann nicht in meinen Texten sagen, ich bin der Obergangsta und hab' jede Frau, wenn ich das eigentlich nicht bin. Das ist das, was ich mit ›auf'm Boden bleiben‹ meine. … Wenn ich einer wäre, dann würde ich meine Texte so gestalten, daß ich mein Leben erzähle. Aber wenn du eigentlich der Ottonormalverbraucher bist und arbeiten gehst jeden Tag und Flaschen zumachst oder was, dann erzählst du davon. Wenn du Gangsta bist, erzählst du, du bist 'n Gangsta, wenn du keiner bist, vergiß' es!

Reflexivität bedeutet also nicht Bezogenheit auf *die* Realität, also *eine* reale Welt, sondern vielmehr Bewußtsein über die Existenz von verschiedenen Lebenswelten und über die Bezogenheit der eigenen Identität auf andere Identitäten. *Realness* meint daher auch nur bedingt Authentizität und Echtheit.

Die ›Identitätscollage‹[33] muß z.B. authentisch sein in dem Sinne, daß sie eine glaubhafte Inszenierung darstellt, die ›äußeren‹ Umstände müssen passen: Der Kontext ist dabei nicht nur auf eine konkrete Aufführung beschränkt, sondern der gesamte Hintergrund einer Person muß stimmig sein. So kennzeichnet z.B. Serdar im folgenden Zitat einen Gangsta-Rap-Act aus Deutschland als inauthentisch, weil es in Deutschland seiner Ansicht nach weder Gangster noch ›Ghettos‹ in der Art amerikanischer Innenstädte gibt:

> S.: Gangsta-Rap! Und das alles in *Deutschland* auch noch? Also jemandem, der wirklich HipHop hört, dem geht das Messer in der Hose auf, weil – ich hab' mich so höllisch aufgeregt – man das einfach solchen Leuten nicht abnimmt!

Michele von Booty Jam relativiert diese Sichtweise. Seiner Meinung nach herrscht in Deutschland eine ähnliche soziale Situation wie in den USA, was hier wie dort die Rapper authentisiert, über die Probleme ›der Straße‹ zu sprechen, und ihnen *realness* verleiht:

> S.M.: Also gibt's da denn einen Unterschied zwischen amerikanischem und deutschem HipHop?
>
> M.: Die message ist eigentlich fast immer die gleiche. … Die HipHop-Message ist so 'ne Straßen-Message//

L. : Ja, das ist klar. Aber du kannst in Deutschland nicht über Ghetto reden, es gibt kein Ghetto wie in Amerika.

M.: Das kannst du nicht, aber die Situation [ist ähnlich]. ... In Amerika redest Du über Ghettos, hier reden die Leute über die schlechte Sozialsituation.

Die unterschiedlichen Haltungen zu Gangsta-Rap in Deutschland verdeutlichen, daß verschiedene Vorstellungen darüber existierten, was glaubhaft ist und was nicht. Ausschlaggebend ist die Gesamtinszenierung einer Situation. Sowohl das Publikum muß sie glaubhaft und akzeptabel finden, als auch die zentrale AkteurIn: Sie muß sich selbst darin spiegeln. Die Inszenierung ist ein reflexiver Vorgang mit dem Einsatz spezieller Mittel zum Erlangen von Identität – im Wissen darüber, daß diese Mittel die jeweilige Identität auch verleihen können. Sie muß insofern *real* sein, als sie der Realität *entsprechen* muß. Der Performer muß sich auf der Bühne identifizieren, eins werden mit der Realität. Diese Identifikation auf der Bühne sehen Booty Jam (früher Avanty Fratelly) durch ihre besondere (Performance-) Technik verwirklicht:

L.: Wenn du ein Musiker bist, ein Instrument in der Hand hast und irgendein Stück hörst, denkst du: okay, ich spiel' das jetzt nach. Und sobald du versuchst das nachzuspielen, wirst du vielleicht genau die gleichen Töne wieder nachspielen, aber im Endeffekt bis es *du*. ... Es wird *dein* Akzent da drin sein, du hast nicht einfach nur (*spricht langsam*) genau das gleiche kopiert und dieses Teil jetzt geloopt und immer wieder und immer wieder, sondern du hast es selbst gespielt.

In der Aufführung wird eine Identität angenommen, sie ist eine Produktion aus ›Eigenem‹ und schon Bestehendem. Durch den Akt des Spielens wird das Identitätsprodukt wiederum Teil des ›Eigenen‹. Auch im Identifikationsakt liegt laut Serdar ›Wahrheit‹: »Es muß dich identifizieren, wahr sein mit Dir selbst«. *Realness* bedeutet also manchmal Wahrheit, allerdings im Sinne von Unmittelbarkeit/Offenheit – insofern, als das gesamte Spektrum der Empfindungen wiedergegeben werden soll. So werden auch verschiedenste Genres der Rapmusik gangbar gemacht, von Party-Rap bis zu sozialkritischen Positionen:

S.: Damit *ich* es gut finde, muß es wahr sein. Entweder Du mußt wirklich ehrlich sagen: ›Komm, laß uns tanzen‹. Oder du mußt sagen – überspitzt ausgedrückt: ›Ich hab' Bock auf Dich, Punkt, Punkt, Punkt‹. Oder Du mußt sagen: ›Leute, ich habe kein Geld, ich habe keinen Bock mehr, zu arbeiten, weil mich sowieso keiner akzeptiert, ich hab's einfach nicht gelernt oder sonstirgendwie, ich weiß nicht, wie ich aus dem Ghetto rauskommen soll‹. ... Aber wenn einer über das soziale Leben irgendetwas sagt, dann muß es auch wahr sein. Also man muß alles ehrlich machen, egal, was man tut.

Außerdem soll Rapmusik die realen, besonders die materiellen Verhältnisse spiegeln:

S.: Es muß wahr sein. Es darf nicht einer daherkommen – wie es auch am Anfang *war* – daß irgendein deutscher Bubi, so aus gutem Hause, mal ein Lied macht mit – was weiß ich – ›Straßen der Gewalt‹ oder sonstirgendwas und ›Bronx‹ und so.

Es sollte klar geworden sein, wie vielfältig die Verwendungsweisen des Begriffs *realness* sind. Natürlich gibt es verschiedene Ausmaße der Reflexion über dieses Konzept unter den HipHoppern. Der Begriff selbst erscheint vielen schon als Klischee, gerade weil er von der ›Außenwelt‹ in Beschlag genommen wurde und zu *dem* Thema im HipHop gemacht wurde: HipHop zeige die rauhe Wirklichkeit – zumindest verkauft ihn so die Musikindustrie.

S.M.: Und dieses Real-Sein, wie würdest Du das umschreiben, was ist das?

K.: Ach, das ist auch so 'n Klischee, also …, das ist ein bißchen albern eigentlich *(lacht)*. Da weiß man auch gar nicht mehr so genau, was damit gemeint ist. Also real sein, das ist eigentlich lächerlich *(lacht)*.

S.M.: Aber in welchem Zusammenhang ist das entstanden?

A: Ach, hauptsächlich Rap, so *keepin it real* *(lacht)*//

S.M.: Aber [das gab's] doch schon von Anfang an, oder?

A: Ich war jetzt vor 15 Jahren nicht dabei oder so. Ich kann das nicht beurteilen, wie das da jetzt genau war. Vor 2, 3 Jahren oder so war das eben v.a. so 'n blödes Schlagwort. … Immer dieses Real-Gelaber und du konntest es gar nicht mehr hören *(lacht)*. Ich finde auch nicht mehr, daß das so wichtig ist. Da macht man sich eigentlich drüber lustig.

Über dieses Klischee können sich aber nur HipHopper lustig machen, die sich im ›Kern‹ von HipHop befinden und die die Versuche der ›Außenwelt‹ beobachten, etwas von ihrer Authentizität zu erheischen. Dementsprechend ist auffällig, daß *Real*-Sein gerade bei jüngeren HipHoppern, die noch nicht in der Szene etabliert sind, eine durchaus geläufige Vokabel ist. *Realness* liegt also – von außen betrachtet – im Zentrum von HipHop.

In einer Gesamtsicht läßt sich sagen, daß die Figur der *realness* als Vorstellung von Authentizität und Echtheit im HipHop weiterlebt. Es mag eine besondere Leistung des HipHop sein, die Performativität von Identitäten aufzuzeigen, indem die eigene Identität als Klischee entblößt wird. Sie wird als ›Effekt‹ entlarvt: *realness* erschöpft sich in »*Real*-Gelaber«, in wenig erfolgversprechenden Versuchen, diesem offensichtlich in sich selbst zirkulierenden Simulakrum Realität eine gewisse Referentialität abzugewinnen (vgl. Baudrillard 1978:14). Das Nicht-Referentielle an Identitäten wird von den HipHoppern an manchen Stellen durchschaut und aufgedeckt. Trotzdem muß das nicht heißen, daß die Ausschließungsverfahren, wie sie vom dominanten Diskurs bekannt sind und auch von HipHoppern selbst erfahren werden, nicht in abgewandelter Form dort weiterhin Verwendung fänden. Es gibt Diskurse über Authentizität im HipHop, wenn nicht in der gerade aktuellen Form der *realness*, dann als Diskurse über Männlichkeit (vgl. Grimm 1998)

oder als Underground-Kommerz-Diskurs (s.u.). Den *realness*-Diskurs kann
man durchaus als Wiederholung der Strukturen des dominanten Diskurses
verstehen. Diese Wiederholung erfolgt in einer Überzeichnung, z.B. in der
Andeutung der Simuliertheit des Realen. Aber diese Verschiebung muß nicht
immer subversiv wirken. *Realness* funktioniert durchaus auch als Ausschließungsdiskurs – allerdings wird dieser Diskurs im Wissen um seine Mechanismen geführt. Es ist ein reflektierender, ein sorgfältiger Diskurs: Die Kategorien der Außenwelt – *real* oder nicht *real* ist gleich *verkäuflich* oder *un-
verkäuflich* – werden intern als Abgrenzung gegenüber einem ›Außen‹ angewendet. *Realness* wird hier im Sinne von Authentizität gebraucht, um zu diffe-
renzieren und bestimmte Positionen innerhalb der HipHop-Welt zu festigen.
Auf diese konkreten Ein- und Ausschließungsverfahren den eigenen Mitgliedern gegenüber komme ich jetzt zu sprechen.

Underground – Kommerz

Das Insistieren auf eine eigene kulturelle Identität ist heute, da HipHop zu einer der weltweit bedeutendsten Popmusikkulturen geworden ist, ein ambiva-
lentes Unternehmen. Die HipHopper stehen vor der Aufgabe, sich zwischen
ihrer Suche nach Anerkennung von außen und einem totalen *sell-out*[34] zu behaupten. Nach Vollbrecht (1997:28) ist im Zusammenhang mit der verstärkten Kommerzialisierung von Jugendkulturen seit den 70er Jahren ein Ausfa-
sern ihrer Ränder zu beobachten; man könne schon zwischen Zentren und
Peripherien von Jugendkulturen unterscheiden. Während meiner Feldforschung waren es gerade die älteren HipHopper (d.h. die jungen Erwachse-
nen), die sich an den Diskussionen über den ›Ausverkauf des HipHop‹ beteiligten. Sie begreifen sich sozusagen als Gründungsmitglieder und Bestandteil
der Vergangenheit des HipHop und daher erheben sie einen besonderen Anspruch auf Authentizität.[35] In diesem Anspruch ist einerseits das Bedürfnis
präsent, die eigene Kultur als wichtigen Identifikationsrahmen nach außen für
sich zu verteidigen (vgl. Kap.7). Jedoch liegt in Authentizität auch die Quelle
von Ansehen *innerhalb* der HipHop-Kultur, man gewinnt mit ihr an ›Aufstieg-
schancen‹. Hier ist ein Ausschließungsdiskurs auszumachen: je weiter man
sich dem ›Zentrum‹ des HipHop nähert, umso seltener wird in der Auseinandersetzung der Begriff *realness* für den Authentizitätsdiskurs verwendet. Im
Kern des HipHop bezeichnet man *realness* als Verkaufsstrategie der außerhalb
agierenden Kulturindustrie. An den Diskussionen über den *sell-out* des Hip-
Hop ist abzulesen, daß HipHop auch gegenüber seinen Mitgliedern immer
wieder neu definiert werden muß.

Zunächst wird ein Unterschied zwischen ›Zentrum‹ und ›Peripherie‹ an der Aktivität und Präsenz im HipHop festgemacht. Kriterien sind hier Dauer oder Intensität der Beschäftigung mit HipHop:

> K.: Also bei mir war das wirklich so, ich habe vor 17 nicht besonders viel mit Musik zu tun gehabt und mit HipHop selbst. … Dieses Heft machen wir jetzt seit fünf Jahren oder so. Ich habe eben immer intensiv damit [mit HipHop] zu tun gehabt … und dann dadurch vielleicht schneller als andere. Es gibt andere, die vielleicht schon seit zehn Jahren irgendwie was mit Musik zu tun haben, aber eben nicht so intensiv.

Der stark involvierte ›Kern‹ von HipHop wird einerseits als Sozialgebilde umschrieben, andererseits als ›Original‹ der Kultur betrachtet: Die soziale Gruppe HipHop bezeichnet man als Szene, in der sich nur kulturelle AkteurInnen befinden. Der HipHop-Veranstalter Serdar berichtet in diesem Zusammenhang über seine Verbindungen zu Advanced Chemistry, der HipHop-Formation, der auch der Rapper Torch angehört:

> S.: Die waren auch etwas *tiefer* in der Szene [als ich], weil ich nebenher noch mein Studium gemacht habe. Da habe ich halt nicht *so* viel machen können. Und die haben in ihrer HipHop-Szene mehr oder weniger sehr, sehr gut gearbeitet.

Je mehr Zeit man mit den HipHop-Aktivitäten verbringt, umso weiter kann man in den ›Kern‹ des HipHop, die Szene, vordringen. Die Szene ist jedoch auch nicht so ›kompakt‹, wie der Begriff es vermuten läßt. Sie ist nämlich nicht an einen Ort gebunden, sondern vielmehr über ganz Deutschland verteilt und geht auch über Ländergrenzen und sogar über den Atlantik hinweg:

> K.: Ich gehe überall nach Deutschland hin und da kenne ich überall jemanden, das ist überall dasselbe. … Du gehst nach New York auf Veranstaltungen und kennst auch Leute. Du kannst echt überall hingehen und du kennst da Leute.

Die Selbstbezeichnung »Szene« benutzen auch viele der HipHopper, mit denen ich gesprochen habe, um sich gegenüber der massenkulturellen Perzeption von HipHop abzusetzen: Die Szene beschäftigt sich nicht mit Mainstream-HipHop. Hier kommen die Bezeichnungen Underground, womit die Szene in Verbindung gebracht wird, und Kommerz auf, mit der der kulturelle Mainstream gekennzeichnet wird.

Serdar, der sich zwar im obigen Zitat selbst als »nicht so tief in der Szene« charakterisierte, versteht sich trotzdem als underground, wenn er sich in Vergleich zu einem anderen Musikveranstalter stellen muß, der hauptsächlich »Musik zum Tanzen«, also dem kommerziellen Geschmack angepaßte Dance-Musik, anbietet:

> S.: Der macht aber mehr so Dance-[Musik], mehr im kommerzielleren Bereich. Also ich bin wirklich mehr underground.

Mit dem Begriff underground wird die Qualität der kulturellen Produkte bewertet. Dieser »Underground definiert sich [dabei] über eine Anti-Kommerz-
Ideologie« (Meueler 1997:37). Kommerz ist so der Gegenbegriff zu Underground.[36] DJ Kid Konya distanziert sich von der kommerzialisierten Massenkultur und geht damit sogar so weit, daß er die Vokabel HipHop für die Szene zurückfordert. Für ihn gilt: »HipHop ist underground. Das Wort an sich ist
underground«. Das Wort an sich darf nur die Szene, der Underground für
sich benutzen. Die HipHop-Szene wird somit der *Kultur* HipHop gleichgesetzt. Nur in der Szene gibt es wirklich HipHop:

> K.K.: Es gibt Disco-DJs, es gibt Club-DJs und es gibt auch den HipHop-DJ, der
> heutzutage hauptsächlich mit Platten auflegt, HipHop-Platten. Und das sind dann
> unkommerzielle Platten, nicht die Hits, nicht die Charts.

Die Nicht-Kommerzialität bzw. das Underground-Sein zeigt sich laut Kid
Konya bei DJs insbesondere darin, daß eine Beziehung zur Musik besteht, bei
der Musik wirklich ›gefühlt‹ wird. Dies ist dann auch vom ›Publikum‹ so zu erkennen. Über die oben erwähnten nicht kommerziellen HipHop-DJs berichtet er:

> K.K.: Und bei diesen DJs … passiert's dann, daß man genau merkt, was sie fühlen,
> wenn sie auflegen. Du legst teilweise an einem Abend sechs Stunden auf, die ersten zwei
> Stunden fühlt sich der DJ noch [gut], legt noch einigermaßen – sagen wir mal – normale
> HipHop-Songs auf, wo auch jeder tanzen kann. Ist alles lustig und schön. Und dann
> merkt man auch bei DJs, da haben sie Phasen, wo sie einfach aus sich herauskommen
> wollen, etwas härtere Sachen auflegen wollen. Und das merkst du dann so bei einem DJ,
> bei einem guten DJ aber nur. … Und die Underground-Leute, die machen die Musik
> und fühlen die Musik. … Und die wissen genau, was sie machen.

Im Underground folgt man seinen Gefühlen und spielt dazu Musik, womit
diese Musik ›echt‹ und der DJ ›gut‹ wird. Hier werden nicht die Waren der
Kulturindustrie konsumiert, sondern sie werden mit ›eigenen Gefühlen‹ präsentiert. Im Underground gibt es Gefühle, was ihn ›echt‹ und qualitativ hoch-
wertig macht. Das ›Publikum‹ orientiert sich allerdings eher am qualitativ min-
derwertigen ›Massengeschmack‹:

> K.K.: Aber ich sage auch ganz klar: Ein guter DJ richtet sich nie nach dem Publikum …
> – im Vergleich zum Club-DJ, der ja derjenige ist, der die Massen befriedigt; der
> befriedigt Kunden eines Clubs, die einfach nur drauflostanzen wollen, egal was kommt.
> Und ein HipHop-DJ ist da wiederum ein DJ, der dann schaut, daß seine Musik, die er
> auflegt, mehr Qualität beinhaltet als Quantität.

Dem Publikum geht es weniger um »Qualität« als ums Tanzen. Mit ›Musik
nach Gefühl, nicht nach Publikumsgeschmack‹ läßt sich allerdings nicht so
viel Geld verdienen:

> K.K.: Der DJ benutzt Platten mit einer Aussage, Platten, die sein momentanes Befinden
> ausdrücken. Das ist ein DJ für mich. Also es gibt wie gesagt DJs, die in einen Club

gehen, den ganzen Abend toppe Musik auflegen, obwohl sie vielleicht keine Lust dazu haben, obwohl sie sich nicht dazu in der Lage fühlen, das aufzulegen. … Aber sie tun es, weil es in erster Linie um's Geld geht.

Ein ›echter‹ DJ läßt sich dagegen nicht kommerzialisieren, es geht ihm nicht um's Geld, sondern darum, seine individuelle Befindlichkeit auszudrücken. Die Zeit der ›echten‹ DJs liegt jedoch laut Kid Konya in der Vergangenheit. Im Diskurs wird hier der ›gefühlsechte‹ HipHop der Vergangenheit entworfen, an dessen ›Reinheit‹ es sich anzunähern bzw. den es zurückzuholen gilt. Dies sei die Aufgabe der Szene bzw. des Underground. HipHop in seiner Frühzeit wird als ›Idealtyp‹ konstruiert. Hier liegt das ›Original‹ der Kultur HipHop. Angeblich haben die kulturellen Äußerungen beim Prozeß der Kommerzialisierung ihre ›Unmittelbarkeit‹ und damit ihre Authentizität verloren:

> K.K.: Es ist ein Teil von HipHop, unabhängig zu sein – von Menschen, die die finanziellen Möglichkeiten haben, dich zu unterstützen, aber dich nicht so unterstützen wollen, wie du es willst. So muß man das sehen, und *das* ist das Problem, das es heutzutage in den 90ern gibt mit HipHop. Du hast zwar viele Sponsoren und viele Veranstalter und viele Plattenlabels, die dich gerne unterstützen, aber die gleichzeitig mit dir Geld verdienen wollen. Deswegen sage ich auch immer: HipHop ist nicht das, was es mal war.

> S.M.: Und früher war es besser?

> K.K.: HipHop war früher, also so 85, 86,87, 88 so, daß sehr, sehr innovative Sachen rauskamen, daß sich die Gruppen, die MCs, Gedanken gemacht haben, was sie produzieren: Was ist neu, was hört sich gut an, was ist jetzt irgendein Abklatsch von den anderen Gruppen? Heutzutage ist es so, daß jeder versucht, es ähnlich zu machen wie die anderen, die Erfolg haben, mit dem, was sie tun. Und damals war es so … genau das Gegenteil: Ich mach das, was der andere nicht macht; ich möchte was Besonderes sein in dem, was ich mache.

Innovation wird mit Unabhängigkeit und Anti-Kommerzialität verbunden. Unabhängig und nicht kommerziell, also underground, war man ›früher‹:

> K.K.: Heute legt man keinen Wert mehr da darauf, ob jemand underground ist. Also *viele* legen keinen Wert darauf, ob sie underground sind oder nicht. Es gibt oft MCs oder DJs oder Gruppen, die waren underground … und sind dann abgerutscht ins Kommerzielle – oder *aufgerutscht*. … Weil sie dann im ersten Moment direkt ans Geld gedacht haben, [aber] das war ja nicht die Grundidee von HipHop, … daß man damit mal Geld verdienen sollte.

Hier wird ein HipHop der Vergangenheit entworfen, der ›nicht kommerziell‹ gewesen sei. Ebenso wie die ›Emotionalität‹ und ›Innovativität‹ der Underground-HipHopper ist sicherlich auch der HipHop der Vergangenheit als Einheit ein Konstrukt. Rose (1994a:40) kritisiert diese – unter HipHoppern und MusikkritikerInnen – weit verbreitete Vorstellung einer ›nicht kommerziellen Urzeit‹, einer »pre-commodity«-Zeit des HipHop:

»Hip hop's explicit focus on consumption has frequently been mischaracterized as a movement *into* the commodity market (e.g., hip hop is no longer »authentically« black, if it is for sale). Instead, hip hop's moment(s) of incorporation are a shift in the already existing relationship hip hop has always had to the commodity system. ... The contexts for creation in hip hop were never fully outside or in opposition to commodities; they involved struggles over public space and access to commodified materials, equipment and products. It is a common misperception among hip hop artists and cultural critics that during the early days, hip hop was motivated by pleasure rather than profit, as if the two were incompatible.«

Die Beziehungen zwischen Warenwelt und Jugend- bzw. Subkulturen sind multivalent. Konsumgüter werden von Subkulturen eingesetzt, jedoch distanzierten sich auch viele deutlich vom kapitalistischen System. Hebdige legt in seiner Analyse von Subkulturen ein besonderes Augenmerk auf den Einsatz von Konsumgütern. Er betont, daß die Kommunikation unter den Mitgliedern und auch mit der Außenwelt über Waren stattfindet. Die Waren werden von Subkulturen »anders eingesetzt ... und in einen anderen Zusammenhang gebracht« (Hebdige 1998:394). Ihnen werden neue Bedeutungen gegeben. Diese spezielle Art und Weise des Einsatzes von Waren begründet den subkulturellen Stil, mit dem Differenz zum Mainstream markiert wird. Subkulturen »kommunizieren mit Hilfe von Waren« (Hebdige 1999:384). Beim Prozeß der Rückeingliederung und des ›Ungefährlichmachens‹ von Subkulturen spielen diese Waren allerdings auch eine wichtige Rolle. Die mittlerweile mit subkulturellen Zeichen besetzten Waren werden von der Industrie massenhaft produziert und verkauft. Angesichts dieser Prozesse erscheint es Hebdige (1998:384) »schwierig, irgendeine absolute Unterscheidung zwischen kommerzieller Ausbeutung auf der einen und Kreativität/Originalität auf der anderen Seite aufrechtzuerhalten«. Hebdige geht jedoch in seiner Analyse davon aus, daß die Prozesse der Bildung subkultureller Zeichen und ihrer Inkorporierung zeitlich nacheinander ablaufen. Für den HipHop muß aber davon ausgegangen werden, daß er »von Anfang an schon immer verstrickt« war (Diederichsen 1993b:11). Die Analyse von HipHop muß an diesem Punkt beginnen.[37] Die Ein- und Ausschlüsse verlaufen entlang der Frage der Kommerzialisierung, was der Underground-Diskurs nahelegt. Auch DJ Kid Konya gesteht ein, daß es im HipHop schon immer Werbung und Kommerz gegeben hat. Er berichtet über die ›frühe‹ Zeit der DJ-Meiterschaften:

K.K.: DMC-Meisterschaften[38] haben sich eigentlich so gestaltet, daß am Anfang nur HipHop-DJs mitgemacht haben. ... [Später dann ist] das Ganze kommerzialisiert worden. ... Und das dient jetzt dem Zwecke, Geld zu verdienen [und] Werbung zu machen. Du hast Werbepartner, Sponsoren, die das Ganze unterstützen.

S.M.: Aber das war mal underground, oder?

K.K.: Das war mal underground, DMC-Meisterschaften waren mal ganz groß geschrieben. Das war eigentlich die Weltmeisterschaft//

S.M.: Und das waren dann nur HipHop-DJs?

K.K.: Ja nur HipHop-DJs und du hast deine Sponsoren gehabt, aber die waren damit einverstanden, daß nur HipHop-DJs da waren.

Auch in der frühen Zeit der DJ-Meisterschaften gab es Sponsoring. Für Kid Konya bewegten sich diese Meisterschaften aber trotz alledem im Underground, weil »nur HipHop-DJs da waren«. Die initiale Kommmerzialisierung erscheint absolut selbstverständlich. Die Subversion des HipHop verläuft nicht außerhalb oder als bloße Umkehrung der Zeichen der Warenwelt. HipHop ist in das Warensystem integriert, darin ›aufgewachsen‹.

Performativität der kulturellen Identität (im) HipHop

Die HipHopper grenzen ihre Lebensweise von anderen Lebensweisen unter dem Aspekt der Kultur ab. Eine solche Praxis der Ausgrenzung bezeichnet Dracklé (1996b:15f.) als Kulturalisierung. Dabei gilt, daß derartige Praktiken nicht nur der *Ein*-Grenzung von Kulturen dienen, sondern auch *innerhalb* von Kulturen eingesetzt werden, z.B. um Mitglieder *aus*-zugrenzen. Hier und anderswo ist das Konzept Kultur »the essential tool for making other« (Abu-Lughod 1991:143). Es wird eingesetzt, um ein ›Selbst‹/›Innen‹ durch die Konstruktion eines ›Anderen‹/›Außen‹ zu bestätigen. Abu-Lughod (1991:147) ist der Ansicht, daß das Konzept von Kultur, in seiner urspünglichen holistischen Bedeutung, auch wenn es von Gruppen strategisch eingesetzt werde, keinen Ausweg aus Essentialismen bringen könne.[39] Es betone zu stark die Kohärenz, da es Kulturen als zeitlos und vollkommen geschlossen erscheinen lasse.

Wir haben gesehen, daß es im HipHop mehrere Verwendungsweisen des Konzepts Kultur gibt; es wird sehr wohl zum Zweck der Essentialisierung eingesetzt. Jedoch gibt es auch gegenläufige Tendenzen, z.B. *realness* als Konzept der Reflexivität anstatt *realness* als Naturalisierungsdiskurs einzusetzen (s.o.). Weiterhin wird auch durch den Stil der Performativität (und auch durch das in Kap.5 erwähnte Konzept des individuellen *style*) die Kultur in ihrer internen Differenziertheit erhalten (s.o.). Die HipHopper erschaffen für sich eine bestimmte Identität, halten diese allerdings nach innen und außen beweglich. Nach außen wird Authentizität benutzt, um Identität zu verteidigen. Jedoch funktioniert auch der Authentizitätsdiskurs *im* HipHop nicht nur in den gewohnten Distinktionen von ›Selbst‹ und ›Anderem‹. Die HipHopper schließen sich nicht als Subkultur ab, sie stellen sich nicht als das ›Andere‹ gegen das ›Selbst‹ der Dominanzkultur. Stattdessen setzen sie sich ins ›Herz‹ der dominanten Kultur: HipHop mischt im kapitalistischen System mit. Hiermit wird klar, daß das sogenannte ›Außen‹ konstitutiver Teil des Systems ist.

Zum ›Anderen‹/›Marginalen‹ wird HipHop vielmehr stilisiert von Werbe-strategen, die *realness* verkaufen wollen: Von dieser Verwendungsform des Au-thentizitätskonzepts distanzieren sich die Underground-HipHopper. Sie ver-wenden ihre eigene Version von Authentizität als Ausgrenzungsdiskurs. Die Selbstbezeichnung als Underground ist innerhalb des HipHop ja auch eine Differenzierungs- und Grenzziehungsstrategie. Einerseits wird damit der Ein-schluß nach innen gegenüber der Kommerz-Kultur praktiziert; aber sie funk-tioniert auch als Praxis der Ausgrenzung gegenüber den eigenen Mitgliedern: Underground ist der ›echte‹, innere Teil der Kultur, die ›Essenz‹ und ›Quelle der Innovation‹. ›Unechtes‹ wird fortlaufend ausgeschlossen. Das kann auch als Moment der Beweglichkeit aufgefaßt werden: HipHop erhält sich nach in-nen und außen durch den Ausschließungsdiskurs beweglich. Nach innen wird die Identität differenziert durch den Stil der Beweglichkeit, der Performativi-tät. Da allerdings davon auszugehen ist, daß ›draußen‹ die »Gewalt der Identi-tät herrscht, bewaffnet man sich dagegen mit eigenen Identitäten« (Diederich-sen 1996: 232). Bei ihrem Identitätsentwurf gegenüber einem ›Außen‹ behal-ten sich die HipHopper vor, daß ihre Identität konstitutiv auf dieses ›Ande-re‹/›Außen‹ bezogen ist. HipHopper verstehen sich nicht nur als die ›Ande-ren‹ des Dominanten, wie es für ›Subkulturen‹ üblich ist, sondern sind auch mit der Außenwelt verzahnt:

> K.: Also bei mir ist es so: Ich will nicht nur was mit HipHop zu tun haben, … ich denke auch, daß viele Leute dann plötzlich nur noch *das* sehen und irgendwie den Bezug zu anderen Realitäten verlieren. Ich finde aber eigentlich, daß das nicht nur ein HipHop-Ding ist. Ich finde, daß jeder irgendwie in seiner Welt lebt, und das ist halt dann eine Welt, die verschiedene andere Leute mit dir teilen. Du mußt schauen, daß du dich nicht irgendwie in einer … verlierst. Irgendwie finde ich auch nicht, daß das nur im HipHop speziell dieses Ding ist. Das ist nur etwas, wo es dir eben bewußt werden kann. HipHop bedeutet für verschiedene Leute verschiedene Sachen. Und alles, was ich jetzt sage, … muß für andere Leute nicht so sein.

Im HipHop kann einem also die Relativität der eigenen Welt, die Bezogenheit der eigenen Identität auf andere Identitäten bewußt werden. Die unterschied-lichen internen Perspektiven auf HipHop (»HipHop bedeutet für verschiede-ne Leute verschiedene Sachen«) machen den Blick darauf frei. Im HipHop sind daher Selbstbeobachtung und Reflexivität wichtige Faktoren:

> K.: Ich mache nämlich so eine Umfrage mit vielen Leuten aus der Szene, wie sie den jetzigen Stand der deutschen HipHop-Szene beurteilen und welche Entwicklungen sie sehen. Ich finde, man muß da drüber reden (*lacht*).

Das reflexive Ideal wirkt als ›Bewußtseins‹-Erweiterung und bereitet auf den Umgang mit der Außenwelt vor. Man geht ›mit sich‹ anders um, wenn man im Reflektieren geübt ist:

> K.: Mir ist durch HipHop ziemlich viel bewußt geworden, also durch die Sachen, die ich
> im HipHop oder in der Szene erlebt habe. Das konnte ich dann auch auf andere Sachen
> übertragen.

Das reflexive Ideal bewirkt die interne Performativität der HipHop-Kultur.
Nach außen bewirkt es, daß die HipHop-Außenwelt-Dialektik in Bewegung
bleibt: Man *ist* nicht einfach *im* oder *außerhalb* des HipHop, sondern beides
sind verschiedene Aspekte ein und derselben Bewegung, die der HipHop als
Ganzes vollzieht, und Positionierungen ein- und derselben Person: Die Hip-
Hop-Kultur versteht sich als performativ auch in Bezug auf ihre Außenwelt:

> K.: Ich finde, daß es kein *Muß* gibt. Du *mußt* auch nicht in der Kultur sein. Oder wann
> bist du in der Kultur? Es kommt immer darauf an, wie du dich selbst verstehst. Das ist
> Blödsinn, das ist auch so eine Sache, die von diesen Hardcore-Leuten [kommt]. Ich
> weiß nicht, ich finde das einfach blöd.
>
> S.M.: Was sind Hardcore-Leute?
>
> K: Hardcore-Leute sind Leute, die ganz extrem sind eben …, die das ganz eng sehen.

Hier ist bei Karin eine Distanzierung von bestimmten Authentizitätsdiskursen
innerhalb des HipHop zu erkennen. Es gibt offenbar verschiedene Modelle
des Außenbezugs im HipHop. Die ›*Hardcore*-Leute‹ sind extrem abgeschlossen
im Gegensatz zu anderen, die sich mit der Außenwelt stärker auseinandersetzen (wie z.B. Karin). Für Karin ist die HipHop-Identität eine offensichtlich
performative; sie ist nicht die einzig mögliche und damit ›natürliche‹ Identität,
sondern existiert gerade in ihrem Bezogensein auf andere Identitäten.

Mit dieser Referentialität – nicht auf *eine* Realität, sondern auf andere Identitäten mit ihren jeweiligen Realitätsansprüchen – deckt Karin auch das
›Nicht-Selbstversändliche‹ in der HipHop-Identität auf. Die HipHop-Identität
als ›Effekt‹ von Diskursen kann aber auch zum ›Klischee‹ verkommen:

> K.: Es ist auch ein bißchen schwierig, das einfach so zu fassen. Es ist wirklich auch ein
> Klischee: Es sagt dir wirklich auch jeder, daß es [HipHop] eine Art Lebensgefühl ist, das
> du nicht einfach nur so vermitteln kannst, indem du einen Satz sagst [zu] jemand ande-
> rem. Das mußt du echt eine Weile mitgemacht haben, um zu wissen, was damit gemeint
> ist.

HipHop ist ein Lebensgefühl und nicht einfach so mit Worten zu vermitteln
– vielmehr ist es mit Taten zu verwirklichen. Aber wenn dieses Lebensgefühl
zu einer konkreten Vorstellung einer separaten Kultur/festen Identität Hip-
Hop verkommt, wird es klischeehaft: ein abgedroschenes, verkäufliches
Image auf dem Markt der Identitäten. Mit der Kommerzialisierung ist Hip-
Hop ein Zeichen geworden, das auf unterschiedliche Weisen (affirmativ, progressiv etc.) eingesetzt werden werden. Es besitzt sicherlich keine Referenz
auf nur *eine* Realität, aber dafür auf viele andere Identitätskonstruktionen mit
ihren Realitätsansprüchen.

7 *Represent!*
– Die Politik der Repräsentation im HipHop

Am ›western folk model‹[1] der Repräsentation wurde stark Kritik geübt. In der konventionellen Betrachtungsweise haben Dinge eine ›ursprüngliche‹ Bedeutung, die außerhalb ihrer Re-Präsentation in der realen Welt liegt. Repräsentation stellt einen zweiten Schritt nach dem schon abgeschlossenen Prozeß der Bedeutungsgebung dar (Hall 1997a:5). Nach diesem Konzept wird ein ›Selbst‹ durch ein (kulturell, geschlechtlich, sexuell) ›Anderes‹ repräsentiert, was von Seiten der postkolonialen Theorie kritisiert worden ist (Julien 1999:276). Spivak betonte, daß *representation* sowohl Darstellung als auch Vertretung bedeute (Landry & MacLean 1996a:6). Eine Darstellung sei nicht einfach eine Wiederauflage in einem ästhetischen Sinne, sondern auch eine Vertretung im Sinne einer politischen Repräsentation.[2] Auch Hall (1997b:16) verdeutlicht, daß in dem *am Platz von etwas stehen*/»stand in the place of« von Repräsentation auch ein *Einstehen für*/»stand for« enthalten sei. Er begreift Repräsentation als signifizierende Praxis, also als den Vorgang der Konstituierung von Dingen durch den Prozeß der Bedeutungsgebung, welchem dabei eine ursächliche Funktion zukommt. Dieser Prozeß verläuft zwischen mehreren AkteurInnen oder SprecherInnen als dialogischer Prozeß. Der Dialog ist nicht einseitig, verläuft aber in einem Feld unterschiedlicher Aufteilungen von Macht. In einer Repräsentation ist immer auch eine Vertretung von Machtinteressen enthalten. Durch den aktivischen Charakter der dialogischen Konzeption sind Repräsentationen aber nicht fix, sondern – ebenso wie die Machtverhältnisse – veränderbar (Hall 1997a:10).

Im HipHop bedeutet etwas *representen*, also etwas zu repräsentieren, daß man etwas verkörpert oder vertritt (Krekow et al. 1999:264). Dort wird besonderes Augenmerk auf den Akt der körperlichen Vertretung gelegt; die Betonung liegt weniger auf Wiederholung, als auf der aktuellen Vertretungshandlung. Ich möchte in diesem Kapitel aufzeigen, inwiefern Repräsentation im HipHop als politische Vertretung/Positionierung verstanden werden kann. Dazu werde ich zunächst den speziellen Repräsentationsbegriff aus dem HipHop erläutern und die Umsetzung dieses Begriffs in den politischen Strategien der HipHopper ausarbeiten. Das hier erkennbare spezifische Politikverständnis der HipHopper ist ein wesentlicher Teil ihres Selbstverständnisses als ›bewegliche Bewegung‹, worauf ich gegen Ende des Kapitels zu sprechen komme.

Repräsentation als Identifikation

Nach Woodward (1997a) und Hall (1996b) werden Identitäten über kulturelle Repräsentationssysteme produziert. Über symbolische Systeme und signifizierende Praktiken, wie z.B. Sprache, visuelle Bilder, Musik, Tanz etc. wird den Identitäten Bedeutung verschafft (Woodward 1997a:14). Durch die Repräsentationssysteme werden Gleichheit bzw. Identität oder Differenz markiert. Mein Gesprächspartner Torch beschreibt im folgenden Zitat die Signifikation der eigenen Identität als Prozeß der Aneignung bzw. des aktiven Konsums von Kulturgütern:[3]

> Tch.: [Wenn] du dir eine Platte kaufst, hat [das] immer etwas mit identifizieren zu tun. Der Sound ist doch sowieso scheißegal, sag ich mal. Wie du die Musik erklärst, *das* ist wichtig. Oder anders gesagt: Ich nehme James Brown, James Brown ist James Brown, aber ich sample dann James Brown und auf einmal ist es HipHop. Oder ich nehme die Rolling Stones …, ich sample den Breakbeat, scratche die Gitarre rein, dann ist es Hip-Hop. Wo wird jetzt Rolling Stones zu HipHop? Durch das Identifizieren, weil *ich* es gemacht habe, in meiner Art und Weise, und es in meiner Art und Weise neu erkläre. Es ist nicht mehr Rolling Stones – obwohl es Rolling Stones ist – ich repräsentiere nämlich nicht mehr Rolling Stones, sondern ich repräsentiere in dem Moment Torch. Und das verändert die Situation.

Identität entsteht in diesem Falle als Identifikation mit Konsumgütern. Diese Identifikation wird als Prozeß der Distinktion[4] beschrieben: durch das Verschieben von Bedeutungen z.B. einer Rolling Stones-Platte oder der Musik von James Brown, wird die eigene Identität *gegen* die – durch die Waren schon evozierten bzw. in einem anderen kulturellen Umfeld wirksamen – Bedeutungen etabliert. Jede Identifikation stellt eine neue Erklärungsweise von kulturellen Zeichen dar. Eine spezifische Repräsentation der Zeichen wird in der Aneignung durch einen kulturellen Akteur und seine Verwendung in der Alltagspraxis zum Bestandteil seiner Identität. Die Aneigung von Kulturgütern wird als politische, genauer als identitätspolitische Handlung verstanden.[5] Im HipHop kann Repräsentation nicht als Ausdruck einer bestehenden Identität betrachtet werden, was in den letzten beiden Kapiteln immer deutlicher wurde. Identität wird vielmehr im Akt der Repräsentation erst erlangt. Torch führt dies anhand einer Gegenüberstellung der Identifikationssysteme im HipHop und im Punk aus:

> Tch.: Die Jungs [die HipHopper] hatten ja auch gar nicht so ein großes Konzept, die wollten gar nicht so groß mit irgendwelchen Systemen aufräumen. Die wollten einfach

nur sich selbst repräsentiert wissen. … Der Unterschied ist eigentlich der – und das ist ein Riesenunterschied: die Punks wollten aus dem System raus und die anderen Jungs wollten ins System rein. Das ist ja ein Riesenunterschied. Die Punks wollten ein System abschaffen, wo die anderen nicht mal drin waren, … die anderen waren ja nicht mal richtig registriert. Die Punks wollten sich halt von ihrer – ich hab keine Ahnung, was die genau wollten – die wollten sich halt von dem lösen, was sie hatten, und die anderen wollten da erstmal hin. Die waren da noch gar nicht. Die anderen [die Punks] wollten ihren Paß gar nicht mehr haben: ›Naja, ist doch scheißegal Deutscher zu sein.‹ Die anderen hätten es gerne mal gehabt.

Im HipHop wird Identität nicht wie im Punk destabilisiert und verweigert (vgl. Grimm 1999:66f.), sondern es geht zunächst darum, Identität überhaupt erst zu erlangen.[6] Ein System wird vielmehr *dort* bekämpft, wo es eine eigene, selbstbestimmte Identität unmöglich macht. Torch beschreibt, warum Hip-Hop die Jugendkultur darstellte, die ihm und seinen Freunden eine Möglichkeit zur Identitätsbildung eröffnete:

> Tch.: Es war einfach so unkonventionell, da war noch so viel offen, da war noch so viel möglich, wo man noch viel reinbringen konnte. Da war nicht alles schon passiert, sondern es war halt frisch, es war etwas Neues, wo auch Leute mit reindurften, die sonst nirgendwo reindurften. Weil die Wave-Geschichte,[7] die war gelaufen und da haben die Türken nicht reingepaßt und ich auch nicht, das war einfach klar. Ich meine, du durftest da mitmachen, aber du hast da keine schillernde Rolle gespielt. Und bei der HipHop-Geschichte warst du auf einmal der King.

HipHop war die einzige Jugendkultur, die ihnen zur Identitätsbildung offenstand. Identifikation bestand für diese Jugendlichen nicht in einer freien Wahl aus verschiedenen jugendkulturellen Identitätsmodellen, sondern vielmehr im Etablieren alternativer Identifikationsmöglichkeiten. Identifikation stellte den Prozeß dar, sich einen (öffentlichen) Raum zu verschaffen, der laut Torch »noch nicht so besetzt war, wo man sich reinidentifizieren konnte«. Andere positive Identifikationsmöglichkeiten standen einfach nicht offen und wurden deshalb auch als uninteressant verworfen:

> Tch.: Es geht darum, warum die alle [die HipHopper] sich nicht mit *anderen* Sachen identifiziert haben. Es gab eben auch vorher viele Sachen: Depeche Mode, da haben wir auch gebreakt drauf, so ist es nicht. Und auf Yello und auf tausend Sachen … Die Musik war schon cool, aber die Typen, mit denen konnte man nix anfangen. So waren wir halt nicht, überhaupt nicht. Sie waren uns auch zu schlapp, die waren uns viel zu depressiv. … Du wolltest auf die Scheiße hauen, du wolltest irgendwie der Welt zeigen, daß du auch was drauf hast. Und nicht irgendwie verrückte Mode und so – das war nicht unser Ding – und so Haare komisch und so. Das hat uns nicht interessiert. Wir wollten einfach nur so sein, wie wir sind und trotzdem respektiert werden.

Torch erwähnte im weiteren Verlauf des Interviews die Jugendlichen verschiedener Einwanderergruppen, welche seit den 50er Jahren nach Deutschland kamen. Zu dieser Gruppe zählt er sich selbst, obwohl seine Eltern seiner Einschätzung nach eine andere Einwanderungsgeschichte aufweisen und sich auch in einer besseren finanziellen bzw. sozialen Lage befinden als viele andere Einwanderer. Er erzählt, daß aber das ›Nicht-Deutsch-Sein‹ den primären Identifikationsfaktor darstellte:

> Tch.: Also in der Grundschule hing ich wirklich am Schluß nur mit den Türken, den Libanesen und den Jugoslawen rum, weil man mir ja gesagt hat, ich gehöre zu denen. Das muß man sich mal vorstellen: Mein Vater ist Arzt, meine Mutter ist Diplomübersetzerin und ich hänge bei Jungs rum, die irgendwie zu siebt in einer Wohnung wohnen [und] einen ganz anderen Bildungsstand haben. [Das] hat gar nichts mit mir zu tun, überhaupt nichts, aber ich hing dann bei denen so rum.

Die Fremdzuschreibung als ›Nicht-Deutscher‹ sei also die prägende Erfahrung gewesen. Im Umfeld anderer ›Nicht-Deutscher‹ begann Torchs Hip-Hop-Sozialisation. DJ Kid Konya, der sich ebenso als *2. Generation* von *MigrantInnen* versteht, erwähnte im Gespräch mit mir, daß es hauptsächlich »Ausländer« sind, die sich im HipHop engagieren:

> K.K.: Wenn du siehst, wer HipHop hört oder HipHop produziert und wer HipHop *macht* an sich, sind das zu 80% Ausländer in Deutschland und zu 20% Deutsche. Und das läßt schon irgendwie aufhorchen: Das ist doch 'ne ausländische Kultur, es ist 'ne Ausländerkultur in dem Sinne.

Kid Konya selbst benutzt hier für HipHop die Beschreibung ›Ausländerkultur‹. Mit ähnlichen negativen Identitätszuschreibungen von außen und der gleichzeitigem Vorenthalten einer anderen, positiven jugendkulturellen Identität gaben sich die Jugendlichen jedoch nicht zufrieden:

> Tch.: Und es ist klar, daß die ganzen Jungs, die Außenseiter waren, … nicht unbedingt nur auf die Typen abfahren wollten, die sie zu Außenseitern machten, sondern die wollten ja auch einen eigenen Helden haben. Und so eine Rock Steady Crew, das sind Puertoricaner gewesen, im Jogginganzug. Der Jogginganzug war auf einmal was. Vorher mußtest du dich für 'nen Jogginganzug schämen, weil du halt nicht die Kohle hattest …. Und dann auf einmal kommt einer, der aussieht wie du – in Anführungsstrichen – mit so 'nem schlechten Schnurrbart, ohne diese ganzen – wie soll ich sagen – kulturellen und finanziellen Hürden und sagt einfach: ›Hey, du kannst tanzen, du hast Energie‹. Und schon bist du jemand. Da sind die Leute ausgerastet, das war genau ihr Ding.

Gegen ein Identitätssystem, das den Jugendlichen nur eine negative Identität zugesteht, schufen sie sich durch HipHop einen (kulturellen) Raum, der ihnen nicht nur eine Identität innerhalb der Gruppe ermöglichte, sondern durch dessen Repräsentation in der Öffentlichkeit Identitäten vertreten wurden, die sonst nicht sichtbar waren und deshalb auch für nicht existent gehalten wurden:

> Tch.: Es [HipHop] hat eben viel repräsentiert, was ich hätte runterschlucken müssen, was ich sonst niemandem hätte sagen können, was sonst gar nicht gefragt war, wie es bei den türkischen Kids auch war. Bei den türkischen Kids hat sich keiner für ihre Probleme oder für ihre Welt interessiert. Die waren halt da, aber sie waren nicht gefragt, Punkt. Sie waren einfach nicht gefragt. Und das, was ich repräsentiert habe, war halt

auch nicht gefragt, weder mein Malen noch meine Musik, die ich gerne hören wollte …, noch meine Gedanken, das war nicht gefragt, das war nicht auf'm Plan so. Das gab's einfach nicht. Und dann als HipHop kam, auf einmal: Boom, weißt du. Dann durfte man das Mikrophon in die Hand nehmen und dann einfach [losrappen].

Es ging hier noch nicht einmal um eine *Gegen/darstellung – Gegen/Repräsentation* (Julien 1999:267) zu pejorativen Identitäten, sondern um eine Gegenposition gegen die Unmöglichkeit von marginalisierten Subjektpositionen überhaupt oder positive subalterne Identitäten. Die HipHopper eigneten sich die Mechanismen der Identifikation an. Repräsentation wurde dabei zu einer Strategie des Etablierens neuer Identitäten. Das erklärt der Rapper Torch folgendermaßen: »Man hat etwas repräsentiert, was es offiziell einfach nicht gab. Das war schon cool«. Repräsentation meint hier also Identifikation mit dem Nicht-Existenten, also einer ›Nicht-Identität‹ bzw. mit dem ›Differenten‹/dem ›Anderen‹.

Repräsentationsstrategien der HipHopper

Durch Repräsentationen bringen die HipHopper sich in die Welt und interagieren mit ihr. Sie verstehen Repräsentation als schöpferischen und kreativen Akt, als Leistungen des Handelnden. Dabei werden neue und unbekannte Identitäten möglich. Denn Repräsentation bedeutet für HipHopper mehr als Identifikation im herkömmlichen Sinne. Es werden nicht nur Selbst- und Fremdbilder dargestellt, sondern die Interaktivität verschiedener Repräsentationen wird zur Schau gestellt: Repräsentationen sind immer Abbilder von etwas zuvor von anderen schon Repräsentiertem; sie sind auch immer Repräsentationen *für* andere, die in ihnen selbst wieder auftauchen (vgl. Fuchs 1999:394). Die HipHopper setzen sie strategisch ein, um ungeliebte Repräsentationen zu übermalen bzw. um die Logik der Identität (von Repräsentationen) aufzubrechen. In ihrer Repräsentationsstrategie beziehen sich die HipHopper auf die wechselseitige Referentialität von Repräsentationen. Ihre Interaktivität stellt die Performativität von Identitäten sicher. Im folgenden werde ich einzelne konkrete Anwendungen dieser speziellen Strategie der Repräsentation aufzeigen.[8]

Differenzierungen

Die HipHopper gehen nicht a priori von der »Gegensätzlichkeit und Exklusivität von Lebensweisen oder [von] Kulturen« (Fuchs 1999:144) aus. Meine Interviewpartnerin Karin sprach vom HipHop in der Art eines ›kulturellen Paralleluniversum‹ (vgl. Kap.6). Auch DJ Kid Konya beschreibt im folgenden

Zitat, warum man nicht nur im HipHop, sondern in verschiedenen Realitäten gleichzeitig einen Fuß haben sollte:

> K.K.: Die Underground-Leute, die arbeiten noch nebenbei, um unabhängig zu sein. Du arbeitest, um leben zu können, aber du machst die Musik, die du machen willst. Du läßt dir nichts vorschreiben, sei es von Choreographen, was [das] Tanzen betrifft, sei es von Hauswandbesitzern oder Flächenbesitzern, die dich dein Graffiti an die Wand sprühen lassen und dir vorschreiben, was du sprühen mußt, [sei es von] Veranstaltern, die dir sagen, du mußt so und so singen oder rappen oder von Plattenlabels, die einem sagen, du machst deine Musik so oder so. Um davon unabhängig zu bleiben, muß man zum Großteil arbeiten.

Kid Konya zeigt die Verschränkung der ›Realitäten‹ auf: Wer underground bleiben will, muß (außerhalb der Underground-Welt) seinen Unterhalt verdienen. Der Underground besteht in der fortlaufend aufrechtzuerhaltenden Differenz zum Mainstream: Differenz wird hier nicht als ›reine Alterität‹ (Fuchs 1999:142), sondern als interaktiver Prozeß der Differenzierung verstanden.

Hybridisierungen: Identifikationen im Widerspruch

Der eigentümliche Umgang mit Differenz hat auch Folgen für die Konzeption von Identitäten und Identifikationen im HipHop: Es sind ›Zwischenpositionen‹ möglich. Der Rapper Torch eröffnet im Gespräch über Identifikationen eine Differenz zwischen den ›Deutschen‹ und den ›Türken‹ und positioniert sich anschließend dazwischen:

> Tch.: Dann hat sich langsam so viel aufgestaut, weil ich meine deutschen Kollegen sehr gut kennengelernt und auch sehr gut verstanden habe, und die türkischen Jungs auch. Aber ich hatte halt nochmal eine andere Rolle. Ich bin ja kein Türke, sondern ich bin ja auch ein Deutscher, der aber gehandelt wurde wie ein Türke.
>
> [...]
>
> Also bei den Türken war das Problem immer, daß man denen gar nicht angeboten hat, daß sie Deutsche sind. Das stand gar nicht zur Diskussion. Da wäre nie einer auf die Idee gekommen, das gab's gar nicht, die waren einfach Türken, Punkt. Von beiden Seiten, von sich aus und von denen aus. Die waren einfach Türken. Und die Jugos waren halt Jugos und die Italiener, die waren halt Italiener. Aber bei mir war es nicht so einfach, weil ich beides war – sag ich mal – und auch mich so empfunden habe und damit von mir aus und meiner Familie eigentlich gar kein Problem hatte. Es gab nie ein Problem außer bei den Leuten, mit denen ich jeden Tag zusammensein mußte. Und die haben mich da eigentlich erst richtig darauf gestoßen, da drüber nachzudenken und zu machen und zu tun. Und die haben mir echt meinen Kopf zum Rauchen gebracht.

Diese Doppel- oder Mehrfachidentität wird von außen jedoch als ›Halfie-Identität‹ (Abu-Lughod 1991:137) problematisiert. Abu-Lughod greift mit diesem Begriff ein negatives Identitäts-Verständnis auf und zeigt weiterhin, daß es durch die kulturanthropologische Theoretisierung noch bestärkt wird. Von einer Problematisierung von außerhalb berichtet auch der Rapper Torch:

> Tch.: So ein schwarzer Deutscher ist eben auch ein Deutscher, 'ne? Ist halt nicht nur schwarz. Und das ist genau der Punkt, wo die Leute dran zu kauen haben, daß die eben nicht einfach nur das eine oder das andere sind, sondern halt gottverdammt beides. Und das ist auch o.k. so.

Was eigentlich eine Bereicherung darstellt, wird von außen als Defizit thematisiert. Die Lösung dieses ›Problems‹ wird jedoch wiederum denjenigen aufgebürdet, denen ein solches Defizit unterstellt wird, denn die Gesellschaft kann mit ›nicht-eindeutigen‹ Identitäten nicht umgehen. Mit der Gesellschaft muß daher fortlaufend über diese Situation diskutiert werden:

> Tch.: Wir sind hier so aufgewachsen, daß die Gesellschaft uns nicht versteht. So sind wir hier aufgewachsen, also mit diesem Verständnis. … Ich bin diskutierend aufgewachsen, ich mußte immer erklären, wer ich bin, warum, wieso, weshalb nicht. Das kannte ich, das war normal – war nicht schlimm, im Gegenteil: Da hab ich gelernt zu labern – einfach labern, das kann ich.

Die Position des ›Dazwischen‹ ist ein fortlaufendes Projekt. Für Torch ist diese Situation offenbar keine so schwierige. Er betrachtet sie als Grundlage für seine HipHop-Sozialisation und seine Rap-*skills* (»da hab ich gelernt zu labern«). Er kritisiert jedoch im Gegenzug die Position·der ›Türken in Deutschland‹, die sich hinter ihrem ›Türkisch-Sein‹ verstecken, als einfache, aber wenig effektive Lösung:

> Tch.: Ich habe mich nie nur hinter dem ›Ich bin schwarz, ich bin schwarz‹ versteckt oder so, was die Türken ja heute hier tun. Die verstecken sich ja nur hinter dem ›Wir sind Türken, wir sind Türken‹. Warum? Weil das von beiden Seiten ja nicht registriert und überhaupt angesprochen wird, daß sie *deutsche* Türken sind. Und dann kommt gleich die Anti-Haltung, weil sie können sich ja dahinter verstecken. Ich konnte es nicht, ich habe einen deutschen Vater, ich habe eine deutsche Oma, ich kann da nicht einfach sagen, ich bin kein Deutscher, das ist Schwachsinn. Während die sich's einreden konnten, weißt du. … Und damit haben sie sich zum Teil auch ein riesiges eigenes Grab geschaufelt. Haben sich halt in eine Ecke gedrängt oder drängen lassen oder sie sind halt in die Ecke gegangen, wo man sie haben wollte. In der war ich auch eine Zeitlang, aber da habe ich einfach nix verloren, da gehöre ich gar nicht hin. … Ich bin halt irgendwo dazwischen.

Für Torch ist das Einlenken in die ›ethnische Nische‹ eine schlechte Positionierung, denn sie ist mit einer negativen Identität verbunden:

> Tch.: Es ist blöd irgendwie auf eine Seite zu gehen. Man wird immer mit irgendeinem kleinen Klacks leben, meiner Meinung nach. So wie der schwarze Skin,[9] den ich früher kannte, der wird da keine Karriere machen können.

Eine positive Identität sollte aus beidem bestehen:

> Tch.: Das ist wie zwei Sprachen zu sprechen, damit müssen wir halt irgendwie [leben]. Das ist das, was wir akzeptieren müssen: Widersprüche. Es gibt mehr Widersprüche am

Tag, als man glaubt. Ich repräsentiere Widerspruch und in HipHop ist auch viel Widerspruch drin. … Ich finde, das macht aber diese Sache so interessant, gerade weil sie so dazwischen irgendwo rumhängt.

Durch die Identifikation mit HipHop ist eine positive Identität möglich. Diese wird hier als ›Identifikation im Widerspruch‹ verstanden, was aus der eigenen Lebenserfahrung heraus eine selbstverständliche Position ist. Die Gespaltenheit wird nicht als persönliche Determinierung akzeptiert, sondern als Problem der Außenwelt überlassen. Mit HipHop wird hier keine pejorative, fremdbestimmte Identität umcodiert. Sondern mit HipHop wird eine kulturelle Identität angenommen, die von den Mitgliedern dieser Kultur von Anbeginn an nicht als abgeschlossene Einheit konzeptionalisiert worden ist. Überlagerungen von ›Realitäten‹ und daraus entspringende Widersprüche sind in dieser Identität mitgedacht, ebenso wie die Unabgeschlossenheit und die Notwendigkeit zur fortlaufenden Differenzierung und Identifizierung (vgl. Kap.6).

Im HipHop gibt es jedoch auch Stimmen, die eine solche Gespaltenheit nicht positiv beurteilen und für sich lieber eine essentielle Identität verteidigen. So bezeichnen sich Luigi und Michele von Booty Jam z.B. als »Italiener und Sizilianer, die stolz darauf sind, daß wir's eben sind und die Italien nach außen repräsentieren«. Dabei verurteilt Luigi z.B. Toni, auch ein Mitglied der Band Advanced Chemistry, dafür, daß er eine anti-essentialisierende Politik bezüglich der nationalen Identität vertritt:

> L.: Toni, der ja Italiener ist – in Anführungsstrichen – und es ja [eigentlich] nicht ist – er hat ja einen grünen Paß, ihr kennt ja das Lied –,[10] der geht nach Italien und repräsentiert [dort] Deutschland. Also wenn mein Vater gebrochenes Deutsch spricht, weil er eben Italiener ist, hat das [erstmal] nichts mit Deutschland zu tun. Das hat was damit zu tun, wer du bist, so von der Mentalität her.

Als strategischer Essentialismus kann diese Aussage wohl nicht interpretiert werden. Es geht den beiden nicht um ein gemeinsames identitätspolitisches Projekt von Marginalisierten. Vielmehr nehmen sie, um sich selbst zu definieren, eine affirmative Position ein: sie essentialisieren die Identität von Toni als ›von Natur aus‹/›von der Mentalität her‹ italienisch. So wie sie selbst auch laut Michele »einfach Italiener« sind. Luigi und Michele wollen offensichtlich keine Vorurteile über ethnische und nationale Identitäten revidieren. Ihnen geht es zunächst darum, sich persönlich eine positive Position zu erarbeiten. Eine weitergreifende Identitätspolitik interessiert sie hier nicht. Ähnlich wie Rose (1994a:104), die erwähnte, daß HipHop neben progressiven auch affirmative Elemente in sich vereine, warnte auch Mercer davor, »bestimmte kulturelle Formen per se für radikal zu halten" (in einem Gespräch mit Lipsitz, vgl. Lipsitz 1999:84,95). Gerade, weil HipHop sich innerhalb der Konsumkultur bewegt, in der die Strategie der Differenz bezüglich ihres subversiven Potentials fragwürdig geworden ist, ist es nicht mehr so einfach zu entscheiden, ob die von einem HipHop-Act repräsentierten Konzepte kritisch oder affirmativ funktionieren.[11] Holert & Terkessidis (1997:18) plädieren daher dafür, immer im einzelnen zu untersuchen, »für wen dort repräsentiert wird«, ob und um was für einen Akt der ›Stellvertretung‹ es sich eigentlich handelt. Hier sind tatsächlich einige Unterschiede zu erkennen. In meinen Interviews gab es oft den Verweis darauf, daß man weniger an einer weitreichenden Identitätspolitik interessiert sei, als daran, einfach eine individuelle Identität für sich zu schaffen. So erwähnte auch Torch im Anschluß an den oben zitierten Abschnitt unseres Gespräches, daß er *sich selbst* als Widerspruch repräsentiere: »Ich repräsentiere meinen Widerspruch, also *mich* als Widerspruch«. Solche individuellen Strategien können natürlich etwas zu einer übergreifenden Identitätspolitik beitragen, sie müssen es aber nicht.

Anti-Essentialismen

Spivak (1996:214) entwickelte den Plan, mit fremdbestimmten Essentialisierungen so umzugehen, daß man positivistische Essentialismen kurzzeitig annimmt und umcodiert, um damit letztlich dekonstruktivistisch-politische Ziele zu verfolgen. Diese Überlegung entstand aus der Erkenntnis, daß die Gewalt des Identitätssystem allumfassend sei, und aus Spivaks Bedürfnis, praktische Lösungen zu finden (Spivak 1990:44ff.). Lipsitz (1999:114) konzipierte in Anlehnung an die Wirkungsweise von Spivaks *strategischem Essentialismus* eine Politik die er *strategischen Anti-Essentialismus* nennt. Hier wird nicht eine negative Zuschreibung in eine positive umcodiert, sondern fremdbestimmte Essentialismen werden zurückgewiesen und durch selbstbestimmte, ganz neue, positive Identitäten ersetzt. Durch diese neuartigen Selbstessentialisierungen werden zwar Fremdessentialisierungen dekonstruiert, aber das Identitätssystem als solches wird akzeptiert. Das geschieht jedoch aus einer strategischen Haltung heraus und in diesem Sinne stellen diese neuen Identitäten eine ›Verkleidung‹ (Lipsitz 1999:115) dar. Das ›Augenzwinkern‹ bei der Realisierung der Identitäten kann jedoch nicht darüber hinwegtäuschen, daß das Identitätssystem hier gewonnen hat. Die anti-essentialistische Haltung ist auch (nur) eine Strategie. Durch die Selbstermächtigung zur Identifikation können die AkteurInnen jedoch »mehr *sie selbst* werden …, indem sie anscheinend etwas anderes werden« (Lipsitz 1999:116),[12] mehr als sie sonst jemals an eine selbstbestimmte Position des ›Selbst‹ kommen würden. So erkennt z.B. Sansone (1995:138) im Annehmen einer ›black identity‹ durch Jugendliche in Amsterdam, die dadurch einer fremdzugeschriebenen ethnischen Identität entgehen, eine Ermächtigungsstrategie. Die Jugendlichen erschaffen sich damit ihren eigenen kulturellen Raum, den sie positiv konnotieren, auch wenn er von außen negativ beurteilt wird. Auf ähnliche Weise können sich Luigi und Michele von Booty Jam in einem positiven Sinne als ›HipHop-Künstler‹ verstehen:

> L.: Du versuchst einfach der zu sein, der du bist und dann bist du Künstler.
>
> M.: Du bist ja im Endeffekt eigentlich nur Künstler. Mir ist das scheißegal, ob ich Ausländer bin oder nicht. Denn wir sind in einer Situation, ich oder er, wir sind überall Ausländer, egal wo wir hingehen.
>
> L.: Aber ich sag mal: einer der dich versteht, einer, der dir zuhört, der sagt auch nicht zu dir: Du bist Ausländer.

Als Künstler erhält man Aufmerksamkeit; man bekommt die Freiheit, sich selbst zu definieren, den performativen Raum zu vermessen. Außerdem hat das ›schwarze Amerika‹, vermittelt über die Popmusik, für die Jugendlichen ein ›cooles Image‹:

> M.: Für ein weißes Kid, einen Jungen, der hier Musik macht, der hier schwarze Musik macht und breakdanct, für den ist ein Schwarzer der Gott. ... Das ist schon so: alles, was schwarz ist, ist geil.

Dabei wird ›schwarz‹ als strategisch eingesetzte, soziale Identität, nicht als biologistisch-fremdzugeschriebene Identität verstanden:

> M.: James Brown hat gesagt, es kommt nicht darauf an, ob deine Haut schwarz ist, sondern ob deine Seele schwarz ist. Das bedeutet schwarze Musik.
>
> [...]
>
> L.: Schwarz bedeutet in dem Sinne vielleicht auch ein bißchen rebellisch und gegen alle möglichen Systeme, in denen wir leben.

Sich mit ›schwarzer‹ Musik zu identifizieren, stellt hier also eine Strategie dar, mit der Widerstand repräsentiert wird. Diese Strategie ist allerdings schon seit den 50er Jahren bei vielen ›weißen‹ Subkulturen verbreitet. Sie eignen sich ›schwarze‹ Kultur und Musik an, um sich damit von einer Mainstream-Kultur zu distanzieren: Um ›cool‹ zu werden, stellt sich der *white negro*[13] durch Annahme eines ›schwarzen‹ Habitus außerhalb der eigenen Gesellschaft in eine widerständige Position. Die Identifikation von ›*weißen* Kids‹ (Jacob 1993:179) mit HipHop wurde heftig diskutiert und auch kritisiert (Jacob 1993; Diederichsen 1993a).[14] Die Frage, ob und inwieweit solche Aneignungen gerechtfertigt sind, taucht für die Jugendlichen, mit denen ich gesprochen habe, selten auf, da sie sich selbst als marginalisierte Personen verstehen, die schon von der Gesellschaft entfremdet waren, bevor sie sich die ›schwarze‹ Kultur aneigneten. Laut DJ Kid Konya konnten sich nämlich die ›Ausländer‹ in Deutschland mit HipHop aus den USA deswegen anfreunden, »weil es auch das ausgedrückt hat, was sie [die ›Ausländer‹] auch hier fühlen«. Für die Identifikation mit HipHop war entscheidend, daß man das Gefühl hatte, »denselben Kampf zu kämpfen« (Lipsitz 1999:115):

> K.K.: Da gab's dann Leute, die sich damit identifizieren konnten, die sagen konnten, wir leben eigentlich unter den gleichen Umständen hier in Deutschland, oder hier in Frankreich oder hier in England, und die konnten verstehen, … was die Jungs aus der Bronx ausdrücken wollten mit dem, was sie machten. Und so kam das dann hier zustande.

Kid Konya erzählt jedoch auch, daß die »Einheimischen sich damit nicht identifizieren [konnten], weil das mit ihrem Lebensstil nichts zu tun hatte«, und weiter:

> K.K.: Die Aussage der Musik, hat sie [die Einheimischen] eigentlich gar nicht betroffen. Sie konnten nichts damit anfangen. Wem es gut geht hier und wer keine Probleme hat hier in seinem Land, wie soll das den betreffen? Das interessiert den nicht. Und die Musik und die Aussage der Musik, die Texte und alles war sehr kritisch …. [Deswegen] hat das auch keinen Einheimischen hier groß interessiert.

Mit der Rapmusik konnten sich diejenigen identifizieren, die in eine marginalisierte Position in der Gesellschaft gedrängt wurden. Eine marginalisierte soziale Position sensibilisiert für Machtbeziehungen, auch für solche, die bei musikalischen Identifikationen ausgespielt werden. Im HipHop wird dementsprechend nicht leichtfertig kopiert, sondern es existieren ganz bestimmte Regeln für die Aneigung von Kulturprodukten (vgl. *respect* und *biten,* Kap.5). Mit HipHop bot sich für die von mir befragten Jugendlichen die Möglichkeit, sich mit einem positiven, selbstgeschaffenen Image zu identifizieren und dadurch Widerstand gegen Essentialisierungen zu repräsentieren.

Mein Gesprächspartner Torch erwähnte auch eine spezielle Variante der Repräsentationsstrategie des Anti-Essentialismus. Er identifiziert sich nämlich damit, »sich nicht zu identifizieren« (Diederichsen 1993b:88f.), wenn er sagt: »Ich bin ein ignoranter HipHop-Kopf. … Ich repräsentiere die Ignoranz von HipHop«. Torch verweigert sich hier dem Identitätssystem und leistet Widerstand gegen Essentialisierungen, indem er eine ›anti-integrationistische‹ Identität repräsentiert, einfach ›nicht mitmacht‹ (Diederichsen 1993b:54). Diese Strategie beruft sich zu gewissem Grade jedoch auch auf das zurückgewiesene Identitätssystem, da sie seine Negation repräsentiert.

HipHop in Bewegung

Gegenüber der *Mainstream*-Gesellschaft nehmen die HipHopper eine Bewegungsperspektive ein. Das bedeutet, daß sie sich nicht als statische Gegenposition zu ihr verstehen, sondern fortlaufend die Historizität und Performativität ihrer eigenen kulturellen Orientierung thematisieren. Dabei versuchen sie, das ›Bewegungsgefühl‹ und die Bereitschaft zur ›Metamorphose‹ (Agentur Bil-

wet 1991:173ff.) nicht zu *einer* Bewegung im Sinne einer starren Gruppierung
werden zu lassen, sondern sie in der Interaktion mit anderen Sozialitäten über
Repräsentationen immer wieder neu zu etablieren. Eine derartige Politik der
Repräsentation verfolgen sie auch, um marginale Positionen sichtbar zu machen. Während sie sich in einer marginalen Position repräsentieren, schreiben
sie diese jedoch nicht fest, sondern verfolgen durch fortlaufende repräsenta-
tionale Verschiebungen die Etablierung der Performativität von Identitäten
und Positionierungen. Dabei entwerfen sie das Bild einer Gemeinschaft, die
sich nicht durch ein ›Innen‹ und ›Außen‹ etabliert, sondern die ihre Gemein-
schaftlichkeit gerade in der ständigen Verschiebung an den Grenzen manifestiert. Dieser Gemeinschaftsbegriff schließt Konflikte und Veränderungen
ein. Die Gemeinschaft der HipHopper entsteht in einer Auseinandersetzung.

Eine ähnliche Gesellschaftskonzeption als Kritik an soziologischen Modellen entwirft Touraine (1981), der sich mit *neuen sozialen Bewegungen*[15] beschäf-
tigte. Für ihn stellt Bewegung das Herzstück sozialen Lebens dar (Touraine
1981:29). Eine soziale Bewegung versteht er als doppelte Beziehung, die
gleichzeitig die Identität und die Opposition der Totalität von Gesellschaft
darstelle (Touraine 1981:80f.). Für Touraine ist Gesellschaft selbst eine Bewegung, es gibt kein außerhalb von Gesellschaft. Im Bewußtsein der eigenen Historizität repräsentiert sie sich selbst[16] und erfährt dabei eine Selbstdistanzierung und Reflexivität, die ihr die Fähigkeit zur Kreativität und Selbsteinwir-
kung verschafft (Fuchs 1999:98).[17] Diese Form der Reflexivität versuchen
auch die HipHopper in ihren Repräsentationsstrategien zu etablieren: die
mögliche Gegenposition immer mitzudenken und einzubauen.

Aufgrund der performativen Ausrichtung von HipHop möchte ich ihn jedoch nicht als ausschließlich politischen Diskurs verstanden wissen, wie das
viele Pop-KritikerInnen tun (vgl. Mayer 1997:155). Die Politik des HipHop
ist m.E. der Dialog, die Etablierung der Performativität aller angeblich fest-
gelegten Identitäten. Diese Politik sehe ich im HipHop auf einer kulturellen
Ebene realisiert. Nach Lipsitz (1999:199) »ermöglicht Kultur es, Identitäten,
Haltungen und soziale Beziehungen zu erproben, die in der Politik noch nicht
zulässig sind. Aber sie ist auch ein konkreter sozialer Platz, ein Ort, an dem
soziale Beziehungen ebenso konstruiert und inszeniert wie visionär entworfen
werden«. Lipsitz (1999:77) sieht sogar die gesamte postkoloniale Kultur, unter
der er auch den HipHop fallen läßt, als exemplarisch an für das, »was die Sozialwissenschaften eine *neue soziale Bewegung* nennen«.[18] Eine Untersuchung der
politischen und sozialen Entwürfe und Konsequenzen von Bewegungen muß
also auch deren kulturelle Aspekte miteinbeziehen. Gerade die performativen
Elemente von Bewegungen sind ein wichtiger Hinweise auf diese Verbindung. Cohen (1993) z.B. fokussiert in seiner Arbeit zur politischen Ethnizität
gleichzeitig die Politik und die Ästhetik der Performanz von Identitäten (vgl.

Werbner 1996:83). Er spricht von *politico-cultural movements* (Cohen 1993:148), wenn politische Themen von Bewegungen in kulturelle Praktiken übersetzt werden. Cohen (1993:150) weist jedoch auch darauf hin, daß diese Bewegungen letztlich von den AkteurInnen als vornehmlich ästhetische Kreation aufgefaßt und erfahren werden.[19] Was geschieht jedoch, wenn solche ästhetisch-kulturellen Selbstrepräsentationen von Medien und Repräsentierenden außerhalb der HipHop-Bewegung übernommen werden? Inwieweit kann HipHop dann, wenn er als rein kultureller Diskurs repräsentiert wird, politisch wirksam bleiben? Werden hier Dimensionen weggestrichen, wenn der gesamte Diskurs über HipHop sich nur auf dem kulturellen Feld bewegt? Angesichts dessen, daß deutschsprachiger HipHop in Deutschland seit einiger Zeit die Charts anführt und gleichzeitig türkischsprachige Rapmusik bzw. Rapmusik in der Sprache anderer Minderheitsgruppen in den deutschen Medien überhaupt nicht vertreten ist, stellt sich die Frage, was ›Kultur‹ hier tatsächlich für eine Rolle spielt.

Zunächst ist zu bedenken, daß sich im HipHop verschiedene kulturelle und soziale Gruppen treffen und dort unterschiedliche – auch künstlerische – Bereiche einnehmen:

> K.: Wenn du dir anschaust, wer in Deutschland HipHop macht, ist das verschieden: Schaust du dir die Breaker an, hast du zum Großteil wirklich Ausländer drin, aber wenn du dann wieder die MCs anschaust, … machen die [Ausländer] das halt meistens nicht, weil sie einfach nicht so gut sind. Da geht's ja darum, mit der deutschen Sprache umzugehen. Es gibt zwar ein paar türkische [Rapper], also in Frankfurt v.a., die auch guten HipHop machen, aber dann eben auf türkisch.

Karin beschreibt die Heterogenität der Gruppe ›HipHopper in Deutschland‹ und die Verschiedenartigkeit ihrer kulturellen Ausdrucksweise. Diese Unterschiede kommen jedoch im HipHop selbst nicht so zum Tragen, die diversen kulturellen Positionierungen sind alle in der HipHop-Kultur vereint. Da Repräsentationen jedoch nicht nur von den HipHoppern selbst, sondern auch von Musik- und KulturkritikerInnen bzw. von (sozial-) wissenschaftlichen ForscherInnen unternommen werden, ist die Darstellung nicht immer so differenziert. Der Rapper Torch z.B. ärgert sich über die Repräsentation von HipHop zur Anfangszeit in Deutschland im (Underground)-Magazin *Spex*. Über HipHop aus Deutschland wurde hier nicht berichtet[20] (und auch sonst in keinem anderen Magazin mit vergleichbarer Auflage), ganz im Gegensatz zur Berichterstattung über HipHop aus den USA in diesen Zeitschriften:

> Tch.: Damals als die wahre HipHop-Szene … noch zu jung war, um ernstgenommen zu werden, haben die Spex-Leute z.B., die eine Zeitschrift in der Hand hatten, die komplett im deutschsprachigen Raum gelesen wurde – wenn auch recht underground -, die haben dann praktisch für die Realität draußen irgendwie HipHop *mit*-repräsentiert. Aber [die haben dort nur] irgendwelche Auftritte von irgendwelchen Rappern aus Amerika und irgendwelche Veröffentlichungen [gezeigt] und nicht [das], was wirklich passiert [ist]//

S.M.: Die haben überhaupt keine deutsche//HipHop-Szene [reingebracht]?

Tch.: Nö, die haben das dann totgeredet oder hochgeredet. Aber wir hätten halt gerne gehabt, [daß] wir bitte selbst irgendwie entscheiden [dürfen], was da läuft.

Inzwischen gibt es jedoch eine große Auswahl an Magazinen, in denen sehr differenziert über HipHop berichtet wird und die zu großen Teilen auch von HipHoppern selbst produziert und gelesen werden.

Auch bei der Repräsentation durch (wissenschaftliche) Forschung wird den HipHoppern sehr leicht eine über einzelne Individuen und auch über die Zeit hinweg stabile Identität zugeschrieben, um sie als soziale/politische oder kulturelle Gruppe faßbar zu machen.[21] Melucci (1995:61) schlägt dagegen vor, kollektive Handlungen von Gruppen als ›Systeme von Spannungen‹ zu betrachten und Handlungen als interaktive Prozesse zu verstehen. Er entwickelte ein prozessuales Konzept von *Kollektiver Identität*, um es als analytisches Werkzeug in der Analyse von sozialen Bewegungen einzusetzen (Melucci 1989, 1995:51). Die Einheit der Bewegung wird hier als Ergebnis, nicht als Ausgangspunkt der Analyse betrachtet (Melucci 1995:43). Die kollektive Identität der HipHopper als Ergebnis der Analyse zu betrachten, bedeutet zunächst die Selbstinterpretation der HipHopper anzuhören, dann jedoch auch interne Brüche und die Relationalität zu anderen Identitäten aufzuzeigen. Die Gruppe der HipHopper versteht sich selbst, nicht zuletzt aufgrund ihrer performativen Orientierung, als kulturell heterogen und in den sie bewegenden politischen Zielen differenziert. Die oben beschriebenen Repräsentationsstrategien der HipHopper stellen dabei nur ein kleines Spektrum der tatsächlich realisierten Strategien und Motivationen dar. Die HipHopper verstehen sich selbst als Gruppe, die sich ständig neu formiert. Beim Beobachten der Interaktionen der HipHop- mit der Außen-Welt taucht immer wieder die Regulierung von Artikulationsmöglichkeiten der HipHopper durch die Medien auf. Durch diese Regulierung erscheinen dann auf einmal einige Positionen im HipHop majoritär gegenüber anderen: deutschsprachiger Hip-Hop z.B. führt die Charts an, türkischsprachiger HipHop ist hingegen überhaupt nicht vertreten. Die internen Prozesse der Gruppenbildung werden auch durch Interaktion gewisser Teilgruppen mit der Außenwelt beeinflußt. Der Rapper Bou, auch ein Mitglied der Formation Advanced Chemistry, weist in einem Interview mit einem lokalen Veranstaltungsmagazin darauf hin, daß ›draußen‹ immer noch das Problem der Exotisierung besteht:

»Bou: Von deutscher Seite unterstützt niemand die türkischen Acts. Da fehlt es an Offenheit. Wenn jemand in Deutschland so etwas gut findet, dann in erster Linie aus dem Grund, weil man es für exotisch hält.« (Bou zit. nach Klein 1999:3).

Und Torch erwähnte im Gespräch mit mir, daß er das Spiel mit Exotik nicht für eine sinnvolle (Repräsentations-) Strategie hält:

> Tch.: [Es kommt darauf an,] wie weit sich die Leute damit identifizieren können, mit
> dem, was [man] repräsentiert .... Wie weit spricht sie's an, wie weit ist es exotisch. Es
> kann ja auch exotisch sein, dann kommst du [nicht weit].

Die Medien scheinen allerdings sehr an exotischen Repräsentationen interessiert zu sein. Konfrontativ forderte Torch die Redaktion des Musiksenders Viva, in der er vor 10 Jahren arbeitete, schon damals auf, die reale kulturelle Vielfalt in Deutschland als Normalität anzuerkennen:

> Tch.: Immer wenn wir irgendwo im Radio eingeladen waren, haben wir gesagt: ›Es gibt
> drei Millionen Türken hier, spiel' doch mal ein türkisches Lied so, was geht'n ab?‹, weil
> wir halt an Realitäten interessiert sind. Und jetzt erst ... gibt's irgendwie so'n Tarkan-
> Schleim, ... allerdings erst, nachdem sie in Holland, im ganzen Ausland außenrum [Er-
> folg hatten], in Frankreich – da gibt's doch [gar] keine Türken, ... im Elsaß waren sie
> Platz eins, überleg' dir das mal. Und in Deutschland, da wo sie alle hocken, da [erstmal
> nur]: Scheuklappe. Das gibt's da nicht.

Die performative Dimension von politisch eingesetzter ethnischer Identität wird von den Medien oft auf Exotik gekürzt. Die Gefahren in kulturellen Repräsentationen ist den HipHoppern daher gut bekannt.[22] Es gibt zahlreiche Beispiele dafür, wie die politischen Intentionen von jugendkulturellen oder minoritären Gruppen dadurch unwirksam gemacht werden, daß sie in eine rein kulturelle Gruppierung umdefiniert und dann in ihrer Andersartigkeit ausgegrenzt bzw. nicht ernst genommen werden (vgl. Diederichsen 1996). Die soziale Problematik wird bei der Kulturalisierung verharmlost oder Kultur wird zur »Metapher für: ›Das ist deren Problem«« (Diederichsen 1996:237), mit dem die Jugendlichen dann alleine gelassen werden.

Die Gefahren der Strategie, HipHop als kulturelle Identität zu repräsentieren, sind bekannt. Die Strategie der kulturellen Repräsentation und auch der politischen Repräsentation wird von einzelnen Gruppen innerhalb des Hip-Hop verschieden oft und auf unterschiedliche Art und Weise verwendet. Sehr oft werden jedoch kulturelle und politische Ziele kombiniert. Die HipHopper lassen sich aus der Sicht von außen und auch aus ihrer Eigenperspektive nicht als *der* einheitliche Minderheitendiskurs verstehen. Aber sie geben uns mit ihrem Herausschälen der performativen Strukturen von (auch kollektiver) Identität ein Instrument an die Hand, um sie in ihrer Vielfalt zu beschreiben. So bewaffnen sich die HipHopper nicht nur mit ›Identität‹ und Community-Selbstverständnis, was inzwischen geradezu als ›erzwungene Taktik‹ erscheinen muß (Diederichsen 1996:232), sondern sie etablieren darüber hinaus ein bewegliches, nicht abgeschlossenes Verständnis von Identität als Ergebnis der performativen Dimensionen gesellschaftlicher Realität. Um in einer solch feinen Mikropolitik Linien von Widerstand aufzeigen zu können, schlagen einige AutorInnen eine Herangehensweise vor, die sich an den Theorien von Deleuze & Guattari (1992) orientiert (Ha 1999; Diederichsen 1996; Höller 1997;

Grossberg 1997; Potter 1995:64ff.). Deleuze ([1990]1993:254ff) hat für das
Ende des 20. Jahrhunderts einen Übergang von der – von Foucault beschriebenen – Disziplinargesellschaft zur Kontrollgesellschaft diagnostiziert. Diese
ist – nach dem kapitalistischen Modell – durch Differenzen organisiert: »Individuen sind *dividuell* geworden« (Deleuze 1993:258). In dieser neuen Gesell-
schaftsform kann Widerstand nicht in einer großartig angelegten, autonomen
Geste geschehen, sondern muß beim »immanenten Getriebe einer umfassenden Gesellschaftsmaschine« (Höller 1997:62) ansetzen. Dazu muß auch symbolische Politik betrieben werden, also die sozialen/politischen Ziele mit äs-
thetischen/zeichenhaften Abgrenzungen verknüpft werden, wie es z.B. im
HipHop geschieht. Die Selbstverständlichkeit dieser Verbindung entwickelte
Deleuze ([1968]1992:26) in seinem politischen Begriff von Theatralität: »Das
Theater der Wiederholung tritt dem Theater der Repräsentation gegenüber,
wie die Bewegung dem Begriff und der Repräsentation gegenübertritt, durch
die sie auf den Begriff bezogen wird«. Wichtig ist das Element der Bewegung
in diesem Modell: »Diese Bewegung, das Wesen und die Interiorität der Bewegung ist die Wiederholung, *nicht der Gegensatz, nicht die Vermittlung*« (Deleuze
1992:26). Wiederholung meint hier also nicht Repetition oder Imitation von
Ähnlichkeit, sondern Bewegung, Kreation und Neuheit wie es auch im Modell der Performativität formuliert ist: in der Performanz wird etwas wiederholt und dadurch an einen neuen Ort ›bewegt‹, der allerdings zum vorherigen
nicht im Gegensatz steht, sondern in ihm schon immer enthalten ist. Die Perspektive der Bewegung hat somit die Vorstellung vom ›Gegen-Modell‹ der
Subkulturen abgelöst (vgl. Höller 1997), insofern sie die Prozeßhaftigkeit des
Minderheitseins als maßgebliches Charakteristikum von Minderheiten versteht (vgl. Diederichsen 1996:234, Ha 1999:77): »Eine Minorität [hat] kein
Modell …, sie ist ein Werden, ein Prozeß« (Deleuze 1993:249). Wenn das
Modell der Bewegung heute politisch sinnvoll sein soll, muß eine Bewegung
in ihrem Selbstverständnis *in Bewegung* bleiben. Das Modell hat sich von Repräsentation von Identität hin zu Bewegung von Identität verschoben, wie es
die HipHopper z.B. durch das Zerschlagen der Bedeutung von Repräsentation zu Gunsten einer bewegten Perspektive deutlich machen. Die Minorität
der HipHopper theatralisiert ihre Beziehung zur Majorität und gibt damit dieser Beziehung eine performative Dimension.

Represent what?

Mit ihrem produktiven Begriff von Repräsentation haben sich die HipHopper auf ästhetische Weise einen performativen Raum geschaffen, der auch auf andere sozial-kulturelle Räume ein performatives Licht wirft: Die HipHopper *representen*, d.h. vertreten ihre performative Identitätspolitik nach ›draußen‹. Die Identitätsentwürfe, die sie *representen*, lassen ein breites Spektrum an Positionierungen zu. Denn *represent!* fordert zum Aneignen von Identitätsmechanismen auf, zum Erweitern der Identifikationsmöglichkeiten über das Aufzeigen der Performativität gegenüber der angenommenen Expressivität von Identitäten.

Das Modell der Performativität, wie es von Butler als dekonstruktivistisches Analyseverfahren für Identitäten erarbeitet worden ist, ist für die Analyse der Identifikationsprozesse im HipHop teilweise geeignet, an einigen Stellen muß es allerdings modifiziert werden. Butler konzentrierte sich auf Identitäten innerhalb des Dominant-Diskursiven und weniger auf die konkrete (körperliche) Handlung der Identitätskonstruktion. Die Handlungsspielräume in Identifikationen und körperlichen Positionierungen werden in ihrem Modell m.E. zu wenig bearbeitet. Auch in den dekonstruktivistischen Theorien zu ethnischer Identität und den Hybridisierungstheorien, die performative Ansätze aufnehmen und Identitäten theatralisieren, wurde kein Ausweg aus der Subjektproblematik gefunden. Um die tatsächlichen Handlungsspielräume kultureller AkteurInnen ausmachen zu können, habe ich vorgeschlagen, den Diskurs als Praxisfeld zu betrachten und Subjektbildung als interaktiven Prozeß zu verstehen, d.h. Subjektpositionen nicht nur in ihrer Beziehung zu einem ›repressiven‹ Gesetz zu untersuchen, sondern die Identifikationsprozesse in sozialen, intersubjektiven Handlungen zu betrachten. Identitätsprozesse laufen allerdings nicht nur als Interaktionen auf der Ebene einzelner Personen ab, sondern auch auf der Ebene verschiedener sozialer Felder, in denen sich diese Personen bewegen und die sie überschreiten. Die Identitätsbildung als HipHopper geschieht im Kontakt einer Person mit verschiedenen sozialen/kulturellen Feldern und den dortigen Bedingungen für Identität: in der HipHop-Kultur selbst existieren spezielle Identitätsvorstellungen, die sich aus ihrer eigenen ›Kulturgeschichte‹ ergeben; ebenso wichtig ist für die Hip-

Hopper jedoch die Interaktion mit der ›Außenwelt‹ in Gestalt von anderen jugendkulturellen Gruppierungen oder der kommerzialisierten Popmusikwelt.

In der ›Kulturgeschichte‹ des HipHop finden sich performative Elemente einerseits bei seiner Konstitution als jugendliche Popmusikkultur. Sie ergeben sich aus dem öffentlichen Charakter popmusikkultureller Performanzen und aus den multivalenten Beziehungen von Popmusikkultur und kommerzialisierter Konsumkultur. Außerdem lassen sie sich in der Kulturtradition der ›schwarzen‹ Musik finden, die mit ihren Brüchen, Verschiebungen und Aneignungen über den Atlantik und andere Ozeane hinweg m.E. auch als ›Blaupause‹ für Popmusikkultur dienen kann. Andererseits sind performative Momente in den Techniken und Manipulationen von Technologie im HipHop zu finden; sie zeigen sich in den einzelnen ästhetischen Traditionen sowie im Umgang der HipHop-Künstler mit der Vielfalt dieser Traditionen v.a. in einer globalisierten HipHop-Kultur der 90er Jahre, in der auch der HipHop in Deutschland seine Blütezeit erlebt.

Innerhalb des sozialen/kulturellen Feldes HipHop lassen sich im Konzept *style* als Identitätsmodell die wichtigen Elemente Historizität und Prozessualität aus dem Performativitätsmodell von Identitäten wiederfinden. Darüber hinaus ist im Modell *style* auch die Interaktion zwischen einzelnen Subjekten und die Ebene der Körperlichkeit von Identitätspositionen von Bedeutung, die ich durch das Habitus-Modell zu fassen versucht habe.

Beim Beobachten der Interaktion der HipHopper mit anderen kulturellen/sozialen Feldern wurde deutlich, daß sie sich nicht als abgeschlossene kulturelle Einheit verstehen, sondern über den Prozeß der Kulturbildung fortlaufend reflektieren. Den HipHoppern erscheint Gegenkultur offensichtlich nicht nur nach einer strikten subkulturellen Abgrenzung praktikabel. Vielmehr präsentieren sie sich als Kultur, die nicht als abgeschlossene Einheit gilt, sondern intern differenziert ist und auch mit dem ›Außen‹ in Interaktion steht. Von der Musikindustrie wird diese Wechselbeziehung übergangen: Marginalität im ›kulturellen Ghetto‹ gilt als bezeichnendes Merkmal des Hip-Hop und darauf aufbauend wird ein kritisches Verhältnis der HipHopper gegenüber der Öffentlichkeit konstatiert. Die HipHopper selbst sind sich der Ambivalenz einer subversiven Position durchaus bewußt. Sie wissen, daß sich Marginalität und Rebellion, auch als Pose, gut verkaufen läßt. Die Positionen zu dieser Problematik sind in der HipHop-Kultur divers, wie die fortlaufenden Diskurse über *realness* und Authentizität zeigen. Es gibt unterschiedliche Auffassungen darüber, inwiefern die Kontrolle über die ›subkulturellen‹ Bedeutungen im Prozeß der Kommerzialisierung innerhalb des HipHop gehalten werden kann.

In der Interaktion mit der Außenwelt sieht die HipHop-Kultur ihr eigentliches Anliegen. Hier wird repräsentiert, und zwar nicht nur festgeschriebene, marginale Positionen, sondern gerade die Position, sich *nicht* festschreiben zu lassen, den performativen Raum auszudehnen und ein performatives Modell von Identität zu etablieren. Den selbstgeschaffenen performativen Raum vermessen die HipHopper mit ihren diversen politischen Verwendungsweisen von Identifikationen. Gegenüber herkömmlichen Identitätsmodellen *representen* sie sich und ihr performatives Modell von Identität und dekonstruieren damit andere Identitätsmodelle. Sie bringen die herkömmlichen Modelle und auch ihr eigenes Modell in Bewegung, indem sie eine fortlaufende Beziehung zwischen den beiden herstellen. Die HipHopper verstehen sich nicht einfach als Gegen-Bewegung zum Mainstream, sondern als sich fortlaufend performierende, ›werdende‹ Minderheit. So inszenieren sie ihre Opposition nicht als absolute Gegen-Position. Sie beziehen sich auch immer wieder auf scheinbar ›feste‹ Identitätsentwürfe als Quelle für ihre identitätspolitische Kreativität, wenn sie die performative Dimension auszuweiten versuchen. Die Hip-Hopper haben die wirtschaftlichen und technologischen Umbrüche der 70er/80er Jahre in ihre Identitätsprozesse eingearbeitet – HipHop konnte nur gerade in dieser Zeit entstehen. Die HipHopper erschufen einen Neu-Entwurf von Gesellschaft mit verschiedenen konkurrierenden Erzählformen – ihnen dient nicht nur die Zukunft als Sprache für die Verzerrung der Gegenwart – wie in den futuristischen Traditionen zu erkennen ist – sondern sie verwenden auch die Realität als Sprache für eine Verzerrung: In der *realness*-Debatte wird die Realität als fortlaufende Fiktion – als Kopie ohne ein Original – entlarvt.

Die HipHopper dechiffrieren zur Verfügung stehende Identitätspolitiken mit dem Ziel, permanent offene, flexible Identitäten zu ermöglichen. Ihren Neuentwurf queer zu nennen, würde diesen Begriff unnötig ausdehnen – obwohl es auch im HipHop um ein Zurückweisen biologistischer Annahmen wie z.B. von ethn. Identität und ›*race*‹ geht. Aber in dieser Arbeit wurde die Organisation des Sozialen durch die Sexualisierung – sicherlich eine dringend benötigte Analyse in Bezug auf HipHop – nicht untersucht. Lieber möchte ich ihre Identitätspolitik daher einfach destabilisierend nennen. Allerdings bleibt festzuhalten, daß die performativen Elemente von Identitätskonstruktion nicht bei allen HipHoppern bzw. auch nicht in allen Genres des HipHop gleich hoch geschätzt werden. Ich habe nur eine kleine ›Gruppe‹ von Personen aus dem HipHop interviewt und hier ein starkes performatives Moment feststellen können. Die Performativität von Identitäten soll damit nicht für den gesamten HipHop konstatiert werden. Sie ist nur *eine* ›Geschichte‹, die der HipHop erzählt.

Eigentlich habe aber natürlich auch ich diese Geschichte erzählt. Die größte Gefahr sah ich darin, die HipHop-Geschichte mit wissenschaftlichen Modellen und ihren Objektivitätsansprüchen zu verzerren. Das Element der

Beweglichkeit ist elementar im HipHop. Um der Gefahr des Festschreibens einer sich veränderbar entwerfenden Gruppe zu entgehen, ist das Modell der Performativität als Analyserahmen gut geeignet. Ich wollte es aber nur als Orientierungsrahmen verstehen und habe es daher an den entsprechenden Stellen durch Elemente anderer Theorien, die sich im weitesten Sinne mit Performativität beschäftigen, erweitert – habe also mit kreolisierten Theoriefragmenten gearbeitet.

Für HipHop gibt es unterschiedliche Sprachen – auch im HipHop. Diese Widersprüche wollen die HipHopper gar nicht auflösen. Vielmehr zeigen sie – was schon Haraway (1995:61) erträumt hat –, daß auch ohne Totalität einer gemeinsamen Positionierung politische Arbeit möglich ist. Die spezifische Ästhetik der Performativität schafft Raum für die niemals endgültigen Positionierungen.

Anmerkungen

›Faked skillz‹ – Einleitung

[1] Ein Glossar zur Erklärung von Begriffen aus HipHop und Popmusik findet sich im Anhang.

[2] Im HipHop gab es immer aktive Frauen und es werden immer mehr, auch in Deutschland (Bemmé 2000a&b, Krekow & Steiner 2000). In der Musikindustrie arbeiten sie v.a. in den »keep the artist happy-departments« (Rose 1994c:141). HipHop-*Musikerinnen* bilden die Ausnahme und genießen eine Sonderbehandlung: sie sind einer härteren Zensur (Rose 1998), strengeren Rollenklischees (Morgan 1998) ausgesetzt und werden schlechter bezahlt als Männer (Ashurst-Watson in Rose 1994c:141ff.).

[3] Der Begriff Gender bezieht sich auf die kulturell und gesellschaftlich bedingten Konzepte zur sozialen Geschlechtsidentität. Vielfach wird dafür auch die Bezeichnung ›geschlechtlich‹ – als Gegenbegriff zu ›biologisch‹ – verwendet.

[4] »Queer bezeichnet die Politisierung von Sexualitäten, die sich, jenseits binärer Identitätszuschreibungen, in einem aktiven Widerspruch mit der männlich dominierten, weißen, kapitalistischen und heterosexistischen Kultur befinden« (Eggerer & Klein 1996: 147), s.a. Teil I.

[5] Wie zahlreich und vielfältig diese Magazine sind, ersehe ich aus den Besprechungen im *Subotage*-Magazin (vgl. Anonym a 1996; Anonym b 1997). Die Bandbreite ist allerdings im ›offiziellen‹ Fanzine-Index (ein Verzeichnis der von Fans bestimmter Musikrichtungen produzierten nicht kommerziellen Magazine mit kleiner Auflage) nicht dokumentiert (vgl. Bornowski & Husslein 1996; Stier 1996:65,118f.).

[6] Vgl. Köhl 2001.

[7] Ich möchte hier nicht Handlungen mit Texten gleichsetzen, sondern im Gegenteil das Textmodell von Kultur durch das Performanzmodell abgelöst sehen (vgl. Gilroy 1996:36,78) und betrachte daher alle Texte (verbale Kommunikation, schriftliche Interaktion, Aufführungen, Archivmaterial) aus einer Perspektive der Performanz (vgl. Bauman 1975).

[8] Ich verwende in meiner Arbeit sowohl für ›weibliche‹ als auch für ›männliche‹ HipHop-KünstlerInnen die Bezeichnung ›HipHopper‹ bzw. ›HipHop-Künstler‹/›Künstler‹/›Writer‹/›Breaker‹ etc., da weibliche Identitäten im HipHop so selten zu finden sind, daß eine durchgehende Verwendung des Ausdrucks ›HipHopperIn‹ einer Beschönigung der Situation gleichkäme. Auch in meiner Feldforschung wurde nur von ›HipHoppern‹ gesprochen, womit weibliche und männliche Personen bezeichnet wurden.

Teil I: Die Performativität von Identitäten

[1] Die Queer-TheoretikerInnen weisen essentialistisch-biologistische Identitätsmodelle zurück und beschäftigen sich mit Identitäten als sozialen, kulturellen und historischen
Produkte. Dabei begreifen sie die soziale Praxis der Sexualisierung als gesamtgesell-
schaftliches Organisationsprinzip: alle Strukturen der Gesellschaft sind sexualisiert (auch
solche, die zunächst nicht offensichtlich etwas mit Sexualität zu tun haben), was auch
bedeutet, daß sie in binären Oppositionen organisiert sind (Moebius 2000). Queer-
TheoretikerInnen weisen Dichotomisierungen durch die Sexualisierung (sowohl Hetero-
als auch Homosexualisierung) zurück und versuchen Identitäten als »permanent offen,
dynamisch und veränderbar zu betrachten, kein Identitätsmerkmal als alleiniges zu betrachten oder über ein anderes zu stellen« (Moebius 2000:29). Nach Sedgwick (zit. nach
Walters 1999:244) ist »*queer* auch deswegen so interessant, weil das Konzept Möglichkeiten aufzeigt, wie gerade das Zersplittern von Identität zu einem Organisationsprinzip
werden kann«. Hier stellt sich die Frage, worauf sich die Queers als Gemeinsamkeit für
ihre Politik berufen, wenn sich Queer nicht vereinheitlichen, zur Identität machen läßt.
Die Gemeinsamkeit liegt in der Positionierung der Queers an den Rändern der Gesell-
schaft/ihrer Marginalisierung. Identitätspolitik wird von ihnen grundsätzlich als Ausschließungsverfahren betrachtet, weil sie immer eine gewisse Assimilation an vorgege-
bene Kategorien erzwingt. Moebius (2000:32f.) weist jedoch darauf hin, daß es
realpolitisch keinen Sinn macht, zwischen Identitätspolitik (biologistisch) und konfron-
tativer Queer-Politik (konstruktivistisch) zu große Gräben zu ziehen, denn beide müssen in der aktuellen politischen Lage eingesetzt werden. Außerdem folge eine Dichoto-
misierung in materialistische und kulturalistische Konzepte nur den binären Strukturen
eines herrschenden Diskurses. Walters (1999:256,263ff.) fordert die Rückbindung von
Queer- an feministische Theorien und sucht nach Queer-Identitäten als – strukturell –
neu und andersartig produzierte Kategorien, nämlich als flexible und offene Kategorien
von Identität.

[2] Zur Bedeutung von Butlers Theorie vgl. Walters 1999:257, Lloyd 1999, Fraser 1999,
Bell 1999a.

[3] Butlers Konzept der Performativität wird in letzter Zeit häufig in Einleitungen von
Anthologien (und Monographien) zu kulturellen Identitäten u.ä. erwähnt, vgl. Kondo
1997, Diamond 1996, Hall 1996b, Lavie & Swedenburg 1996, Kossek 1999. Butlers Arbeiten werden als Grundlagentexte zur Identitätskonstruktion herangezogen.

[4] Diskurse sind Netze der Bedeutungsgebung und Wissensproduktion bezüglich bestimmter Themen aus der Praxis. Diskurse beinhalten Bilder, Ideen und Praktiken, sind
politische Instrumente zur Bestimmung von ›Wahrheiten‹ und können Identitäten und
Subjektivitäten konstituieren (Hall 1997a:6).

[5] Für einen Überblick zur Kritik an der Beibehaltung des Identitätskonzepts durch die
Theorie der Performativität innerhalb der feministischen Diskussion vgl. Fraser 1999,
durch die Theorie der Hybridität vgl. Werbner & Modood 1997, Lavie & Swedenburg
1996.

[6] Eine breit angelegte Zusammenstellung der Quellentexte zur Performativität im französischen Poststrukturalismus gibt Murray (1997a).

[7] Einen Überblick zu den Grundlagentexten der Postcolonial Studies geben Williams &
Chrisman (1994) und Ashcroft et al. (1995).

[8] ›Sexuell‹ meint hier im Gegensatz zu Gender die biologische und nicht die soziale Geschlechtsidentität, wobei es sich bei diesem Begriff nach Butler (1991:15) auch um eine

kulturelle und gesellschaftliche Konstruktion über das ›natürliche‹, biologische Geschlecht handelt.

9 Ein methodisches Problem bei der praktischen Forschung zu Überlagerungen ethnischer und geschlechtlicher Alteritäten ergibt sich, wenn nicht a priori von einer Rangordnung der verschiedenen Aspekte sozialer Identität ausgegangen werden sollte. Butler (1997:44,233) spricht in diesem Zusammenhang von einer »Gefahr der Verengung«, geht diese jedoch selbst ein, wenn sie die geschlechtliche Alterität als ersten Zugang präferiert.

10 Madonna baute ihr Starimage v.a. in Musikvideos auf. Ihre künstlerische Persönlichkeit verankert sie dabei in einem fortlaufenden Image-Wandel und suggeriert damit, daß Identität (wie auch Geschlechterpositionen) mit Kleidern, Körperbeherrschung und Stilbewußtsein an- und ausziehbar seien. Bei ihrer modernistischen Strategie der Ironisierung bzw. Parodierung präsentiert sie allerdings keine Alternative zu herrschenden Macht/Markt-Verhältnissen oder Rollenmodellen.

Kapitel 1: »Sprache ist ein Name für unser Tun« – Performativität bei Judith Butler

1 Zur Rezeption von *Gender Trouble* vgl. Lorey (1996:7) und Rohlf (1997:192).

2 Butler (1998:200ff.) folgt einer Kritik Derridas (1999) an Austins Theorie der Sprechakte und verwirft dabei gleichzeitig Bourdieus Rezeption (1990) von Austin. Austin unterscheidet zwischen der Äußerung und ihrem sozialen und zeitlichen Kontext. Je nach sozialem Kontext, in den eine Äußerung fällt, können Aussagen *glücklich laufen* oder *verunglücken* (Austin 1979:36f.). Außerdem unterscheidet Austin zwischen *illokutionären* Sprechakten, die innerhalb des (zeitlich und räumlich) abgrenzbaren Aktes der Äußerung etwas *tun* und den *perlokutionären* Sprechakten, die Effekte hervorbringen, die (zeitlich und räumlich) nicht mit dem Sprechen selbst zusammenfallen (Butler 1998:67). Butler (1998:208) bestreitet jedoch Austins Vorstellung (1979:73) der Abgrenzbarkeit der gesamten Sprechsituation und der grundsätzlichen Stabilität von Konventionen. Hier folgt sie der These Derridas von der Iterierbarkeit der Zeichen und damit der *allgemeinen Iterierbarkeit* (Derrida 1999:346) gesellschaftlicher Kontexte einer Äußerung (Butler 1998:210). Denn ein Zeichen bedarf der Wiederholung, um sich als Zeichen zu etablieren; damit macht es seinen Kontext wiederum unabschließbar (Butler 1998:209). Es zieht auf der Suche nach Selbstdefinition immer neue Kontexte an. Zeichen und Kontext bewegen sich aufeinander zu, sie werden untrennbar. Laut Butler (1998:209) verkennt Bourdieu genau diese »Iterabilität der performativen Äußerung« und die darin liegende Subversionskraft. Bourdieu (1990:73ff.) kritisiert zwar Austins Vorstellung des allein sprachlich konditionierten Kontextes, behält aber die grundsätzliche Unterscheidung Äußerung – Kontext bei. Der Kontext besteht bei Bourdieu (1990:72) allerdings nicht nur aus Zeichen, sondern auch aus Strukturen, die außerhalb der Macht der symbolischen Zeichen bestehen. Die Möglichkeit zur Veränderung – worum es in dieser Diskussion nämlich eigentlich geht – liegt nach Bourdieu (1990:73) darin, daß die SprecherIn ihre Macht zur Äußerung von außerhalb des tatsächlichen Sprechaktes erhält.

3 An der Frage des Zusammenfallens von Kontext und Handlung, dem Problem des *framings* einer sozialen Handlung, haben sich auch die Forschungsansätze der Performanztheorien in zwei Lager gespalten: Läßt sich die gesamte soziale Welt als Theaterinszenierung verstehen oder kann nur ihre Kristallisation in einem Ritual/einer Theatervorstellung beobachtet werden (vgl. Köpping 1998:48)? Die beiden Ansätze Performanz als *social action* (Welt als Theater) und Performanz als Inszenierung im Theater oder Ri-

tual, lassen sich allgemein gesprochen danach unterscheiden, ob einzelne *events* vom allgemein Gesellschaftlichen abgetrennt werden. Weiterhin wird die Strömung der *social action* auf der Ebene der Handlung eher mit reflektiertem, bewußtem Handeln in Verbindung gebracht, während die Ritualtheorien eher von unreflektiertem Handeln ausgehen. Früher Vertreter der *social action*-Schule war Erving Goffman, der in *The Presentation of self in everyday life* ([1959]1984) rituelles und normales soziales Handeln nicht unterscheidet. Vorläufer der Gegenposition war Max Gluckman ([[1940]1958), für den sich ein *event* als besonderes Ereignis vom normalen sozialen Leben abgrenzen läßt (Handelman 1976:12). Dieser *event* stellt ein bestimmtes Interaktionsfeld dar, für das – natürlich im Nachhinein – ein Rahmen (zeitlich, räumlich etc.) hergestellt werden muß (*staging*). Ähnlich ist die Performanzkonzeption von Victor Turner (in seinen frühen Arbeiten, z.B. [1957]1996,[1969]1995) – ein Schüler Gluckmans -, bei der Rituale als Schlüsseltexte für die Gesellschaft verstanden werden. Eine Zusammenführung der Positionen ist in der Herangehensweise Tambiahs (1981:120) zu erkennen, der Rituale als performativ bezeichnet. In Fortführung einer These von Kapferer (1979) über die Unvorhersehbarkeit und Transformationskraft, die Ritualen innewohnt, geht er davon aus, daß Rituale die Wirklichkeit neu kreieren, indem sie die Wahrnehmung der AkteurInnen verändern. Rituale sind für ihn kulturelle Performanzen, die sich verschiedener Medien bedienen und Realität und die Vorstellung von Realität dabei verändern. Als performative Rituale gehen sie – ähnlich der Konzeption von Butler zur Performativität von Identitäten – über den freien Willen und die Wahl des einzelnen Ausführenden hinaus. Tambiah (1981:128ff.) entwickelte sein Konzept von Performativität anhand der Austinschen performativen Akte. Köpping (1997,1998:53ff.,67) hebt die Trennung der Domänen Theater/Ritual und soziales Handeln nicht auf, sondern erweitert beide Ansätzen durch das Modell des Ludischen. Das Ludische ist einerseits *frame*, andererseits auch Teil der Performanz selbst. Denn die Ambiguität und das subversive Potential des Ludischen (v.a. durch die Möglichkeit, als AkteurIn von einem Spiel ›ergriffen‹ zu werden und den Ausgang im Vorhinein nicht zu kennen) ermöglichen, daß das Ludische einen bestimmten *frame* überschreitet und in der Performanz die Grenzen zwischen ironischem Spiel und Ernst auflöst (Köpping 1997).

4 Butler verwendet den Diskurs im Text sehr häufig als Subjekt und läßt ihn geradezu als AkteurIn *handeln* (vgl. Butler 1991:26ff.). Diese Ausdrucksweise übernehme ich im Folgenden.

5 Hierzu diskutiert Butler (1991:25ff.) die Positionen Beauvoirs (1951) und Irigarays (1979). Sie macht eine Unterscheidung zwischen dem relationalen Verständnis Beauvoirs und ihrer NachfolgerInnen, das die Frau als ›das Andere‹ in der diskursiven Bedeutungsgebung darstellt und Positionen wie der Irigarays, welche die Identität Frau ganz außerhalb des Diskurses verorten. Bei Beauvoir stellt die Frau die markierte Person dar, während der Mann mit dem Unmarkierten, Universalen verschmilzt. Frauen besitzen eine Identität, sie sind definiert. Männer sind dagegen Teil einer universalen Persönlichkeit und nicht markiert (Butler 1991:25ff.). In der Gegenposition Irigarays wird das Weibliche außerhalb des Diskurses verortet. Durch die weibliche Darstellung eines Außen des Diskurses wird der Diskurs überhaupt vorstellbar. Die Frau ist das *Nichtrepräsentierbare* (Butler 1991:27), bildet die Leerstelle. Hierdurch wird die Logik von Diskursen erst aufgebaut. Die Identität des Mannes entsteht durch ein Bezugnehmen auf die Nicht-Identität Frau. Der Diskurs schließt daher weibliche Identität vollkommen aus, von Relationalität kann bei Irigarays Konzeption nicht mehr gesprochen werden. Die Figur der Identität an sich folgt einer männlichen Bedeutungsökonomie, die im Diskurs

etabliert wird. An Irigarays Position kritisiert Butler (1991:33) die imperialistische Interpretation des phallogozentrischen Systems, durch die es unmöglich wird, politisch wirksame Konzeptionen von Identität überhaupt zu denken. Butler (1991:27) sucht vielmehr Brüche und Ansatzpunkte *innerhalb* der ›Strategien des Unterdrückers‹. Sowohl die Verortung der Frau innerhalb des Diskurses als das ›Andere‹ (des Männlichen) als auch außerhalb als das ›Andere‹ des gesamten (männlich dominierten) Diskurses, also als die Abwesenheit, lokalisiert die Frau an ›den Rändern‹ des Männlichen.

6   Das Verfahren der Mimikry ist eine Bewegung der ›Nachahmung‹ (Duden 1982:494). Zur Praxis der Mimikry vgl. Bhabhas Konzeption in Kap.2.

7   Butler (Butler 1991:204) unterscheidet hier mit Jameson (1989:114) zwischen Pastiche und Parodie. Pastiche sei eine *blank parody*, wolle also die durch sie erzeugte Verschiebung von Bedeutungen nicht hervorheben bzw. die Idee des Originals ironisieren. Vielmehr sei Pastiche einfach die Praxis der Wiederholung, eine Performanz, die um die Nicht-Originalität ihres ›Originals‹ weiß.

8   Butler lehnt sich an Derrida und seine poststrukturalistische Diskurskonzeption an und wendet sich von der Idee einer bewußten Inszenierung ab. Nach Derrida (1997a:125ff., 133) ist jeder Diskurs eine *Bastelei* (nach Lévi-Strauss), bei der jede »Bewegung des Bezeichnens etwas hinzufügt, so daß immer ein Mehr vorhanden ist«. Hierin liegt die Möglichkeitsbedingung für das Spiel der *différance* (Derrida 1997b:88): Das Sprechen als konstituierende, nicht sekundäre Bewegung, das Zeichen als Anwesendes und *Supplement* zum Abwesenden und die »irreduzible Abwesenheit der Intention« (Derrida 1997a:133, 1997b:84ff., 1999:347). Die *différance* eröffnet einen Spielraum, in dem nicht das Abwesende, die AutorIn oder die Struktur, sondern die Wiederholung (Derrida 1997a:116) konstitutive Wirkung hat.

9   Butler (1997:17) bezeichnet ihre spätere Arbeit *Körper von Gewicht* selbst als Re-Lektüre von *Das Unbehagen der Geschlechter*.

10 Ahmed (1999:89f.) kritisiert Butlers frühes Konzept des allmächtigen Aktes aus *Das Unbehagen der Geschlechter* als voluntaristisches Modell. Zusammen mit – aber auch gegen – Butlers spätere Arbeiten gelesen (eine Vorgehensweise, die Butler selbst favorisiert), läßt Ahmed den Akt als wichtiges Moment in ihre Konzeption von *passing* einfließen (vgl. Kap.2).

11 Die erste Identifikation stellt nach Butler (1991:38) die Identifikation mit der Norm der geschlechtlich bestimmten Identität dar; so ist die Identität einer Person »durch die stabilisierenden Konzepte *Geschlecht* (*sex*), *Geschlechtsidentität* (*gender*) und *Sexualität* abgesichert«. Diese drei Konzepte hängen so zusammen, daß sie eine *kulturelle Matrix* bilden, »durch die die geschlechtlich bestimmte Identität (*gender identity*) intellegibel wird« (Butler 1991:38f.). Die kulturelle Norm ist also eine bestimmte Kombination von Geschlecht, Geschlechtsidentität und Sexualität. Alle anderen Kombinationen werden als Abweichungen von der Norm verstanden. Die Identifikation mit dieser Norm ist Voraussetzung für weitere Identifikationen einer Person, da sie nur als geschlechtlich bestimmte kulturelle Existenz erlangt (vgl. Butler 1991:37ff.).

12 Foucault kritisiert in *Der Wille zum Wissen* (1998:102) ein solch *juridisch-diskursives* Verständnis von Macht, solange es die alleinige Konzeption von Macht darstellt und stellt ihm ein produktives Modell zur Seite.

13 Die Machtwirkungen an Körpern stellt Foucault v.a. in *Überwachen und Strafen* (1977) und *Recht über den Tod und Macht zum Leben* in *Der Wille zum Wissen* ([1976]1998) dar.

14 Foucault entwickelt in *Der Wille zum Wissen* ([1976]1998) die Vorstellung von *Dispositiven* als machtstrategische Verknüpfung von Diskursen und Praktiken. Der *Dispositiv* geht über den Diskurs hinaus, er bezieht sich auf diskursive und nicht-diskursive Praktiken.

15 Butler (1991:16) beansprucht, mit ihrer Theorie aufgrund des Betonens der generativen und produktiven Aspekte in der Tradition Foucaults zu stehen (vgl. Lorey 1996:47). Lorey (1996:47ff.) hinterfragt die Kompatibilität beider Positionen zu Recht, denn die produktiven Aspekte tauchen bei Foucault weniger als bei Butler in Bezug auf ein hegemonial-diskursives, sondern eher in Bezug auf ein strategisches Verständnis von Macht auf.

16 Die Herleitung von Handlungsmacht ist bei Butler damit allerdings auch theoretisch nicht glatt, vgl. Kap.2.

17 Das Habitus-Konzept Bourdieus kann hier nicht umfassend dargestellt werden. Ich werde mich auf das für meine empirische Analyse wichtige Moment des Körperwissens, also des im Körper realisierten, praktischen Wissens, beschränken. Bourdieu führte das Konzept des Habitus in *Entwurf einer Theorie der Praxis* ([1972]1979) und *Sozialer Sinn* (1987) ein und erweiterte es durch sein Modell vom *ökonomischen, kulturellen, sozialen und symbolischen Kapital* und der Idee des sozialen *Feldes* »(nach der Formel: [(Habitus) (Kapital)] + Feld = Praxis)« zu einem Modell der »*unterschiedlichen* und *unterscheidenden Lebensstile*« (Bourdieu [1979]1999:175): Im Wechselspiel mit den *objektiven Strukturen Kapital* und *Feld* bildet sich bei einer Person ein bestimmter Habitus aus, der als *sozialer Sinn* funktioniert, d.h. unbewußt die Praxisformen, auch des Sozialen bestimmt. Ähnliche Praxisformen, die aufgrund ähnlicher *objektiver Strukturen* ausgebildet werden, bilden dann einen Lebensstil. Der Habitus stellt in diesem Modell ein System der Grenzen, der *Dispositionen* dar (Bourdieu 1999:279). Er ist weniger für die Inhalte als die Form und Ausführung von Handlungen verantwortlich. Die *Dispositionen* und der Lebensstil stehen in einem dialektischen Verhältnis. Auf das Modell von Lebensstilen werde ich in Kap.6 zurückkommen.

18 Auch Butler (1998:216ff.) diskutiert Bourdieus Habitus-Konzept, kritisiert jedoch, daß er bei der Frage der produktiven Aspekte des Habitus nicht die Performativität herausarbeite. Bourdieu (1987:168) hat die performativen Elemente des Habitus nicht als solche benannt – er spricht nur von einer ›performativen Praxis‹ in Ritualen. Er hat jedoch die praxistheoretischen Grundlagen gelegt, um Performativität auch auf einer körperlichen Ebene zu untersuchen. Butler (1998:219) hingegen spricht davon, daß der Habitus eine »stillschweigende Form von Performativität« darstelle, »eine Zitatenkette, die auf der Ebene des Körpers gelebt und geglaubt wird«, womit sie wiederum eine Opposition zwischen Diskurs und Körper aufbaut.

19 Bourdieu (1990:62ff) erwähnt auch einen ›sprachlichen Habitus‹.

Kapitel 2: ›Getürkte Identitäten‹ – Die ›Subalternen‹ besetzen performative Räume

1 Die Bezeichnung *Türken* wird teilweise synonym zu *Ausländer* verwendet (White 1997:762). Darunter werden ebenso ›Italiener‹, ›Spanier‹, ›Griechen‹, ›Jugoslawen‹ und andere Einwanderergruppen gefaßt. Die ›Türken‹ werden jedoch von vielen ›Deutschen‹ als die subordinierteste Gruppe unter den ›ausländischen Mitbürgern‹ betrachtet (White 1997:761), was die negative Konnotation der Kategorie *Ausländer* nochmals bestätigt.

2 Diese Stilisierung der *MigrantInnen* als homogener Fremdköper im Gegensatz zu den ›Herkunftsdeutschen‹ ist nicht zuletzt deutlich geworden durch die Rückaneignung der pejorativen Bezeichnung ›Kanaken‹ für die türkische Bevölkerung, die die größte ethni-

sche Minderheit in Deutschland darstellt, durch die sogenannte *2. Generation*, und ihre Umformulierung in eine soziale Bewegung mit dem Namen *Kanak Attak* (vgl. Kanak Attak 1999, Köhl 2001, Bullion 1999, Engels 1999).

3 Spivak hat ihre Theorie des *strategischen Essentialismus* jedoch inzwischen in Zweifel gezogen (vgl. Butler 1997:378). In einem Interview von 1988 berichtet sie von ihrer Abwendung vom »strategic use of essentialism« hin zur *agency* (Spivak 1993:5ff.).

4 Die postmoderne Auffassung steht im Gegensatz zu Barths Instistieren auf der *Essenz* von Identität, welche bei Gruppenein- und ausgrenzungsprozessen zwar fortwährend zu reproduzieren sei, aber letztendlich doch aufrechterhalten werde und so einen Fixpunkt bilde.

5 Bhabha (1997a:109) spricht auch davon, daß eine »inkommensurable Differenz im Prozeß der Wiederholung« eröffnet werde. Hier bezieht er sich wie Butler (1991:75ff.) auf die Theorien von Lacan zur Subjektkonstitution.

6 Die Vorstellung vom Schiff als wichtigstem pan-afrikanischen Vermittlungsinstrument vor der Erfindung der Schallplatten übernimmt Gilroy von Linebaugh (vgl. Gilroy 1992:191).

7 Zum Zusammenhang von *border-identity* vgl. Wilson & Donnan 1998.

8 Ha (1999:77ff.) entdeckt zu diesem Problem in der feministischen Theorie drei Positionen, die in Benhabib et al. 1993 diskutiert werden: Die Position Benhabibs u.a., die die Abschaffung des Subjektes für politisch nutzlos halten; die Position Butlers, die zwar das Subjekt dekonstruiert, aber es damit nicht abschaffen möchte – womit sie allerdings noch keine praktische Lösung liefert; und seine eigene Position, die sich der Nancy Frasers anschließt, nach der eine wirksame Identitätspolitik sowohl der Dekonstruktion, als auch in gegebenen Fällen der Rekonstruktion von Subjekten bedürfe.

9 Der Terminus subaltern bezieht sich auf nicht-elitäre oder untergeordnete soziale Gruppen (Landry & MacLean 1996b:203). Nicht alle TheoretikerInnen der Subaltern Studies verfolgen den Bewußtseinsansatz. Ein kurzer Überblick über die Subaltern Studies findet sich bei Fuchs (1999).

10 Je nachdem, ob die Argumentation dem Oppositionsmodell oder dem Autonomiemodell folgt, wird hier von einem rebellischen und in Auseinandersetzung mit der Dominanzkultur ausgebildeten Bewußtsein oder einem souveränen, in unabhängigen Traditionen verhafteten Bewußtsein ausgegangen (Fuchs 1999:137ff.). Der Bewußtseinsansatz hat in den Subaltern Studies gegenüber der Diskurskonzeption, die ich auch besprechen werde, immer noch Oberhand (Fuchs 1999:152).

11 Diese Strategie der Verdopplung läßt sich auf die Vorstellung vom *double conciousness* bei DuBois (1968) zurückführen.

12 Butlers Lösung idealisiert den Körper als eigentliche Quelle der Subversion: der Körper ist der Ort, an dem die subversive Identifikation stattfindet, die im getrennt davon existierenden Bewußtsein ausgearbeitet wurde. Einen funktionalen Zusammenhang zwischen beiden (wie z.B. Bourdieu im Modell des Habitus) stellt sie nicht her.

13 *Passing* ist der Titel einer Geschichte von Nella Larsen, einer Schriftstellerin der Harlem Renaissance, von 1929. Walters (1999:251) übersetzt *passing* mit ›sich – für – etwas – Ausgeben‹, man könnte es jedoch aus einer anderen Perspektive auch als ›durchgehen – als‹ verstehen. Meist ist damit tatsächlich ein ›Als – ›weiß‹ – Durchgehen‹ gemeint.

Kapitel 3: PopMusikIdentitäten – Performativität in Zitat und Fiktion

[1] Wicke et al. (1997:389) umschreiben populäre Musik mit »Ensemble sehr verschieden-artiger Genres und Gattungen der Musik, denen gemeinsam ist, daß sie massenhaft pro-duziert, verbreitet und angeeignet werden [und] im Alltag fast aller Menschen, wenn auch im einzelnen auf unterschiedliche Weise, eine bedeutende Rolle spielen. Die Zu-sammensetzung dieses Ensembles musikalischer Genres und Gattungen befindet sich in ständiger Veränderung. *Populäre Musik* ist … als Resultat eines komplexen sozial-kulturellen Prozesses anzusehen, dessen Hauptakteure – Musiker, Publikum und Indu-strie – ihre Vorstellung davon, was populäre Musik jeweils sein soll oder werden kann, gegeneinander aushandeln und durchzusetzen suchen«.

[2] Ich beziehe mich hier nicht nur auf das musikalisch spezifische Genre der *Popmusik*, bei dem »in Stilistik und Soundform Extreme sowie der ausschließliche Bezug auf be-stimmte Segmente des Publikums (Subkulturen)« (Wicke et al. 1997:387) vermieden werden, sondern fasse den Begriff Popmusik weiter. Allerdings schließe ich Musikrich-tungen, wie z.B. Volksmusik, Schlager, Klassik aus meinem Begriff von Popmusik aus, da sie eben nicht im Umfeld von Jugendkulturen entstanden sind.

[3] Der Terminus Jugendkultur wurde wohl von Talcott Parsons eingeführt (Wulff 1995:3). Mit ihm und den Arbeiten der Chicago-School entstand in der Soziologie das For-schungsgebiet der Jugend-Soziologie (Dracklé 1996b:43). Man ging dort davon aus, daß die Jugendlichen sich von der Erwachsenenwelt abgrenzen und entwarf ein oppositio-nales Verhältnis von Sub- und dominanter Kultur. Aus dem amerikanischen Subkultur-ansatz übernahmen die Cultural Studies in den 60er Jahren im CCCS (Center for Con-temporary Cultural Studies) die Vorstellung eines von Jugendlichen gegen die domi-nante Kultur geführten Widerstands (Dracklé 1996b:32f.). Heute wird der Begriff Sub-kultur mit einer Vorstellung vom Underground verbunden, der sich »über eine Anti-Kommerz-Ideologie [definiert]« (Meueler 1997:37). Der Begriff Jugendkultur umfaßt dagegen sowohl Mainstream- als auch Underground-Kulturkonzepte, die von Jugendli-chen ausgebildet werden. Die Jugendkultur kann so auch als Medium verstanden wer-den, durch das Elemente aus der Subkultur in die allgemeine Populärkultur transportiert werden können (Grimm 1998:25).

[4] Dracklé (1996b:19) und Caputo (1995:26) weisen darauf hin, daß Jugend und Kindheit keine universalen Konzepte sind, sondern im Zusammenhang mit der bürgerlichen Ge-sellschaft entstanden. Dracklé (1996b) hat gezeigt, wie mit der Entwicklung ethnologi-scher Kulturkonzepte eine Ausgrenzung von Jugendlichen als ›die Anderen‹ der Gesell-schaft einherging und sie dadurch als »ernstzunehmende Teilnehmer von Kultur« (Dracklé 1996b:14) verloren gingen.

[5] Jugendlichkeit muß sich nicht unbedingt auf eine ›Phase‹ im biologischen Leben bezie-hen; gerade künstlerische/musikalische Subkulturen sind soziale Felder, in denen die Ju-gendlichkeit als soziales und kulturelles Modell oft bis ins mittlere Alter weitergetragen wird (vgl. Wulff 1995:6ff.). Auch einige meiner GesprächspartnerInnen können nicht mehr als Jugendliche bezeichnet werden. Eher würde ich sie als junge Erwachsene se-hen wollen.

[6] Mikos (1997:159) und Kreutzner (1989:245) sehen die mangelnde akademische Be-schäftigung mit Cultural-Studies-Ansätzen in Deutschland als Folge v.a. der kulturwis-senschaftlichen Tradition in Deutschland, wo man sich stark an der Kritischen Theorie der Frankfurter Schule orientierte. Bei Mikos (1997) und Johach et al. (1999) sind gute

Überblicke zu finden, in welchen akademischen und außerakademischen Feldern Cultural Studies in den 90er Jahren in Deutschland tatsächlich praktiziert wurden.

7   Zur Popularisierung des Gangsta-Rap vgl. Kap.4.

8   Vgl. hierzu Auslanders (1996) Ausführungen zur Aufführungspraxis des ›weißen‹ Rapkünstlers Milli Vanilli und zum Zusammenstürzen der Kategorien *Liveness* und Simuliertheit (vgl. Kap.6).

9   Eine Collage ist »etwas aus ganz Verschiedenartigem, aus vorgegebenen Dingen verschiedenen Ursprungs, Stils Zusammengesetztes/-Gestelltes« (Duden 1982:152).

10 Mit *signifyin(g)* bezeichnet Gates (1988:50) die ›schwarze‹ Praxis gegenüber dem ›weißen‹ *signifying*, was ich im folgenden übernehmen werde.

11 Oft wird auch das Ritual des *Playin' the Dozens* genannt. Im HipHop (und anderen ›schwarzen‹ Musikstilen) findet neben dem *signifyin(g)* v.a. dieses Ritual Anwendung. Das Wortspiel ist ein wichtiges Element in der ›schwarzen‹ Musik (vgl. Kap.4).

12 Diese Praxis wird auch mit dem Brauch in der ›schwarzen‹ Kultur, die »folkloristische Fabel *The Signifying Monkey* persönlich gefärbt nach- und neu zu erzählen« (Greig 1998:191), in Verbindung gebracht. Wie in dieser Fabel stellt der *Signifying Monkey* die »ironische Umkehrung der uralten, rassistischen, westlichen Vorstellung vom Schwarzen als Affen dar. Der Signifying Monkey lebt in den Zwischenbereichen der Diskurse, verdreht die Wörter und spielt mit ihnen. … Der Signifying Monkey ist also unsere Trope der Wiederholung und der Umkehrung, im Grunde die Trope des Chiasmus selbst, weil er in ein- und demselben diskursiven Akt geschickt wiederholt und zugleich umkehrt« (Gates 1993:178). Gates (1993:178) sieht hier auch Ähnlichkeiten zu rhetorischen Figuren des Mittelalters.

13 Die gewalttätigen Zusammenstöße (Aneignungen) sind dabei in den Identitätskonstruktionen genauso oft erkennbar, wie sie von den Massenmedien auch übermalt werden.

14 Die Dekonstruktion essentialistischer Modelle geschieht hier teilweise durch die Strategie der parodistischen Verwirrung (Diederichsen 1998:249ff), die mit einem Musikverständnis in der Tradition des *Afro-Futurismus* (s.u.) im Zusammenhang steht.

15 Zum Homologie-Konzept vgl. Kap.5.

16 Die Verschränkung von Performativität und Performanz bzw. Performance ist vielfach diskutiert worden, ein Gleichsetzen der dahinterstehenden Ansätze oft kritisiert worden (vgl. Schumacher 2000:97, s.a. Kap.1). Beide Begriffe können jedoch m.E. im Bedeutungsumfeld von Popmusikkulturen parallel verwendet werden, da Diskursivität und Körperlichkeit nicht als Gegensätze gehandelt werden.

17 An diesem Punkt gibt Gilroy auch einen Querverweis auf Butlers feministische Identitätstheorie. Tatsächlich vollzieht Gilroy hier die Bewegung der Performativität für eine ›black identity‹ und darin enthaltene musikalische Identität nach, benennt sie allerdings nicht als solche.

18 Auf ähnliche Weise verstehen Keil & Feld (1994:109) Musik an sich als kommunikativen Prozeß und arbeiten die Ästhetik des dialogischen Terminus *lift-up-over-sounding* der Kaluli (Papua-Neuguinea) als Identitätsmarker in dieser Kultur heraus.

19 Für einen Einblick in die Tradition des *Afro-Futurismus* vgl. Dery (1998) und Diederichsen (1998). Die ausführliche Darstellung eines musikalischen Beispiels anhand einer Biographie des Künstlers Sun Ra gibt Szwed (1997). Eshun (in Gutmair 1998:11) verwendet in diesem Zusammenhang nicht den Begriff *Afro-Futurismus*, dafür aber ein ›Cluster von Namen‹: *Black Science Fiction, Black Futurism, Atlantic Futurism, International Futurism, Sonic Fiction, Phono Fiction*. Eshun zieht es vor pluralistisch zu arbeiten, um beschränkenden Definitionen zu entgehen. Ich verwende im Folgenden der Übersicht-

lichkeit wegen den Begriff *Afro-Futurismus* für alle diese Phänomene, möchte aber keiner Bezeichnung den absoluten Vorrang geben. Zu *Afro-Futurismus* vgl. auch Kap.4.

[20] Parallelen sind hier zu Haraways (1995:33ff.) Identifikationsmodell des Mythos der Cyborg, einem gleichzeitig wirklichen und fiktionalen, maschinellem und organischen Geschöpf ohne SchöpferIn zu sehen.

Kapitel 4: *Sampling* zwischen Verortung und *sonic fiction* – Performativität im HipHop

[1] Der Zusammenschluß von Jugendlichen zu einer Gang ist ein Phänomen in Großstädten. Dieses Phänomen wurde von der Sozialwissenschaft seit den 20er Jahren ausführlich dokumentiert, jedoch meist in den Begriffen von Delinquenz und abweichendem Verhalten behandelt (Whyte 1958; Trasher 1963; Cohen 1967, vgl. Lamnek 1990:142 ff.). Diese Studien, die im Umfeld der Chicago School durchgeführt wurden, stellten das Grundmodell für Untersuchungen jugendlichen Lebens in Großstädten bis in die 60er Jahre dar (Draclé 1996b:32). Aus der kulturpessimistischen Haltung der Chicago School ergab sich, daß die Gang-Bildung unter Jugendlichen als Zeichen des Verfalls der modernen Stadtgesellschaft gedeutet wurde (Draclé 1996b:31). Ich fasse eine Gang lediglich als soziale Gruppierung von Jugendlichen in größeren Städten auf.

[2] Banerjea (1998) beschreibt, wie dieser Bezug auf Asien als Stil im HipHop heute noch präsent ist, während er gleichzeitig hervorhebt, daß die HipHopper nicht die ersten Musiker in der afrikanisch-amerikanischen Musiktradition sind, die sich Asien als Inspirationsquelle zuwenden. Er kritisiert die Mystifizierung, die bei diesen ›Reisen‹ vor sich geht und die auch in die Vorstellung des Ständig-in-Bewegung-Seins von Gilroys *Black Atlantic*-Modell einfließt.

[3] In der Literatur wird meist von *New School* gesprochen (Karrer & Kerkhoff 1995b:7;Toop 1992:183), meine GesprächspartnerInnen bezeichneten diese Phase jedoch auch als *Mid School*, während sie die Bezeichnung *New School* für die allerneueste, aktuelle Musik gebrauchten.

[4] Im Rahmen der Diskussion um die Misogynie, die sich im populären Gangsta-Rap ausbreitete, argumentierte Gates in seiner Verteidigung der Rapmusik allein mit der ›schwarzen‹ Praxis des *signifyin(g)* und als Parodie (vgl. Gilroy 1996:84). Auch Butler (1998:26,107f.) sieht die performativen Elemente im ›Sprechen‹ der Rapmusik als direkt dem ›afro-amerikanischen Folk-Art-Genre‹ entsprungen und begibt sich damit auf essentialistisches Terrain. Ross (1994) hingegen sieht in den Rollenmodellen *Diva* und *Gangsta* die beiden mittlerweile einzig möglichen Repräsentationen ›schwarzer‹ Männlichkeit in der Popkultur. Er entdeckt sowohl im Modell der ›cross-dressing supermodel‹-Diva als auch in dem des ›street-bad‹-Gangsta Versionen von ›Wildheit‹, die jedoch an entgegengesetzten Enden der Skala angesiedelt sind (Ross 1994:159). Dabei kritisiert er Positionen, die die performativen Elemente in solchen Popikonographien übersehen, betont jedoch gleichzeitig, daß ›schwarze‹ Männer durch die ›weiße‹ Kultur schon immer dazu gezwungen wurden, sich in der Öffentlichkeit performativ zu repräsentieren (z.B. als Entertainer, Sportler etc.). Das Gangsta-Modell stellt nichts anderes als eine Weiterführung dieser Tradition dar, allerdings wird sie vielfach geradezu als Parodie auf die Zwangssituation, sich performieren zu müssen, vorgeführt.

[5] Auch bei dieser Phase gibt es unterschiedliche Bezeichnungen, nämlich *Next School* (Dufresne 1997:150) und *Native Tongues* (Toop 1992:215; Karrer & Kerkhoff 1995b:7; Rose 1994a:4).

6   Natürlich gab und gibt es auch ›weiße‹ Rapgruppen, deren Authentizität wurde jedoch lange Zeit in Frage gestellt. Daß die ›schwarze‹ Kultur wie alle Kulturen ein hybrides Produkt ist, war zuvor in der Rapmusik nicht explizit gemacht worden.

7   Act ist eine Bezeichnung aus der Musikindustrie für die einzelnen Popmusikgruppen.

8   Im *Afro-Futurismus* mit seiner post-humanen Perspektive geht es natürlich nicht nur um das Parodieren einer angeblich humanen Welt, sondern darum, die performative Konstruiertheit dieser humanen Perspektive aufzuzeigen und dabei eine neue zu entwerfen.

9   Gilroy (1998) weist auf die Problematik hin, daß sowohl der popkulturelle Mainstream als auch rassistisch-fundamentalistisch orientierte Gruppen von der *afro-futuristischen* Tradition fasziniert sind.

10 Die frühesten Breakdance-und Graffiti-Filme waren *Wildstyle* (1982), *Stylewars* (1984) und *Beatstreet* (1984). *Wildstyle* wurde als erster im westdeutschen Fernsehen gesendet (Premiere 1983 im ZDF).

11 Jacob beurteilt den westdeutschen HipHop der 80er Jahre als unpolitisch (Jacob 1993:209). Meine GesprächspartnerInnen verstanden ihre damalige Beschäftigung auch nicht als öffentliche und explizit politische Aktivität, sahen darin jedoch durchaus eine ›Alltagspolitik‹.

12 Es gibt ein paar Ausnahmen, die ähnlich kommerziell und unpolitisch orientiert waren, z.B. das *Rödelheim Hartreim Projekt*, *Sabrina Setlur*, etc.

13 Jacob (1993:221f.) bezweifelt die antirassistische Wirkung des Textes von »Fremd im eigenen Land«.

14 Es gab allerdings bald, auch in den linken, subkulturellen Magazinen, die über Cartel zunächst in Begeisterung ausgebrochen waren (Felbert 1995), eine Diskussion um die vermeintlich fundamentalistischen Einstellungen dieser Gruppe. Die waren ihnen durch einige Fans in der Türkei und deren Begeisterung für einen ›authentisch türkischen‹ Widerstand gegen die Diskrimierung in Deutschland angedichtet worden (Ayata & Weber 1997:33; Ayata 1999:282ff.).

15 Weitere Werkzeuge sind das Mikrophon, die Stimme, weitere analoge und digitale Reproduktionsgeräte und Musikinstrumente.

16 Die Praxis des *signifyin(g)* wird von Gates (1988) als genuin afrikanisch-amerikanische Kulturtradition betrachtet (vgl. Kap.4). Die aktuelle Form dieser Mimikry-Praxis hat allerdings das Stadium der Popmusikkultur durchlaufen (vgl. Potter 1995:26f.) und so neue Themen und Variationsmöglichkeiten entwickelt. Das *signifyin(g)* im HipHop verstehe ich daher als ›schwarze‹ *und* popmusikkulturelle Praxis (vgl. Kap.4). Es hat sich als ästhetisches Mittel verselbständigt und die Subversivität dieser Praxis ist von Fall zu Fall erneut zu klären.

17 Hier geht es um ein *black public/ street behavior*, nicht um ein Sprachverhalten zu Hause (vgl. Abrahams & Szwed 1977:330).

18 ›Ghetto‹ ist ein gängiger Begriff aus dem HipHop-Diskurs: »Wenn ein deutscher Hip-Hopper von einem ›Ghetto‹ spricht, dann liegt diesem Wortgebrauch zunächst eine kulturelle Prägung zugrunde, die sich viel mehr am amerikanischen als am deutschen Begriffsinhalt orientiert: bei ›Ghetto‹ denkt er keinesfalls zuerst etwa an das Warschauer Judenviertel – sondern an die Bronx oder Harlem, an ein soziokulturelles Vorbild« (Möbius & Münch 1998:55). Ich werde den Begriff ›Ghetto‹ im Folgenden in dieser Bedeutung verwenden, die Anführungszeichen aber trotzdem beibehalten.

19 *Signifyin(g)* und *playing* sind hier die wichtigen Sprachformen; zur genauen Unterscheidung der einzelnen im Folgenden genannten Sprachformen vgl. Abrahams 1974.

[20] Das *boasting* ist ein Element des Rituals des *Playin' the dozens*, das v.a. im Gangsta-Rap verwendet wird.

[21] Ein DAT (Digital Audio Tape)-Gerät ist ein digitales Speicherinstrument, das von Rappern oft zum Abspielen ihrer Instrumentalstücke benutzt wird (vgl. Krekow et al. 1999:92).

[22] Unter Oralität versteht Rose (1994:95) orale Traditionen und postliterate Oralität.

Teil II: »Das ist einfach ein bewußter Umgang mit der selbst« – Performativität von Identitäten im HipHop

[1] Einige Bemerkungen zu den Zitaten aus den Interviews meiner Feldforschung:
Kürzere Zitate habe ich durch Anführungszeichen gekennzeichnet und sie in den laufenden Text eingefügt. Bei vollständigen längeren Zitaten habe ich das Kürzel der SprecherIn vorangestellt und das Zitat in einem kleineren Format eingefügt. Für diese Zitate aus den Interviews mit meinen GesprächspartnerInnen, die ich selbst transkribiert habe, gelten folgende Bedeutungen für die Zeichen im als Zitat gekennzeichneten Text:

…   Auslassungen, die ich nach dem Transkribieren zur Verwendung im Text und zur besseren Verständlichkeit für die LeserIn vorgenommen habe. Hierunter können auch Auslassungen fallen, die schon beim Transkribieren aufgrund von Unverständlichkeit auftauchten, die ich aber im Text nicht nochmals kennzeichnen wollte.

[…]   (allein in einer Zeile stehend): Auslassung eines Dialogs (mind. zwei Elemente einer Interaktion)

kursiv (kursive Schreibweise einzelner Ausdrücke): deutet auf Hervorhebungen in der gesprochenen Sprache hin

(*lacht*) Lachen/Laute bzw. Gestik oder körperlicher Ausdruck der SprecherIn

//   Unterbrechung der SprecherIn bzw. Durcheinander-/Gleichzeitig-Reden.

C.K.   Christine Köhl

S.M.   Stefanie Menrath

Teilweise habe ich den Satzbau zur besseren Eingliederung in den fortlaufenden Text verändert. Da einige GesprächspartnerInnen anonym zu bleiben wünschten, habe ich deren Namen durch Pseudonyme ersetzt.

Kapitel 5: *Style* – Die Identität im HipHop als bewußte Selbstinszenierung

[1] Hier gibt es eine Parallele zur ›schwarzen‹ Ästhetik, wie Rose (1994a:206) sie beschreibt: »Style and inventiveness are critical measures of prowess in black aesthetics«.

[2] Besondere Verwendung erfährt der Begriff *style* auch in der Graffiti-Szene, welche in dieser Arbeit nicht genauer untersucht wird. Dort wird *style* als Synonym für Schriftzug (Krekow et al. 1999:296), also dem an Wände etc. angebrachten Namen eines Künstlers, verwendet. Schon in den frühen 80er Jahren gab es filmische Dokumentationen der (Breakdance- und) Graffiti-Szene, die den Begriff im Titel trugen: *Wildstyle* (1982) und *Stylewars* (1983) (vgl. Fernando 1994:18).

[3] Bei Hebdige (1989) und Clarke (1998) wird Stil vornehmlich in seiner Funktion als ›Kommunikationsmittel‹ einer ›Subkultur‹ mit einer ›Mehrheitskultur‹ untersucht. Zur Erklärung des Moments der Stilschöpfung verfahren beide nach den semiotischen Ansätzen von Levi-Strauss (1968) und Barthes (1973,1981); sie verstehen Zitierweisen als *Bricolage*/Bastelei (Clarke 1998:136; Hebdige 1989:103) und als Prozesse der *signifiance*

(Hebdige 1989:124). Die Bezugnahme auf die kulturellen Codes einer Mehrheitskultur durch Stil werde ich in Kap.6 behandeln.

4 Neben Butlers Konzept der performativen Identitäten und Hetheringtons *Expressive Identities* ist auch Bourdieus Modell der Lebensstile, die auf der Akkumulation verschiedener Sorten von Kapital basieren, vom Vorwurf des Konsumismus betroffen (Fraser 1999:117; McNay 1999a:106).

5 Expressivität wird hier nicht als Instrument eines ›kreativen Individuums‹ verstanden, welches sein ›Inneres‹ nach ›Außen‹ kehrt, sondern als besondere Lebensweise, mit der man sich identifizieren kann.

6 So ein Mißachten von Machtaspekten erkenne ich aber z.B. in Giddens Modell der *Reflexive Biographies* (Giddens 1991:55) und dem angegliederten Konzept von Beck & Giddens zur *Reflexive Modernization* (Beck 1994).

7 »Eine Technik ist eine Methode bzw. eine Art des Vorgehens bei der Ausführung des MCings, Tanzens, Malens, DJings etc.« (Krekow et al. 1999:306).

8 Die *skills* stehen für »Geschick, Fertigkeit oder Können« (vgl. Krekow et al. 1999: 284).

9 Butler (1998:219, Hervorh. S.M.) versteht jedoch den Habitus als »Zitatenkette, die *auf der Ebene* des Körpers gelebt und geglaubt wird«, also als eine Art ›einverleibten‹ Diskurs. Für Bourdieu (1979:189) hingegen »überträgt sich das Wesentliche des »*modus operandi*« [also des Habitus] ... unmittelbar auf die Praxis ... ohne jemals die Ebene des Diskurses zu beanspruchen«. Diskurs bezieht sich bei Butler auf einen dominanten Diskurs. Die Frage der Dominanz taucht bei Bourdieu jedoch in dieser Weise nicht auf, weil er die Interaktionen, nach denen sich der Habitus ausbildet, als soziale Begegnungen versteht, bei denen das Verhältnis der AkteurInnen immer wieder von Neuem ausgehandelt wird. Lorey (1996:115) kritisiert an Butler, daß sie keine Unterscheidung zwischen Praxis und Diskurs vornimmt. Da der Diskurs bei Butler immer hegemonial gedacht ist (vgl. ihre Ausführungen zu Ideologie in Anlehnung an Althusser (Butler 1998:51ff.) sind in ihrem Modell interaktive Identifizierungen nicht eingebaut, es sei denn als Identifizierungen, die sich letztlich auf eine Identifikation mit dem Gesetz zurückführen lassen (vgl. Lorey 1996:139). Um die Frage der Machtverhältnisse von Neuem stellen zu können und nicht im dualistischen Modell von ›Inklusion – Exklusion‹ mit seiner Überbetonung des Dominanten stecken zu bleiben, schlägt McNay (1999a:100) das Bourdieu'sche Modell des Habitus in Verbindung mit seinem Konzept des *Feldes* vor. McNay hebt dabei die generative Qualität des Habitus gegenüber dem deterministischen Konzept Butlers hervor.

10 Neben diesem Gegensatzpaar Innovation – Kommerz existiert die Unterscheidung zwischen Underground und Kommerz, was ich in Kap.6 genauer ausführen werde.

11 *Respect* ist das »englische Wort für das Zollen von Respekt, also die Anerkennung und Bewunderung, was im HipHop eine grundlegende Rolle spielt« (Krekow et al. 1999:264). In dieser Übersetzung wird klar, daß *respect* eine Tätigkeit bezeichnet, nämlich das Respekt-Zollen oder auch das Respekt-Bekommen von anderen.

12 Auf die im Zitat erwähnte Reflexivität innerhalb des HipHop werde ich im nächsten Kapitel genauer eingehen.

Kapitel 6: *Keepin it real* – Reflexivität in der HipHop-Kultur

1 Auch Rose (1994a, 1997) betrachtet in ihren Ausführungen zu HipHop die Kategorie ›black‹ differenziert. Sie wird von ihr als Symbol für den Erfahrungshintergrund einer marginalisierten Gruppe verwendet, die nicht notwendigerweise mit einer ethnischen Identität deckungsgleich sein muß, vgl. Kap.4.

[2] Hall (1996a:164f.) konstatiert Veränderungen in der neueren Repräsentationspolitik hin zu einer aktiven Positionierung gegenüber einer bloßen Umkehrung der fremdzugeschriebenen Identität; die ›alten‹ Formen der Repräsentationspolitik seien jedoch immer noch in Verwendung und es sei auch wichtig sie weiterhin beizubehalten. Neuere Formen der Repräsentationspolitik werde ich in Kap.7 besprechen.

[3] Parallel dazu beschreibt Erci E., ein Rapper aus Berlin, in einem Interview treffend die Situation: »Sichelich [sic] kann man die Geschichte der afrikanisch-amerikanischen Leute in den USA nicht mit der Situation der Türken in Deutschland vergleichen. Aber es gibt Strukturen, Ausschlußmechanismen und Kriminalisierungstaktiken, die genau gleich funktionieren« (Weber, zit. nach Ha 1999:162f.).

[4] »Diejenigen in der HipHop-Kultur, die sich nicht verkaufen und denen ihre Kultur wichtig ist, werden als real bezeichnet« (Krekow et al. 1999:261). Es ist schwierig, eine adäquate Übersetzung für *real* (engl.: wirklich, tatsächlich, real, echt) zu finden, die im HipHop akzeptiert würde. Ich bin mir darüber im klaren, daß dies ein im HipHop sehr umstrittener Begriff ist, gerade auch, weil er in den letzten Jahren in aller Munde war, was auch Karin zu Bedenken gibt: »Vor 2, 3 Jahren oder so war das v.a. so 'n blödes Schlagwort«. Ich werde versuchen, die HipHop-interne Entstehung des Begriffes im Folgenden nachzuzeichnen, indem ich ihm durch seinen Gegenbegriff *fakeness* näherkomme. Weiterhin werde ich *realness* zunächst als spezielle HipHop-Slangbezeichnung für Authentizität und Echtheit verwenden und weiter unten die Parallelen zwischen Authentizität und *realness* genauer ausführen.

[5] Krekow et al. (1999:38) übersetzen *attitude* mit ›Standpunkt‹.

[6] Bei Rode (1999) findet sich ein Kapitel zu *attitudes* mit einer detaillierten Beschreibung und der Geschichte ihrer Entstehung.

[7] Ich beziehe mich hauptsächlich auf die kulturalistische Tradition in den Cultural Studies, welche nach Hall neben der strukturalistischen Tradition deren einflußreichstes Paradigma darstellt (Hall 1999). Zur Abgrenzung der beiden Paradigmen vgl. Hall (1999).

[8] Hieran ist Williams als ein Vertreter der Cultural Studies zu erkennen, die Kritik an kognitivistischen Positionen (Hörning 1999:85) üben.

[9] Die Bedeutung der Selbstwahrnehmung für Analyse und Beschreibung von Gruppen hebt Kokot (1987:148) hervor. Die Selbstbezeichnung dient der Selbstpräsentation einer Gruppe und ist ein wichtiger Hinweis auf ihr Identitätsempfinden.

[10] Im CCCS wurde Subkultur in dem Sinne verwendet, wie auch Brake (1985:21) sie kennzeichnet: »Subcultures call into question the adequacy of the dominant cultural ideology«. Mit diesem Entwurf von Subkultur als Gegenmoment zu einer Dominanzkultur wurde vom CCCS die Idee der rebellischen Gegen-Kultur geboren – »a practice of resistance through style« (Hebdige 1989:18). Das mit diesem Begriff von Subkultur verbundene Konzept von Widerstand wird uns gegen Ende von Kap.6 und in Kap.7 noch weiter beschäftigen.

[11] McRobbie (1990:73) macht eine solche Einschränkung jedoch nur in Hall & Jeffersons *Resistance Through Rituals* (1976) aus, nicht aber in Hebdiges *Subculture* ([1979]1989): »Whereas in Resistance Through Rituals it is class that provides the key to unlocking subcultural meanings (though not, the authors stress, in a reductionist way), in Subculture style and race are selected as the oranizing principles für prying them open«.

[12] Nach Vollbrechts Konzept sind Lebensstile sowohl durch die materiellen als auch kulturellen Bedingungen eines Lebens geprägt. Sie drücken sich in allgemeinen Werthaltungen, aber auch in materiell bedingten Lebensformen aus. Dieses Konzept kommt dem in Kap.5 erwähnten Bourdieuschen Modell von Lebensstilen, das er in Verbindung

mit seinem Habitus-Konzept entwickelte, sehr nahe. Als Unterschied zu Bourdieu ist zu sehen, daß ein Lebensstil hier eher aus einer bewußten (kognitiven) Wahl *zu* einer Person kommt, also »Stil aus [einer] Absicht erwächst« und daher auch »nicht jedes Leben … Stil hat« (Hitzler 1994:80). Mit dem Lebensstilkonzept lassen sich also, anders als mit dem Habitus-(Lebensstil)-Konzept, nicht alle Teile der Gesellschaft beschreiben.

[13] Dazu gibt Kokot (1987:156) zu bedenken, daß sich die räumliche Abgrenzung der Untersuchungseinheit für die Feldforschung in der Stadt wegen der vielfältigen externen sozialen Beziehungen nicht durchhalten lasse.

[14] Diese transnationale Perspektive ist auch Gilroy's Focus in *The Black Atlantic* (1996) (vgl. Kap.4).

[15] Daß die amerikanische Bezeichnung nicht übernommen wurde, mag mit der negativen Konnotation von Nation im deutschsprachigen Raum zu tun haben. Die deutsche Entsprechung ›Kultur‹ wäre jedoch ins Amerikanische umgekehrt auch nicht übertragbar, da hier der Begriff *culture* mit ›Hochkultur‹ und ›Kunst‹ (*high art and high culture*) in Verbindung steht. Im Deutschen ist jedoch Kultur ein Begriff, mit dem auch Soziales umschrieben werden kann. Für die Sozialwissenschaft in den 80er Jahren kann von einem *cultural turn* gesprochen werden. Der Begriff Kultur hatte Hochkonjunktur und ersetzte vielfach den Begriff des Sozialen. Es wandelte sich jedoch nicht allein die Bezeichnung des Untersuchten, sondern mit diesem Wandel in der Begriffsbezeichnung ging auch ein veränderter Fokus in den Sozialwissenschaften einher, wo Kultur zum alleinigen Erklärungsmuster wurde. HipHop wurde in Deutschland Mitte der 80er Jahre bekannt. Das zeitliche Zusammenfallen der Verwendung des Begriffes ›Kultur‹ im HipHop in Deutschland und in den Wissenschaften ist auffällig. An dieser Stelle kann ich nicht genauer auf die Kulturalisierungsprozesse eingehen, werde sie aber am Ende dieses Kapitels besprechen.

[16] Die Konnotation des Sozialen mag im Deutschen bei ›Nation‹ größer sein als bei ›Kultur‹, der Unterschied ergibt sich jedoch aus den Übersetzungsproblemen. Aber auch ›Kultur‹ beinhaltet Soziales.

[17] Bourdieu (1999:286) verwendet die Erzeugungsschemata des Habitus, um Homologien zwischen verschiedenen ›Räumen‹ herzustellen.

[18] Auch eine Zusammenschluß mehrerer deutscher Rap-Formationen nennt sich *Da Familia* und es gibt Tendenzen im HipHop sich als ›Clan‹ zu stilisieren (z.B. als asiatische Kämpfertruppe beim *Wu-Tang-Clan* oder als Mitglied einer italienischen Mafiafamilie bei *Toni L.* als *Der Pate*).

[19] In Los Angeles kam es 1992 zu einem *uprising,* nachdem in den Medien eine Filmsequenz gezeigt worden war, in der ein ›schwarzer‹ Jugendlicher von Polizisten zu Tode geprügelt wurde. An den Straßenkämpfen waren viele Gangs beteiligt.

[20] Ice T gilt als einer der ersten Gangsta-Rapper. In seinem Künstlernamen bezieht er sich auf Iceberg Slim, einen Autor, an dessen Texte über das ›schwarze‹ Straßenleben sich Ice T auch in seinen Raps anlehnt. Dort bezeichnet er sich selbst als *hustler* und Gangster. Ein *hustler* ist ein Kleinkrimineller. Im Gegensatz zum Gangster arbeitet er selbstständig, ist nicht in einen Gang-Sozialverbund eingegliedert.

[21] *O.G.: Original Gangster* ist der Titel einer LP von Ice T aus dem Jahre 1991.

[22] Compton ist ein Viertel von L.A. N.W.A. (Niggaz With Attitude) kommen aus L.A. und veröffentlichten 1988 dieses Debütalbum mit eindeutig gewalttätigen Texten. Sie entzündeten damit öffentliche Diskussionen. Es kam zu einem Boykott ihres Videos durch MTV und nicht zuletzt dadurch wurde die LP in Kürze vergoldet (Toop 1992: 208f.). N.W.A. bezeichneten sich selbst als objektive Reporter. Im Hintergrund steht jedoch

immer, daß N.W.A. durchaus an hohen Verkaufszahlen interessiert sind. Zu dieser ambivalenten Positionierung und zur Rezeption von Gangsta-Rap bei MusikkritikerInnen
vgl. die Diskussion bei Rode (1999:68-76) und Jacob (1993).

[23] Die moralische Beurteilung derartiger Texte setzte jedoch sehr bald in der Öffentlichkeit
ein. Insbesondere das Stück *Fuck the Police* löste öffentliche Proteste und Auftrittsver-
bote aus (Krekow et al. 1999:229) und 1990 legte das FBI dem amerikanischen Kongreß
eine Studie zu *Rap und seine Auswirkungen auf die nationale Sicherheit* vor (Dufresne
1997:189;Rode 1999:70). Konservative Elternverbände und Bürgervereinigungen ver-
anlaßten schließlich, daß die Musikindustrie Platten mit ›jugendgefährdenden‹ Texten
mit einem *Explicit Lyrics Parental Advisory*-Aufkleber kennzeichnen mußte. Bald schon
wurde allerdings die verkaufssteigernde Wirkung dieses Etiketts deutlich. Inzwischen ist
es auf fast allen HipHop-Veröffentlichungen in den USA zu finden (Krekow et al.
1999:238).

[24] In diesem Zusammenhang möchte ich mich von Grimms Position (1998:78f.) insofern
distanzieren, als sie den Realitätsanspruch des HipHop der Artifizialität im Punk gegen-
überstellt. In beiden Musiktraditionen erkenne ich beide Komponenten, Realitätsanspruch und Künstlichkeit. Zu dieser eingeschränkten Betrachtung von Rapmusik
kommt Grimm m.E., da sie nur zwei Genres, nämlich den politischen und den Gangsta-
Rap, in den Blick nimmt.

[25] R&B ist allerdings ein Genre ohne Anspruch auf *realness* im HipHop-Sinne. Es wird aus
der Perspektive der HipHopper vielmehr als höchst unreal betrachtet, geradezu als
›Feind in den eigenen Reihen‹. R&B bemüht eher ›Glamour‹-Bilder und stellt dabei ma-
ximal Fragen der zwischenmenschlichen bzw. der Geschlechterpolitik. R&B hat sich im
Kapitalismus eingerichtet und schöpft neue technologische Möglichkeiten aus: Die Musikvideos sind aus diesem Genre überhaupt nicht mehr wegzudenken. R&B ist ein Ge-
samtkunstwerk aus Stimme, Musik, Produktionstechniken, digitalen Videotechniken
und -effekten. Technologie wird hier in Weiterführung der Technikbegeisterung im HipHop positiv besetzt. Dieses Verhältnis zur Technik distanziert R&B auch von den
Rock-Authentizitätsmythen. Bunz & Kösch (1999:13) beschreiben das in Anlehnung an
Eshun folgendermaßen: »Es ist eine warme, freundliche Technik, die nicht mehr als
Feind, sondern als Spielwiese angesehen wird. R&B verläßt das Rockverhältnis: Die
authentische Stimme regiert nicht mehr über der Musik, simuliert keine Vorherrschaft
des Menschen über die Technik mehr«. Authentizität im Sinne von Kreativität der
KünstlerIn und *realness* als Wahrheit der Straße verschwinden hinter der Produktivität
der Technik. Insofern gilt für Musikvideos, das »es nicht mehr darum geht, mit digitalen
Effekten die Realität zu simulieren und eindringlicher zu machen …, sondern darum,
die gefilmte Realität der Musik anzupassen.«(Bunz & Kösch 1999:13). Alles dreht sich
hier um High-Tech, um ein »keepin it hyper-real« (Kage 1999:14, Baudrillard
1978:24ff.). Der neue Umgang mit Technologie und Kommerzialisierung, welcher vom
HipHop eingeführt wurde, ist hier auf die Spitze getrieben. Auf die Ästhetik des R&B
kann hier leider nicht weiter eingegangen werden.

[26] Inzwischen ist in den USA sogar die Country-Musik, die wie die Rockmusik immer als
›weiße‹ Musik galt, durch die Rapmusik von ihrem ersten Platz in den Verkaufscharts
verdrängt worden. 70 % der jugendlichen Käufer in den USA hören Rap (Anonym d
2000:17).

[27] »It's like that« war ein Titel der ersten 12-Inch von Run DMC (1983), die ein großer Erfolg wurde. Ende der 90er wurde dieses Stück von einer eher unbekannten Gruppe ge-

covert, woraufhin auch Run DMC eine Re-Union einleiteten und nochmals erfolgreich auf Tour gingen.

[28] Grimm (1998:27) führt dazu aus: »Authentizität ist ebenso wie Rebellion in dem Sinne, wie sie in Musik- und Jugendkulturen inszeniert wird, ein männliches Konzept, eine Voraussetzung für ›realness‹. ›Realness‹ ist ein emotional beladener Begriff, der die Verwurzelung in einer Szene, die als authentisch begriffen wird, betont. Für Frauen ist diese ›realness‹ […] schwerer zu erreichen, da sie vor allem im öffentlichen Raum, der Männern nach wie vor leichter zugänglich ist, ausagiert wird. So wird in der Rock- und Popkultur beispielsweise immer wieder auf die Bedeutung von ›street credibility‹ verwiesen.«

[29] Luigi und Michele bezeichnen ihre Musik als auch G-Funk und stellen sich damit in die Tradition der Funkmusik.

[30] »Fake (engl.: »unecht«): Bezeichnung für Dinge im HipHop, die nicht echt, nicht real sondern aufgesetzt sind.« (Krekow et al. 1999:122)

[31] Wiederholung ist durchaus eine Strategie im HipHop, sie wird dort selbstbewußt eingesetzt. Durch die fortlaufende Wiederholung eines Beats z.B. wird auf die Tendenz zur Wiederholung aufmerksam gemacht, indem sie überzeichnet wird (vgl. Kap.4).

[32] Avanty Fratelly hatte fünf Bandmitglieder, bei Booty Jam spielen heute acht MusikerInnen.

[33] Werbner (1996:96f.) verwendet das Bild der Collage für zusammengesetzte Identitäten, um die Kreativität und das spielerische Moment in der Identitätsbildung hervorzuheben. Die Zwänge und Machtstrukturen, die in diesen Prozeß hineinspielen, werden damit allerdings nicht aufgegriffen (vgl. Kap.2).

[34] »Sell-out ist ein nicht nur im HipHop feststehender Ausdruck und bezeichnet der (sic) kulturellen Ausverkauf, zumeist in Verbindung mit einer Kommerzialisierung« (Rode 1999:155). Krekow et al. (1999:280) verstehen sell-out als »das Wort, das besonders Hip-Hoppern oft als Bezeichnung für kommerziell arbeitende Künstler und deren Musik dient. Damit ist nicht unbedingt jeder gemeint, der erfolgreich Platten oder CDs verkauft, sondern nur diejenigen, die ihre musikalischen Ideen und ihre Herkunft verraten oder leugnen, um einer Vielzahl von Konsumenten gerecht zu werden«.

[35] Krekow et al. (1999:232) erwähnen, daß die erste Generation einer Szene, die im wesentlichen an der Entwicklung dieser beteiligt ist, als Old School bezeichnet wird. Rode (1999:156) sieht die Diskussion um sell-out als bezeichnend für den Abschluß der Old School-Phase des HipHop. Dieser fällt auch zusammen mit der verstärkten Kommerzialisierung und daher auch mit einer Neudefinition des HipHop über seine Auseinandersetzung mit der Warenwelt. Hier stellt sich HipHop offenbar seiner eigenen Geschichte bzw. begreift diese als solche. Eine Geschichtsbildung dient natürlich auch der Verteidigung der Identität nach außen.

[36] Die beiden Unterscheidungen Szene – Mainstream und Underground – Kommerz schließen sich jedoch nicht gegenseitig aus, vielmehr überlappen sie oft oder werden teilweise sogar als Synonyme verwendet.

[37] Rose (1994a:192) kritisiert an Hebdiges Analyse, daß sie bei der Inkorporierung einer Subkultur, nämlich dem vornehmlichen Betrachtungsobjekt Punk, endet. Die Zeichen und Bedeutungen von HipHop sind für sie hingegen schon von Anfang an inkorporiert.

[38] Die wichtigsten Wettbewerbe für DJs sind die DMC (Disco Mix Club)- und die ITF(International Turntablist Federation)-Meisterschaften.

[39] Damit kritisiert sie Positionen, die das ›Eigene‹ gegenüber der Devaluierung durch den Dominanzdiskurs aufwerten, indem sie Identitäten affirmativ benutzen. Ich habe oben in der Einleitung zu Kap.6 erwähnt, daß Hall diese Positionen als altes Modell der Re-

präsentationsstrategien bezeichnete. Er betrachtet es aber im Gegensatz zu Abu-Lughod durchaus als sinnvoll, solche Strategien neben den neueren Formen weiter zu verfolgen (Hall 1996a:164 f.).

Kapitel 7: *Represent!* Die Politik der Repräsentation im HipHop

1   Der Ausdruck ›western folk model‹ findet sich bei Kossek (1999:40).

2   So meint auch Haraway (1995:87), daß nach Ablösung der Repräsentation durch Simulation eine kritische Positionierung die entscheidende wissensbegründende Praktik darstellt.

3   Zum aktiven Verständnis von Konsum in der sozialwissenschaftlichen Analyse vgl. die Einführung von Mackay (1997).

4   Hier könnte man den Mechanismus der Distinktion heranziehen, wie Bourdieu (1999:403ff.) ihn als Identitätsbildungspraxis beschrieben hat. Seine Analyse, die sich auf die französische Gesellschaft bezieht, kann ich hier nicht wiedergeben, möchte aber auf die Ähnlichkeit des von ihm beschriebenen Mechanismus mit den hier erläuterten Phänomenen hinweisen. Bourdieu versteht Identität als Prozeß, der immer wieder von neuem Unterscheidungen/Distinktionen aufruft, die bestehen, jedoch durch diese Prozesse auch lebendig gehalten werden. Die HipHopper entwickeln z.B. eine neue Identität, indem sie sich von den gewohnten Bedeutungen der Kulturgüter absetzen, weil diese Bedeutungen im Konsum verändert werden.

5   Zur Diskussion der Machtverhältnisse in kulturellen Aneignungsprozessen s.a. die Rezension von Ziff & Rao, *Borrowed Power: Essays on Cultural Appropriaton*, (1997) bei Cuthbert (1998).

6   Die Weigerung, Sinn und eine kohärente Identität zu produzieren, muß durchaus als Strategie sowohl im Punk als auch im HipHop gesehen werden. In beiden Bewegungen gibt es unterschiedliche Strategien der Identitätsbildung und ich kann hier für den HipHop keine umfassende Analyse aller Strömungen geben. Allgemein läßt sich jedoch sagen, daß die nihilistischen Tendenzen im HipHop, wie ich sie in Kap.6 im Zusammenhang mit Gangsta-Rap erwähnt habe – anders als im Punk – eher zu verstärkter Identitätsbildung als zu einer Auflösung von Identität führen. Die Strategien der Dekonstruktion des Identitätsbegriffes im HipHop werde ich unten betrachten.

7   Torch bezieht sich hier auf die Wave-Kultur.

8   Natürlich kann ich nur die Stimmen aufnehmen, die ich bei meiner Feldforschung gehört habe. Ich erkannte dort Tendenzen, durch Repräsentationen aus den Zwängen ethnischer Identitätszuschreibungen zu entkommen. Daß die – meist männlichen – Jugendlichen jedoch bei ihren Repräsentationen die Vertretung anderer – z.B. von Frauen – im Namen von HipHop unterdrücken, ist sehr gut möglich, konnte ich aber nicht genauer klären.

9   Skin ist die Abkürzung von Skinhead, womit Torch hier ein Mitglied der rechtsradikalen Strömung innerhalb der Skinhead-Kultur bezeichnet.

10 In dem Rapstück *Fremd im eigenen Land* (Advanced Chemistry 1992) beschäftigen sich A.C. mit dem strukturellen Rassismus in Deutschland. Sie berichten davon, daß der Besitz von einem «grünen Paß mit 'nem goldenen Adler drauf« nicht verhinderte, daß sie ständig darauf hingewiesen werden, hier doch eigentlich ›fremd‹ zu sein.

11 Zweifel an der rein progressiven Ausrichtung des HipHop kamen spätestens auf, als die Verteidigung regressiver Identitätsmodelle für Frauen (insbesondere im Gangsta-Rap (vgl. Grimm 1998:126, Jacob 1995:5ff.) und nationaler Identifikationen (Jacob [1995]

1997a:429; Dufresne [1991]1997:165ff.) in Teilen des HipHop nicht mehr zu übersehen waren. In der ersten Hälfte der 90er Jahre hat sich eine heftige Diskussion über die kritischen Potentiale der Rapmusik entsponnen (vgl. Baker 1993:61-84; Diederichsen 1993b:203-225; Jacob 1993, 1995, 1996, 1997b).

[12] Diese Strategie läßt sich auch in den eskapistischen Konzepten des *Afro-Futurismus* wiedererkennen, vgl. Kap.4.

[13] *The White Negro* (1957) ist ein Essay von Norman Mailer (Ross 1989:87).

[14] Mit ›weiß‹ ist hier eine Entsprechung zur sozialen Kategorie ›black‹ gemeint, nämlich die nicht-subordinierte, mit Definitionsmacht ausgestattete soziale Identität.

[15] Zwick (1990:23,56ff.) nennt drei wichtige inhaltliche Dimensionen zur Begriffsbestimmung von *sozialen Bewegungen:* die Aktionsdimension, das kollektiv geteilte Bewußtsein und eine emanzipatorische Zielsetzung. An den Anfangspunkt sozialer Bewegungen wird meist die französische Revolution gesetzt. Unter *neuen sozialen Bewegungen* werden v.a. die aus der StudentInnenbewegung der 60er Jahre hervorgegangene Frauen-, Friedens- und Anti-AKW-Bewegung verstanden und andere Gruppen, die sich mit dem Problem soziokultureller Identität beschäftigen.

[16] Die Essentialisierung von Gesellschaft durch ihre Beschreibung als AkteurIn nimmt Touraine selbst vor (vgl. Touraine 1981).

[17] Die Gesellschaft besitzt die Fähigkeit zur Reflexivität, nämlich eine Repräsentation von sich selbst zu geben, was Touraine (1981:29) *Historizität* nennt. Die Gesellschaft läßt sich dabei einerseits von ihren kulturellen Grundmustern leiten, um die sie jedoch gleichzeitig eine Auseinandersetzung führt. Eine solche doppelte Verankerung hat Butler für individuelle Subjekte (nicht für das Kollektivsubjekt Gesellschaft) ausgearbeitet. Die kulturellen Grundmuster übertragen sich bei Butler auf die Subjekte über den – dominanten – Diskurs. Fuchs (1999:92,99) kritisiert am Ansatz Touraines, daß er, um sich vom ›Superakteur‹ Gesellschaft zu lösen, Bewegungen und nicht konkrete Subjekte als AkteurInnen einsetzt. Die Reflexionsfähigkeit der individuellen AkteurIn entsteht nach Fuchs (1999:100) aus der Distanzierungsfähigkeit aufgrund ihrer Interaktion mit anderen Sozialitäten.

[18] Lipsitz bezieht sich hier auch auf Touraine, hält jedoch dessen lokale Orientierung für nicht mehr zeitgemäß. Tatsächlich ist auch HipHop ein globale kulturelle Praxis geworden und eher als Community denn als Identität innerhalb eines Nationalstaates oder gar einer Stadt zu betrachten. Diese globale Community-Perspektive hat den Nationalstaat in Frage gestellt, in das System des Warenkapitalismus ist sie jedoch eingegliedert. Die HipHopper bewegen sich innerhalb dieses Systems und versuchen von innen heraus Kritik zu üben.

[19] Cohen (1993:150ff.) führt in seiner Analyse allerdings auch eine Trennung zwischen der ›rationalen‹ FührerIn einer Bewegung, die für die Politik zuständig ist, und den nicht-rationalen TeilnehmerInnen der kulturellen Aufführung ein. Diese Perspektive mißachtet die politische Dimension des sozialen Handelns individueller AkteurInnen, die jedoch bei einer performativen Betrachtungsweise von Bewegungen einbezogen werden kann.

[20] Eine Ausnahme bildet der Artikel *Krauts with Attitude: HipHop in Deutschland* (Felbert 1990), an dem sich Torch allerdings nicht beteiligen wollte. Seine Begründung dafür lautet: [Bei] «*Krauts with Attitude* hab ich nicht mitgemacht, weil [es] nicht das repräsentiert hat ... wenn ich nicht das repräsentieren kann, was ich repräsentieren muß, dann bin ich ja irgendwie falsch bei den Leuten».

[21] Ayata (1999:274) kritisiert in diesem Zusammenhang, daß ›HipHop von *MigrantInnen*‹ sowie ›*MigrantInnen*-Kultur‹ allgemein meist nur als »Projektionsfläche für soziologische Anstrengungen« diene und dabei immer homogenisiert werde, anstatt daß die kulturelle z.B. musikalische Vielfalt in wissenschaftlichen Beschäftigungen mit HipHop herausgearbeitet werde. Tatsächlich gibt es eine solche Tendenz in soziologischen Untersuchungen (z.B. Caglar 1998), jedoch ist auch die Darstellung von *MigrantInnen*-HipHop in den Musikmagazinen nur selten differenziert (wie in Ayata & Weber 1997). Meist wird er nur als exotische Musikkultur, z.B. als *Türken-Rap* (Ayata & Weber 1997:32) verstanden bzw. mit dem Etikett *orientalisch* (Rating-Schatz 1999) versehen – *Oriental-HipHop* ist übrigens schon eine Bezeichnung für einen Musikstil geworden (vgl. Ayata 1997:14), mit der die musikalischen Produkte auch vermarktet werden. Hier scheint sowohl die populärkulturelle als auch die wissenschaftliche Repräsentation den Gesetzen des Marktes, nämlich der Vermarktbarkeit von weitgehend inhaltsloser und kontrollierbarer Differenz zu folgen.

[22] Hier ist natürlich auch von unterschiedlich ausgeprägten Sensibilitäten der Einzelpersonen je nach persönlichem Hintergrund auszugehen.

Glossar

Advanced Chemistry (A.C.)
HipHop-Gruppe aus Heidelberg, die seit den 80er Jahren aktiv ist und zu den ersten zählt, die auf deutsch zu rappen begannen. Ihre Hoch-Zeit hatten sie in den frühen 90er Jahren, seitdem haben viele Mitglieder erfolgreiche Soloaktivitäten gestartet.

Afrika Bambaata
Der bekannteste HipHop-Musiker überhaupt. Er arbeitete seit Ende der 70er Jahre in der Bronx und gründete eine internationale HipHop-Organisation, die Zulu-Nation, die auch Anhänger in Deutschland hat.

b-boy, vgl. Breakdance

B.B. King
Superstar des Blues aus Missisippi, einer der ersten Bluesmusiker in Memphis, bei ›schwarzem‹ und ›weißem‹ Publikum beliebt.

Blaxploitation
Gangster-Filme aus den 70er Jahren, in denen ›Schwarze‹ die Helden, sprich Gangster darstellten. Die Filmmusik zu den Blaxploitation-Filmen wurde oft von bekannten Funk- und SoulmusikerInnen gemacht und als Soundtrack verkauft.

Blues
»Poetisches Gesangsstück, leicht swingend gespielt« (Herzhaft 1998:25), das einem harmonischen Schema und dem Wechselspiel zwischen Stimme und Instrument (Gitarre) folgt. »To be blue« läßt sich (aus dem ›weißen‹ amerikanischen Englisch) mit »melancholisch, schwermütig« übersetzen, aber »der Blues ist kein Klagelied, sondern eine poetisch-musikalische Form des Ausdrucks sozialer Erfahrungen im Spiegel der Subjektivität des Musikers« (Wicke et al. 1997:72). Der *bluesman* in der ›schwarzen‹ Gemeinde ist Dichter, Arrangeur, Virtuose, Soziologe etc.

break
Pause in einem Musikstück, bei der es auf sein rhythmisches Gerüst (Schlagzeug, Baß) reduziert wird.

Breakdance
Breakdance wird als Sammelbegriff der Tanzformen im HipHop gebraucht. Hierunter faßt man *breaking, popping* und *locking,* drei unterschiedliche Tanzstile, die zu unterschiedlichen Zeiten und Orten entstanden sind. Aus den beiden letztgenannten hat sich Anfang der 90er Jahre ein neuer Tanz als Fusion entwickelt, der *electric boogie.* Um sich von der Mediensprache abzugrenzen wird unter HipHoppern oft der Begriff *b-boying* statt Breakdance verwendet (vgl. Rode 1999:93).

Brown, James
James Brown ist der bekannteste Funk- und Soulkünstler seit den 60er Jahren. Er ist bis heute im Musikgeschäft und arbeitet inzwischen mit Rapmusikern zusammen.

call and response
Call and response bezeichnet die antiphonische und dialogische Struktur der ›black music‹.

Country-Musik
 Volksmusik aus den US-amerikanischen
 Südstaaten, die zur Popmusik geworden
 ist.
Cartel
 Zusammenschluß deutsch-türkischer
 HipHop-Gruppen aus Kiel, Nürnberg
 und Berlin. Cartel hatten sowohl in
 Deutschland als auch der Türkei Erfolg.
crew
 Crew bedeutet Gruppe.
crossover
 Crossover ist v.a. eine Vermarktungsstra-
 tegie, bei der Teilmusikmärkte zu kom-
 binieren versucht werden; es bezeichnet
 aber auch schlicht die Kombination
 unterschiedlicher Musikstile.
cut'n'mix
 Mit *cut'n'mix* wird das Musikproduk-
 tionsverfahren im HipHop bzw. in allen
 postmodernen Musikgenres bezeichnet.
 Einzelne, oft auch komplexe musikalische Elemente eines Musikstücks werden isoliert, wiederholt (vgl. *loop*) und
 mit anderen Elementen zu einem neuen
 Stück zusammengesetzt.
Dance-Musik
 Mit Dance-Musik werden Musikstile
 bezeichnet, die hauptsächlich in Clubs
 gespielt werden und dort zum Tanzen
 anregen sollen. Solche Musikstile sind
 z.B. R&B oder die Discomusik der 70er
 Jahren.
Depeche Mode
 Die Musikgruppe Depeche Mode gründete sich 1980 in Basildon, England,
 tauchte später jedoch in die Londoner
 New Romantics-Szene ein. Sie wurden
 mit ihrem melodiösen Synthesizer-Pop
 sehr erfolgreich. New Romantics war
 eine Bewegung, die »um 1979/80 aus
 der englischen Discoszene hervorgegangen war und eine nostalgische Renaissance britischer Popmusik-Stereo-
 type aus den 60er Jahren in einem
 weichen Electro-Sound« produzierte
 (Wicke et al. 1997:359). Sie stellten da-

mals das nihilistische Gegenmodell
 zum harten Realismus der Punk-
 Rocks dar.
Deutscher Sprechgesang
 Bezeichnung der Musikindustrie zur
 Vermarktung kommerzieller deutschsprachiger Rapmusik.
Disco
 Tanzmusik aus den 70er Jahren, die
 auf einem repetitiven Funk-Rhyth-
 mus aufbaut. Die Bezeichnung Disco
 steht in Verbindung mit dem
 französischen Wort »discothèque«,
 was einen Club bezeichnet, in dem
 zu Schallplatten getanzt wird. In den
 Clubs entstand eine Nachfrage nach
 längeren, tanzbaren Stücken und
 hieraus entwickelte sich ein neues
 Schallplattenformat, die 12-Inch, auf
 die im Gegensatz zu der etablierten
 7-Inch, extra-lange Versionen ge-
 preßt werden konnten. Als eigene
 Clubkultur ist Disco nicht mehr
 lebendig, aber das Musikgenre Disco
 existiert heute noch.
dissing
 Der Begriff *dissing* leitet sich von
 ›Disrespecting‹ ab, was »schlecht
 über andere reden, heruntermachen«
 bedeutet (Toop 1992:193).
DJ (Discjockey)
 Ein DJ legt Tonträger auf Plattenspielern o.ä. auf. Discjockeys sind
 wesentlich an der Entstehung der
 Rapmusik beteiligt gewesen, denn sie
 produzierten in den frühen Tagen
 des HipHop mit den Plattenspielern
 (*turntables*) die Musik, zu der der MC
 rappte. Heute werden die Beats zu
 HipHop-Stücken meist von Produ-
 zenten mit digitalen Aufnahmegerä-
 ten produziert; es existiert allerdings
 weiterhin die Methode des Live-
 DJings. »Das DJing entwickelte sich
 zur eigenständigen HipHop-Teilkul-
 tur mit eigenen Meisterschaften.
 Diese DJ-Kultur wurde von anderen
 Clubkulturen wie House oder Tech-

no übernommen« (Krekow et al. 1999:101). Die DJ-Kultur im HipHop wird auch als *turntablizm* bezeichnet.

Electro-Funk

Spielart der HipHop-Musik aus den frühen 80er Jahren mit stark futuristischen und Maschinen-Sounds. DJs aus dem Techno-Bereich brachten diese Musik in den 90ern auch in Clubs ein, in denen üblicherweise kein HipHop gespielt wurde.

electronic jazz

Futuristische Jazz-Musik v.a. aus der Zeit zwischen ~1968-75, bei der erstmals Synthesizer und elektronische Musikinstrumente im Jazzkontext eingesetzt wurden.

Die Fantastischen Vier (Fanta 4)

HipHop-Gruppe aus Stuttgart, die seit 1991 den »HipHop in deutscher Sprache marktfähig machten« (Krekow et al. 1999:124), wobei sie von der Szene lange Zeit wegen ihrer kommerziellen Texte und Musik ausgeschlossen wurden. In letzter Zeit ist ihr Ansehen in der Szene jedoch gestiegen, v.a. auch im Zusammenhang mit der Gründung ihres erfolgreichen Labels Four Music.

flow

Der *flow* bezeichnet den harmonischen und kontinuierlichen Fluß der Stimme eines Rappers. Unter *flow* kann aber auch ein fortlaufendes musikalisches Muster verstanden werden.

Funk

Stark rhythmusorientierter Musikstil, der sich in den 60er Jahren aus der Soul-Musik entwickelte. Im Gegensatz zum Soul steht insbesondere die anti-integrationistische Ideologie der »schwarzen« MusikerInnen im Vordergrund. Diese MusikerInnen haben sich ein ganzes Funk-Universum aufgebaut, dessen Überbau von Diederichsen (1999:4) als »Kombination aus neuer Technologie und afrozentrischen Beschwörungen einer möglichst uneuropäischen Musizierweise um einen kol-

lektiven, endlosen Groove« beschrieben wird.

Gangsta-Rap

Ende der 80er Jahre entstandene Variante der Rapmusik mit eher harter, funkiger musikalischer Grundlage, aggressiven Texten und einer nihilistischen Attitüde.

G-Funk (Gangster-Funk)

Eine Spielart des HipHop, die zwischen 1993 und 1995 ihre Blütezeit erlebte.

Gospel

Seit Mitte der 20er Jahre in den US-amerikanischen Großstädten entwickelte ›schwarze‹ Kirchenmusik. Gospelmusik ist Vokalmusik, es gab zahlreiche Gospel-Vokalformationen.

Graffiti

Wandmalereien, die mit Spraydosen nach verschiedenen Stilen erstellt werden, auch als Writing bezeichnet, da hier oft die Schriftzüge der Künstlernamen grafisch gestaltet werden.

Hardcore

Anfang der 80er Jahre entstandene Form des Punk-Rock, die sich der Kommerzialisierung durch die Musikindustrie zu widersetzen versuchte. *Hardcore* ist auch eine Bezeichnung für besonders aggressive Musik unterschiedlicher Genres.

HipHop

Gobale Jugend- und Popkultur, die seit den späten 70er Jahren besteht. Ihre künstlerischen Elementen sind DJing, Rapping, Graffiti und Breakdance.

hood

Die *hood* bezeichnet die »Gegend, in der man lebt, die Nachbarschaft. Der Begriff ist abgeleitet vom engl. *neighbourhood*« (Krekow et al. 1999: 166).

House
Tanzmusik-Genre, das Mitte der 80er Jahre in Chicago entstand, bald auch in Europa produziert wurde. House kann als soul- und gospelbeeinflußte Variante der Technomusik oder auch als Weiterführung der Discomusik aufgefaßt werden.

jam
»HipHop-Großveranstaltung, auf der zumeist Gruppen oder Einzelakteure aus allen Teilbereichen des HipHop in Aktion treten« (Krekow et al. 1999:175).

Jazz
Der Jazz ist *die* afrikanisch-amerikanische (Kunst)-Musik des 20. Jahrhunderts mit besonderer Betonung auf Improvisation, Polyphonie und rhythmischer Freiheit. Sie stellt die wichtigste Grundlage für fast alle darauf folgenden populären Musikformen dar.

Kraftwerk
Die Gruppe Kraftwerk gründete sich 1970 in Düsseldorf. Kraftwerk arbeiteten als eine der ersten Gruppen überwiegend mit Synthesizern; sie stellen für viele Techno-MusikerInnen einen der wichtigsten musikalischen Bezugspunkte dar.

loop
Stilelement der Schleife bzw. der Wiederholung in der Musik, aber auch im Graffiti.

MC (Master of Ceremony)
Synonym für Rapper, das seine Publikumswirkung und Öffentlichkeitswirksamkeit hervorhebt. MCing wird laut Toop (1992:95) seit dem ersten kommerziellen Durchbruch der Rapmusik durch das Stück »Rappers Delight« von der Sugarhill Gang auch Rap genannt.

minstrel-shows
Minstrel-*shows* waren im »19. Jh in den USA eine verbreitete und außerordentlich populär gewordene Form der musikalischen Bühnenunterhaltung« (Wicke et al. 1997:327), in denen sich in besonderem Maße der Rassismus in den

USA manifestierte: Hier wurde ›schwarze‹ Kultur von ›Weißen‹ *und* ›Schwarzen‹ karikiert.

Playin' the Dozens
The Dozens stellen einen »halbritualisierten Kampf der Worte« unter jungen Männern dar, »bei denen Beleidigungen ausgetauscht werden, bis es einem der Spieler zu heftig wird« (Toop 1992:44). Dieses Ritual aus dem *talking black* findet besonders im Genre des Gangsta-Rap Anwendung.

Politischer Rap / *political rap*
Von der Gruppe *Public Enemy* eingeleitetes (und dominiertes) Genre des HipHop, bei dem mit einer selbstbewußte Pose politische Forderungen (v.a. zur sozialen und ökonomischen Situation der ›schwarzen‹ Bevölkerung in den USA) gestellt werden.

posing
»To *pose*« bedeutet »auftreten, sich hinstellen (als)« (Langenscheidt 1983: 427).

posse
posse ist ein »Synonym für eine große Gruppe, eine Crew« (Krekow et al. 1999:245)

Public Enemy
1982 in New York gegründete Rapgruppe aus einem studentischen Umfeld. Public Enemy entwickelten das Genre des *political rap* und leiteten musikalisch eine neue Ära der Vielschichtigkeit und Komplexität in der Rapmusik ein. Die Entwicklung von Public Enemy wurde von den Medien genau verfolgt, viel Aufsehen erregten sie allerdings durch die antisemitischen Äußerungen ihres sogenannten »Informationsministers« Professor Griff, dem rappenden Sprecher der Gruppe.

Punk-Rock/Punk

Musikalisch und sozial spezielle Form der Rockmusik, die in der zweiten Hälfte der 70er Jahre in New York und London entstand. Der Stil des Punk setzt sich aus bewußtem Dilettantismus, stilisierter Häßlichkeit, zynischem Nihilismus und Künstlichkeit zusammen. Ziel ist, sich durch fortlaufende Destruktivität den Mechanismen der Kulturindustrie zu entziehen. Punk ist auch heute – nach einigen Transformationen – eine wichtige Jugendkultur.

Rap/Rapping

Rhythmischer Sprechgesang zur Rapmusik. »The word rap refers to all kinds of talk. … Basically, to rap means to talk, to speak to someone« (Folb 1980: 91).

Rapmusik

Musik des HipHop, bestehend aus einer rhythmischen Begleitung (durch den DJ oder digitale Geräte) und Sprechgesang (Rap).

Rockmusik

Bezeichnung aus den 60er Jahren als Kurzform des Begriffs Rock 'n Roll-Musik, die in den 50er Jahren aus der Country-Musik und der R&B-Tradition entstanden war. Rockmusik bezeichnet eigentlich ein Genre, das sich aus der Rock 'n Roll-Tradition unter Aufnahme verschiedenster musikalischer Einflüsse (u.a. Klassik, Weltmusik) entwickelt hat und bei dem besonderes viel Wert auf Virtuosität gelegt wird. Die Blütezeit der Rockmusik war in den späten 60er und den 70er Jahren. Ende der 70er Jahre bekam sie neue Impulse aus dem Punk, die sie in den 80er Jahren weiterleben ließ. Seit den 90er Jahren besteht sie in den Genres Indie-Rock (als Fortführung der Punkästhetik) und des Post-Rock weiter, bei dem starke Einflüsse der Techno-Musik (v.a. ihrer Produktionsweise) zu erkennen sind.

Rock Steady Crew

Die Rock Steady Crew ist die »weltweit wichtigste und bekannteste Breaker-Crew aus New York City" (Krekow et al. 1999:267). Mitglieder dieser Gruppe wirkten bei den frühen Breakdance-Filmen wie *Stylewars* und *Wildstyle* mit, die Breakdance und HipHop in Deutschland bekannt machten.

Rolling Stones

Die Rolling Stones sind eine der bekanntesten Rock-Gruppen überhaupt. Als Band existieren sie seit den 60er Jahren, aber die einzelnen Mitglieder haben auch als Solokünstler Musik produziert.

Run-DMC

Run-DMC kamen aus Queens, New York und beschäftigten sich seit Ende der 70er Jahre mit HipHop. »Walk this way« von der Platte *Raising Hell* (1986), ein Remake des gleichnamigen Klassikers der Rockgruppe Aerosmith aus den 70er Jahren brachte für sie den Durchbruch auch bei einem ›weißen‹ Publikum; sie leiteten die Ära des Hard-Rock-Raps ein.

R&B

»Sammelbezeichnung für die nach dem zweiten Weltkrieg in den USA aus der afro-amerikanischen Blues-Tradition heraus entstandenen professionalisierten Formen der schwarzen Tanz- und Unterhaltungsmusik, … zeitweilig durch den Begriff Soul abgelöst« (Wicke et al. 1997:428) (vgl. Soul). In den 50er Jahren gab es eigene R&B-Radiostationen der ›schwarzen‹ Bevölkerung und hier etablierte sich R&B als selbständiger Sektor der amerikanischen Musikindustrie. Die sozialkritische Komponente ist gegenüber dem Blues und dem Gospel, aus denen heraus sich R&B entwickelte, etwas zurückgenommen. Seit den 70er Jahren wird

R&B als Bezeichnung speziell für die afrikanisch-amerikanische Popmusik bzw. zur »Kennzeichnung des entsprechenden Marktsegments« gebraucht (Wicke et al. 1997:431).

Sample

Element aus einem aufgezeichneten Musikstück – ein digitales Datenpaket, das mittels *sampler* aus Audiosignalen erzeugt wurde.

sampler (digital sampling music computer)

Mit einem *sampler* können Teileelemente aus schon aufgenommenen Musikstücken ›originalgetreu‹ oder verändert/verfremdet reproduziert werden. Ende der 70er Jahre kamen die ersten *sampler* auf den Markt, die allerdings noch recht teuer waren. Schon 1986 brachte die Firma *Casio* jedoch einen *sampler* heraus, der weniger als 100 Pfund kostete (Goodwin 1990:262) und somit für ein breiteres KünstlerInnenpublikum zugänglich wurde.

Signifying Monkey

Folkloristische Fabel aus der afrikanisch-amerikanischen Kultur, in der ein Affe mit Wörtern spielt und dadurch immer wieder einem rhethorisch ungeschickten Löwen entwischt.

Skinhead

»Die Skinhead-Kultur hat ihre Ursprünge in den 60er Jahren in England und bestand damals maßgeblich aus Jugendlichen der weißen Arbeiterklasse, die besonders durch die Musik (Ska, Reggae) der westindischen Einwandererfamilien geprägt wurden. In den 70er Jahren kam es zu einer Ausdifferenzierung in der Szene, da sich bestimmte Teile eher rechtsradikalen Strömungen zuordneten, die später auch in Deutschland den Begriff des Skinheads prägen sollten«, wobei es weiterhin auch Teile dieser Jugendkultur gibt, die ›unpolitisch‹ oder auch ›antifaschistisch‹ sind (Hebecker 1997:90).

Soul

Musikgenre, das sich in den 60er Jahren aus dem Gospel und dem R&B entwickelte. Soul ist eine ausgeprägt emotionale Musik, was sich u.a. aus dem Einsatz der Stimme in (fast) allen Soul-Stücken ergibt. Soul war immer in engem Zusammenhang mit der Solidarisierung der ›schwarzen‹ Bevölkerung der USA in der *Black Consciousness*-Bewegung gestanden. Die goldene Zeit des Soul wird üblicherweise auf die Jahre 1960-1969 datiert, als dieses ›schwarze‹ Musikgenre die Popcharts anführte (insbesondere auch durch die Erfolge des Motown-Labels), obwohl erst 1969 die offizielle Bezeichnung Soul die des R&B für diese Musik verdrängte. Auch heute besteht das Genre noch, wird aber oft wieder als R&B bezeichnet.

Staggerlee

Mythos des selbstbewußten, rebellischen ›Schwarzen‹.

Tarkan

Tarkan ist der Sänger der nach ihm benannten türkischsprachigen Popgruppe Tarkan, die in Deutschland 1999 mit ihrem Hit »Simarik« Platz 3 in den Charts war (Rating-Schatz 1999:43).

Techno

Digital produzierte Tanzmusik, die Mitte der 80er Jahre ihren Ausgangspunkt in der Autoindustriestadt Detroit hatte, von deren ›urbanem Klang‹ sich ihre Soundästhetik ableitet. Bald breitete sich Techno auch in Großbritannien und Kontinentaleuropa aus und hat sich heute zur Musik *der* großen Jugendkultur neben HipHop etabliert.

Wave

Eine Jugendkultur, die »im Rahmen der *New Wave* als Bestandteil des *Post Punk* Anfang der 80er Jahre aufgekommen war … und sich auf *Gothic*

Rock, eine Form der Rockmusik, die durch eine düstere, klagende Grundstimmung gekennzeichnet ist«, bezog (Wicke et al. 1997:209). New Wave war eigentlich eine Bezeichnung für den frühen amerikanischen Punk Mitte der 70er Jahre, wurde jedoch später zum Synonym für eine Jugendkultur, die versuchte, dem Einfluß des Musikmarktes zu entkommen bzw. ihn zu subvertieren.

Yello

Yello hat sich 1979 in Zürich als Popband gegründet und fand mit ihrer ironisch-glamourösen Kultiviertheit Anklang in der New-Romantics-Szene.

Bibliographie

Abrahams, Roger D. 1974.
  Black Talking on the Streets. In Richard Bauman & Joel Sherzer (Eds.), *Explorations in the ethnography of speaking. Second Edition.* Cambridge u.a.: Cambridge University Press, S. 240-262.
Abrahams, Roger D. & Szwed, John F. 1977.
  Black english: an essay review. *American Anthropologist* 77(2):329-335.
Abu-Lughod, Lila 1991.
  Writing Against Culture. In Richard G. Fox (Ed.*),* Recapturing *Anthropology. Working in the present.* Santa Fe: School of American Research Press, S.137-162.
Agentur Bilwet [1990]1991.
  Bewegungslehre: Botschaften aus einer autonomen Wirklichkeit. Berlin, Amsterdam: Edition ID-Archiv.
Ahmed, Sara 1999.
  »She'll Wake Up One of These Days and Find She's Turned into a Nigger«: Passing through Hybridity. *Theory, Culture, & Society. Special Issue on Performativity and Belonging* 16(2): 87-106.
Amit-Talai, Vered 1995.
  Conclusion: The ›multi‹ cultural of youth. In Vered Amit-Talai & Helena Wulff, *Youth Cultures: a cross-cultural perspective.* London, New York: Routledge, S.223-233.
Amit-Talai, Vered & Wulff, Helena (Eds.) 1995.
  Youth Cultures: a cross-cultural perspective. London, New York: Routledge.
Anonym a 1996.
  MAGSmagsMAGS. *Subotage* Nr.4 6/1996, S. 35-38.
Anonym b 1997.
  mags. *Subotage* Nr.5 Frühjahr 1997, S. 38-41.
Anonym c 2000.
  faked skillz hip hop musical. Unterwegs Theater »Local Heroes«. Forum Neue Art Klingenteichhalle. Programmheft zu den Veranstaltungen am 10./11./12. März 2000.
Anonym d 2000.
  Das Ohr ist schwarz: Amerika hört mehr Rap als Country. *Süddeutsche Zeitung* Nr.62 vom 15.3.2000, S. 17.
Ashcroft, Bill; Griffith, Gareth & Tiffin, Helen (Eds.) 1995.
  The post-colonial studies reader. London, New York: Routledge.
Auslander, Philip 1996.
  Liveness. Performance and the Anxiety of Simulation. In Elin Diamond (Ed.), *Performance & Cultural Politics.* London, New York: Routledge, S. 198-213.
Auslander, Philip 1999.
  Liveness. Performance in a Mediatized Culture. London: Routledge

Austin, John Langshaw [1962]1979.
  Zur Theorie der Sprechakte. Stuttgart: Reclam Verlag.
Ayata, Imran & Weber, Annette 1997.
  Türkisch-sprachiger HipHop in D. *Spex* 8/1997, S. 32-35.
Ayata, Imran 1997.
  DJ Mahmut & Murat G: To the east, my brother, to the east. *Spex* 12/1997, S. 14.
Ayata, Imran 1999.
  Kanak-Rap in Almanya – Über die schweren Folgen Deutschlands. In Katja Dominik, Marc Jünemann, Jan Motte & Astrid Reineke (Eds.), *Angeworben – eingewandert – abgescho-ben: Ein anderer Blick auf die Einwanderungsgesellschaft Bundesrepublik Deutschland*. Münster: Verlag Westfälisches Dampfboot, S. 273-287.
Baker, Houston A. Jr. 1993.
  Black Studies, Rap, and the Academy. Chicago, London: The University of Chicago Press.
Banerjea, Koushik 1998.
  Sonic diaspora and its dissident footfalls. *Postcolonial Studies* 1(3):389-400.
Baraka, Amiri [1967]1979.
  The Changing Same (R&B and New Black Music). In Amiri Baraka, *Selected Plays and Prose of Amiri Baraka/LeRoi Jones*. New York: William Morrow and Company, S. 157-177.
Barth, Frederic 1969.
  Introduction. In Frederic Barth (Ed.), *Ethnic groups and boundaries*. Boston: Little, Brown, S. 9-38.
Barthes, Roland [1957]1973.
  Mythologies. Glasgow: Paladin.
Barthes, Roland [1970] 1981.
  Das Reich der Zeichen. Frankfurt a.M.: Suhrkamp.
Basch, Linda; Glick Schiller, Nina & Szanton Blanc, Cristina 1994.
  Nations Unbound: Transnational Projects, Postcolonial Predicaments, and Deterritorialized Nation-States. Amsterdam: Gordon and Breach.
Basu, Dipa 1998.
  What is real about »keeping it real«? *Postcolonial Studies* 1(3):371-388.
Baudrillard, Jean 1987.
  Agonie des Realen. Berlin: Merve Verlag.
Bauman, Richard 1975.
  Verbal Art as Performance. *American Anthropologist* 77(2):290-311.
Beauvoir, Simone de 1951.
  Das andere Geschlecht: Sitte und Sexus der Frau. Hamburg: Rowohlt Verlag
Beck, Ulrich 1994.
  The Reinvention of Politics: Towards a Theory of Reflexive Modernization. In Ulrich Beck, Anthony Giddens & Scott Lash (Eds.), *Reflexive Modernization: Politics, Tradition and Aesthetics in the Modern Social Order*. Cambridge: Polity Press, S. 1-55.
Bell, Vikki 1999a.
  Performativity and Belonging: An Introduction. *Theory, Culture, & Society. Special Issue on Performativity and Belonging* 16(2):1-10.
Bell, Vikki 1999b.
  Historical Memory, Global Movements and Violence: Paul Gilroy and Arjun Appadurai in Conversation. *Theory, Culture, & Society. Special Issue on Performativity and Belonging* 16(2):21-40.

Benhabib, Seyla; Butler, Judith; Cornell, Drucilla & Fraser, Nancy 1993.
  Der Streit um Differenz: Feminismus und Postmoderne in der Gegenwart. Frankfurt a.M.: Fischer
  Taschenbuch Verlag.
Bentley, G. Carter 1987.
  Ethnicity and practice. *Comparative Studies in Society and History* 29:24-55.
Bhabha, Homi K. 1990.
  The Third Space: Interview with Homi Bhabha. In Jonathan Rutherford (Ed.), *Identity:
  community, culture, difference.* London: Lawrence & Wishard, S. 207-221.
Bhabha, Homi K. [1987]1997a.
  Die Frage der Identität. In Elisabeth Bronfen, Benjamin Marius & Therese Steffen
  (Eds.), *Hybride Kulturen: Beiträge zur anglo-amerikanischen Multikulturalismusdebatte.* Tübingen:
  Stauffenburg Verlag, S. 97-123.
Bhabha, Homi K. [1994] 1997b.
  Verortungen der Kultur. In Elisabeth Bronfen, Benjamin Marius & Therese Steffen
  (Eds.), *Hybride Kulturen: Beiträge zur anglo-amerikanischen Multikulturalismusdebatte.* Tübingen:
  Stauffenburg Verlag, S. 123-148.
Bhabha, Homi K. [1994]1997c.
  DissemiNation: Zeit, Narrative und die Ränder der modernen Nation. In Elisabeth
  Bronfen, Benjamin Marius & Therese Steffen (Eds.), *Hybride Kulturen: Beiträge zur anglo-
  amerikanischen Multikulturalismusdebatte.* Tübingen: Stauffenburg Verlag, S. 149-194.
Bloedner, Dominik 1999.
  Differenz, die einen Unterschied macht: Geschichtlicher Pfad und Abweg der Cultural
  Studies. In Jan Engelmann (Ed.), *Die kleinen Unterschiede: Der Cultural Studies Reader.*
  Frankfurt, New York: Campus, S. 64-79.
Blümner, Heike 2000.
  Hier spielt die Musik. *Die Zeit. Leben* Nr.9 vom 24.2.2000, S. 14-15.
Bornowski, Ralf & Husslein, Uwe 1996.
  Index '96 – Verzeichnis deutschsprachiger Fanzines. In Ralf Bornowski & Uwe Huss-
  lein, *Fanzines ... they are like wild, exotic mushrooms ... : Reader und Index zu deutschsprachigen
  Fanzines.* Wuppertal: Sekretariat für gemeinsame Kulturarbeit in NRW/ Rockbüro NRW
  in Zusammenarbeit mit Musikkomm. GmbH, S. 22-53.
Bourdieu, Pierre [1972] 1979.
  Entwurf einer Theorie der Praxis. Frankfurt a.M.: Suhrkamp Verlag.
Bourdieu, Pierre 1987.
  Sozialer Sinn. Frankfurt a.M.: Suhrkamp Verlag.
Bourdieu, Pierre 1990.
  Was heißt Sprechen? Die Ökonomie des sprachlichen Tausches. Wien: Braumüller.
Bourdieu, Pierre [1979]1999.
  Die feinen Unterschiede: Kritik der gesellschaftlichen Urteilskraft. Frankfurt a.M.: Suhrkamp.
Brake, Michael 1985.
  *Comparative youth culture: The sociology of youth cultures and youth subcultures in America, Britain
  and Canada.* London: Routledge & Kegan Paul.
Bemmé, Morenike 2000a.
  Wo sind sie? Frauen im deutschen HipHop.Teil 1. *Backspin Magazin* Nr.25 1/2/2000, S.
  22-26.
Bemmé, Morenike 2000b.
  Wo sind sie? Frauen im deutschen HipHop.Teil 2. *Backspin Magazin* Nr.26 2/3/2000, S.
  106-110.

Biemann, Ursula 2000.
   Been there and back to nowhere. Geschlecht in transnationalen Orten. Gender in transnational spaces. Postproduction Documents 1988-2000. Berlin: b_books.
Brah, Avtar 1996.
   Cartographies of Diaspora: Contesting Identities. London: Routledge.
Bullion, Constanze v. 1999.
   Angriff der Killer-Kebabs: Kanak Attak: Wie junge Kreuzberger gegen Diskriminierung und wohlfeiles Multikulti demonstrieren. *Süddeutsche Zeitung* vom 28.5.1999, S. 10.
Bunz, Mercedes & Kösch, Sascha 1999.
   Die neuen Tricks des R&B: Digitalize the Revolution. *De:Bug. Elektronische Lebensaspekte* Nr. 30 12/1999, S. 13.
Butler, Judith [1990]1991.
   Das Unbehagen der Geschlechter. Frankfurt a.M.: Suhrkamp Verlag.
Butler, Judith [1993] 1997.
   Körper von Gewicht: Die diskursiven Grenzen des Geschlechts. Frankfurt a.M.: Suhrkamp.
Butler, Judith [1997]1998.
   Haß spricht: Zur Politik des Performativen. Berlin: Berlin Verlag.
Caglar, Ayse S. 1997.
   Hyphenated Identities and the Limits of »Culture«. In Tariq Modood & Pnina Werbner (Eds.), *The Politics of Multiculturalism in the New Europe: Racism, Identity and Community.* London, New York: Zed Books, S. 169-185.
Caglar, Ayse S. 1998.
   Verordnete Rebellion: Deutsch-türkischer Rap und türkischer Pop in Berlin. In Ruth Mayer & Mark Terkessidis (Eds.), *Globalkolorit: Multikulturalismus und Populärkultur.* St. Andrä-Wördern: Hannibal Verlag, S. 41-56.
Caputo, Virginia 1995.
   Anthropology's silent ›others‹: a consideration of some conceptual and methodological issues for the study of youth and children's cultures. In Vered Amit-Talai & Helena Wulff (Eds.), *Youth Cultures: a cross-cultural perspective.* London, New York: Routledge, S. 19-42.
Certeau, Michel de 1999.
   Die Kunst des Handelns: Gehen in der Stadt. In Karl H. Hörning & Rainer Winter (Eds.), *Widerspenstige Kulturen: Cultural Studies als Herausforderung.* Frankfurt a.M.: Suhrkamp Verlag, S. 264-291.
Clarke, John [1979]1998.
   Stil. In Axel Honneth, Rolf Lindner & Rainer Paris (Eds.), *Jugendkultur als Widerstand: Milieus, Rituale, Provokationen.* Frankfurt a.M: Syndikat, S. 133-157.
Cohen, Abner 1993.
   Masquerade Politics: Explorations in the Structure of Urban Cultural Movements. Oxford, Providence: Berg.
Cohen, Albert K. 1967.
   Delinquent Boys: The structure of the gang. New York: Free Press.
Curry, Ramona [1999] 2000.
   Madonna von Marilyn zu Marlene: Pastiche oder Parodie? In Klaus Neumann-Braun (Ed.), *Viva MTV! Popmusik im Fernsehen.* Frankfurt a.M: Suhrkamp, S.175-204.
Cuthbert, Denise 1998.
   Beg, borrow or steal: the politics of cultural appropriation. *Postcolonial Studies* 1(2):257-262.

Deleuze, Gilles & Guattari, Félix [1980]1992.
  Tausend Plateaus. Kapitalismus und Schizophrenie. Berlin: Merve Verlag.
Deleuze, Gilles [1968] 1992.
  Differenz und Wiederholung. München: Wilhelm Fink Verlag.
Deleuze, Gilles [1990]1993.
  Unterhandlungen 1972-1990. Frankfurt a.M.: Suhrkamp Verlag.
Denzin, Norman K. 1997.
  Performance Texts. In Norman K. Denzin, *Interpretive Ethnography: Ethnographic Practices
  für the 21st Century.* Thousand Oaks u.a.: Sage, S. 90-125.
Derrida, Jacques 1997a.
  Die Struktur, das Zeichen und das Spiel im Diskurs der Wissenschaften vom Menschen.
  In Peter Engelmann (Ed.), *Postmoderne und Dekonstruktion. Texte französischer Philosophen der
  Gegenwart.* Stuttgart: Reclam Verlag, S. 114-139.
Derrida, Jacques 1997b
  Die différance. In Peter Engelmann (Ed.), *Postmoderne und Dekonstruktion. Texte französi-
  scher Philosophen der Gegenwart.* Stuttgart: Reclam Verlag, S. 76-113.
Derrida, Jacques [1972]1999.
  Signatur Ereignis Kontext. In Peter Engelmann (Ed.), *Jacques Derrida: Randgänge der Philo-
  sophie.* Wien: Passagen Verlag, S. 325-351.
Dery, Mark 1998.
  Black to the Future: Afro-Futurismus. In Diedrich Diederichsen (Ed.), *Loving the Alien:
  Science Fiction Diaspora Multikultur.* Berlin: ID-Verlag, S. 16-29.
Des Chenes, Mary 1997.
  Locating the Past. In Akhil Gupta & James Ferguson (Eds.), *Anthropological Locations:
  Boundaries and Grounds of a Field Science.* Berkeley u.a.: University of California Press, S. 66-
  85.
Diamond, Elin 1996.
  Introduction. In Elin Diamond (Ed.), *Performance & Cultural Politics.* London, New York:
  Routledge, S. 1-12.
Diederichsen, Diedrich (Ed.) 1993a.
  Yo! Hermeneutics: Schwarze Kulturkritik. Pop, Medien, Feminismus. Berlin, Amsterdam: Edi-
  tion ID-Archiv.
Diederichsen, Diedrich 1993b.
  Freiheit macht arm. Das Leben nach Rock 'n' Roll 1990-93. Köln: Kiepenheuer &Witsch.
Diederichsen, Diedrich 1996.
  »Kultur« ist eine Metapher für: »Das ist deren Problem !« In Dorle Dracklé (Ed.), *Jung
  und wild: zur kulturellen Konstruktion von Kindheit und Jugend.* Berlin, Hamburg: Reimer Ver-
  lag, S. 225-239.
Diederichsen, Diedrich 1997.
  Hören, Wiederhören, Zitieren. *Spex* 1/1997, S. 43-46.
Diederichsen, Diedrich 1998.
  Verloren unter Sternen. In Ruth Mayer & Mark Terkessidis (Eds.), *Globalkolorit: Multi-
  kulturalismus und Populärkultur.* St. Andrä/Wörden: Hannibal Verlag, S. 237-252.
Diederichsen, Diedrich 1999.
  Endlos und Afrikanisch. *du: Die Zeitschrift der Kultur* Nr.701 11/ 1999, S. 1-4.
Dracklé, Dorle 1996a.
  Discourse theory in anthropology. *Horizons of understanding – An anthology of theoretical an-
  thropology in Europe.* Leiden: Research School CNWS, S. 24-42.

Dracklé, Dorle 1996b.
Kulturelle Repräsentationen von Jugend in der Ethnologie. In Dorle Dracklé (Ed.), *Jung und wild*: *zur kulturellen Konstruktion von Kindheit und Jugend*. Berlin, Hamburg: Reimer Verlag, S. 14-53.

DuBois, William E. Burghardt [1903]1968.
The Souls of Black Folk: Essays and Sketches. New York: Johnson.

Duden 1982.
Duden Fremdwörterbuch. Mannheim: Bibliographisches Institut AG.

Dufresne, David [1991]1997.
Rap Revolution: Geschichte Gruppen Bewegung, mit einem Update von Günther Jacob. Zürich, Mainz: Atlantis Musikbuch-Verlag.

Dürr, Marian & Schönfelder, Christian 1999.
Weg und Ziel. In Marian Dürr & Bernd Metzinger (Eds.), *faked skillz. Eine HipHop-Story: Programmheft*. Mannheim: Stadtjugendamt Abt. Jugendförderung, S. 18.

Eggerer, Thomas & Klein, Jochen 1996.
Virtually Queer – Gay Politics in der Clinton-Ära. *Texte zur Kunst* 6(22):141-147.

Engelmann, Jan 1997.
»Den Weg zurück zum Ursprung gibt es nicht«: Ein Interview mit dem britischen Kulturtheoretiker Paul Gilroy. *Spex* 11/1997, S. 44-47.

Engels, Josef 1999.
Geheimcode Kanak Sprak: Der Wandel der dritten Generation. *Die (Literarische) Welt* vom 4.9.1999.

Eshun, Kodwo 1998a.
More Brilliant Than the Sun: Adventures In Sonic Fiction. London: Quartet Books.

Eshun, Kodwo 1998b.
Angst vor einem nassen Planeten? In Diedrich Diederichsen (Hg.), *Loving the Alien: Science Fiction, Diaspora, Mulitkultur*. Berlin: ID-Verlag, S.152-159.

Fanon, Frantz [1961] 1981.
Die Verdammten dieser Erde. Frankfurt a.M.: Suhrkamp Verlag.

Farin, Klaus 1998.
Zum Beispiel HipHop. In Klaus Farin, *Jugendkulturen zwischen Kommerz und Politik*. Erfurt: Landeszentrale für politische Bildung Thüringen, S. 45-69.

Felbert, Oliver v. 1990.
Krauts with Attitude: HipHop in Deutschland. *Spex* 3/1990, S. 22-26.

Fernando, S. H. Jr. 1994.
The New Beats: Exploring the Music, Culture and Attitudes of Hip-Hop. New York: Anchor Books.

Fisher, Jean 1997.
Wo ich sichtbar bin, kann ich nicht sprechen: Kulturübergreifene Praxis und »Multikulturalismus«. In Peter Weibel (Ed.), *Inklusion : Exklusion: Versuch einer neuen Kartografie der Kunst im Zeitalter von Postkolonialismus und globaler Migration*. Köln: DuMont Buchverlag, S. 79-86.

Folb, Edith A. 1980.
Runnin' down some lines: the language and culture of black teenagers. Cambridge: Harvard University Press.

Foucault, Michel 1977.
Überwachen und Strafen: Die Geburt des Gefängnisses. Frankfurt a.M.: Suhrkamp Verlag.

Foucault, Michel [1972]1997.
   Die Ordnung des Diskurses. Frankfurt a.M.: Fischer Taschenbuch Verlag.
Foucault, Michel [1976] 1998.
   Der Wille zum Wissen: Sexualität und Wahrheit 1. Frankfurt a.M.: Suhrkamp Verlag.
Fraser, Miriam 1999.
   Classing Queer: Politics in Competition. *Theory, Culture, & Society. Special Issue on Performativity and Belonging* 16(2):107-131.
Freind, Bill 1998.
   Play the Blues, Punk. In Postmodern Culture 7(3). [http://muse.jhu.edu/journals/pmc/v007/#hypertext_articles]. März 2000.
Friedman, Jonathan 1997.
   Global Crisis, the Struggle for Cultural Identity and Intellectual Porkbarrelling: Cosmopolitans versus Locals, Ethnics and Nationals in an Era of De-hegemonisation. In Pnina Werbner & Tariq Modood (Eds.), *Debating Cultural Hybridity: Multi-Cultural Identities and the Politics of Anti-Racism*. London, New Jersey: Zed Books, S. 70-89.
Frith, Simon & Goodwin, Andrew 1990.
   Part Two. From Subcultural to Cultural Studies. In Simon Frith & Andrew Goodwin (Eds.), *On Record: Rock, Pop, and The Written Word*. London: Routledge, S. 39-42.
Frith, Simon 1992.
   The Cultural Study of Popular Music. In Lawrence Grossberg, Clary Nelson & Paula A. Treichler (Eds.), *Cultural Studies*. New York, London: Routledge, S. 174-186.
Frith, Simon 1996.
   Music and Identity. In Stuart Hall & Paul du Gay (Eds.), *Questions of Cultural Identity*. London: Sage, S. 108-127.
Frith, Simon [1996]1998.
   Performing Rites: Evaluating Popular Music. Oxford, New York: Oxford University Press.
Fuchs, Martin 1999.
   Kampf um Differenz: Repräsentation, Subjektivität und soziale Bewegungen. Das Beispiel Indien. Frankfurt a.M.: Suhrkamp.
Fuchs, Thomas 1995.
   HipHop in Deutschland: das Beispiel Braunschweig (State of Departmentz und Jazzkantine) und Magdeburg (Mad Enemy D). In Wolfgang Karrer & Ingrid Kerkhoff (Eds.), *Rap. Sonderband von Gulliver Deutsch-Englische Jahrbücher, 38*. Berlin, Hamburg: Argument Verlag, S. 155-167.
Gates, Henry Louis Jr. (Ed.) 1984.
   Black Literature and Literary Theory. New York, London: Methuen.
Gates, Henry Louis Jr. 1988.
   The Signifying Monkey: A Theory of Afro-American Literary Criticism. New York, Oxford: Oxford University Press.
Gates, Henry Louis Jr. 1993.
   Das Schwarze der Schwarzen Literatur: Über das Zeichen und den ›Signifying Monkey‹. In Diedrich Diederichsen (Ed.), *Yo! Hermeneutics! Schwarze Kulturkritik. Pop, Medien, Feminismus*. Berlin, Amsterdam: Edition ID-Archiv, S. 177-189.
Gebauer, Gunter & Wulf, Christoph 1998.
   Spiel – Ritual – Geste: Mimetisches Handeln in der sozialen Welt. Reinbek bei Hamburg: Rowohlt Taschenbuch Verlag.
Geertz, Clifford [1983]1994.
   Dichte Beschreibung: Beiträge zum Verstehen kultureller Systeme. Frankurt a.M.: Suhrkamp.

Giddens, Anthony 1981.
  A Contemporary Critique fo Historical Materialism. Vol.1: Power, property and the state. London: The Macmillan Press.
Giddens, Anthony 1991.
  Modernity and Self-identity: Self and Society in the Late Modern Age. Cambridge: Polity Press.
Gillespie, Marie 1995.
  Television, Ethnicity and Cultural Change. London, New York: Routledge.
Gilroy, Paul 1992.
  Cultural Studies and Ethnic Absolutism. In Lawrence Grossberg, Cary Nelson & Paula A. Treichler (Eds.), *Cultural Studies.* New York, London: Routledge, S. 187-198.
Gilroy, Paul [1993]1996.
  The Black Atlantic: Modernity and Double Conciousness. Cambridge: Harvard University Press.
Gilroy, Paul 1998.
  Exterritorialität: Die Entfremdung der Entfremdung. In Diedrich Diederichsen (Ed.), *Loving the Alien: Science Fiction Diaspora Multikultur.* Berlin:ID-Verlag, S. 30-47.
Gluckman, Max [1940]1958.
  Analysis of a Social Situation in Modern Zululand. The Rodes-Livingstone Papers, 28. Manchester: Manchester University Press.
Goffman, Erving [1959]1984.
  The presentation of self in everyday life. Reading: Cox & Wyman.
Goodwin, Andrew 1990.
  Sample and Hold: Pop Music in the Digital Age of Reproduction. In Simon Frith & Andrew Goodwin (Eds.), *On Record: Rock, Pop, and the Written Word.* London: Routledge, S. 258-273.
Greig, Charlotte 1998.
  Marry Me (If You Really Love Me) – Punk, Funk und HipHop. In Thomas Kemper, Thomas Langhoff & Ulrich Sonnenschein (Eds.), *»But I Like It«: Jugendkultur und Popmusik.* Stuttgart: Reclam Verlag, S. 176-196.
Grimm, Stephanie 1998.
  Die Repräsentation von Männlichkeit im Punk und Rap. Tübingen: Stauffenburg-Verlag.
Grossberg, Lawrence 1997.
  Der Cross Road Blues der Cultural Studies. In Andreas Hepp & Rainer Winter (Eds.), *Kultur – Medien – Macht: Cultural Studies und Medienanalyse.* Opladen: Westdeutscher Verlag, S. 13-29.
Grossberg, Lawrence [1994]1999.
  Was sind Cultural Studies? In Karl H. Hörning & Rainer Winter (Eds.), *Widerspenstige Kulturen.* Frankfurt a.M.: Suhrkamp Verlag, S. 43-83.
Gupta, Akhil & Ferguson, James 1997.
  Discipline and Practice: »The Field« als Site, Method, and Location in Anthropology. In Akhil Gupta & James Ferguson (Eds.), *Anthropological Locations: Boundaries and Grounds of a Field Science.* Berkeley u.a.: University of California Press, S. 1-46.
Gurk, Christoph 1997.
  Wem gehört die Popmusik? Die Kulturindustriethese unter den Bedingungen postmoderner Ökonomie. In Tom Holert & Mark Terkessidis (Eds.), *Mainstream der Minderheiten: Pop in der Kontrollgesellschaft.* Berlin, Amsterdam: Edition ID-Archiv, S. 20-40.
Gutmair, Ulrich 1998.
  Deprogram! Reprogram! *De:Bug. Elektronische Lebensaspekte* Nr. 13 7/1998, S. 10-11.

Ha, Kein Nghi 1999.
   Ethnizität und Migration. Münster: Westfälisches Dampfboot.
Hachmeister, Lutz & Lingemann, Jan 1999.
   Das Gefühl Viva. Deutsches Musikfernsehen und die neue Sozialdemokratie. In Klaus
   Neumann-Braun (Ed.), *Viva MTV! Popmusik im Fernsehen.* Frankfurt a.M.: Suhrkamp, S.
   132-172.
Hall, Stuart & Jefferson, Tony (Eds.) 1976.
   Resistance through Rituals: Youth Subcultures in Post-War Britain. London: Hutchinson.
Hall, Stuart 1992.
   The Question of Cultural Identity. In Stuart Hall, David Held & Tony Mc Grew (Eds.).
   Modernity and its futures. Cambridge: Polity Press, S. 273-326.
Hall, Stuart [1988]1996a.
   New Ethnicities. In Houston A. Baker Jr., Manthia Diawara & Ruth H. Lindeborg
   (Eds.), *Black British Cultural Studies: A Reader.* Chicago: The University of Chicago Press,
   S. 163-172.
Hall, Stuart 1996b.
   Who needs identity? In Stuart Hall & Paul Du Gay (Eds.), *Questions of cultural identity.*
   London: Sage, S. 1-17.
Hall, Stuart 1997a.
   Introduction. In Stuart Hall (Ed.), *Representation: Cultural Representations and signifying prac-
   tices.* London: Sage, S. 1-11.
Hall, Stuart 1997b.
   The Work of Representation. In Stuart Hall (Ed.), *Representation: Cultural Representations
   and signifying practices.* London: Sage, 13-74.
Hall, Stuart [1980]1999.
   Die zwei Paradigmen der Cultural Studies. In Karl H. Hörning und Rainer Winter
   (Eds.), *Widerspenstige Kulturen.* Frankfurt a.M.: Suhrkamp, S. 13-42.
Handelman, Don [1975]1976.
   Some contributions of Max Gluckman to anthropological thought. In Myron J. Aronoff
   (Ed.), *freedom and constraint: a memorial tribute to Max Gluckman.* Assen, Amsterdam: Van
   Gorcum, S. 7-14.
Hannerz, Ulf 1980.
   Exploring the city: Inquiries Toward an Urban Anthropology. New York: Columbia University
   Press.
Haraway, Donna 1988.
   Situated Knowledges: The Science Question in Feminism and the Privilege of Partial
   Perspective. *Feminist Studies* 14(3):575-599.
Haraway, Donna 1995.
   Die Neuerfindung der Natur: Primaten, Cyborgs und Frauen. Frankfurt a.M./New York: Cam-
   pus Verlag.
Havelock, Nelson & Gonzales, Michael A. 1991.
   Bring The Noise: A Guide to Rap Music and Hip-Hop Culture. New York: Harmony Books.
Hebdige, Dick [1979]1989.
   Subculture: The Meaning of Style. London, New York: Routledge.
Hebdige, Dick [1979]1998.
   Stil als absichtliche Kommunikation. In Peter Kemper, Thomas Langhoff & Ulrich
   Sonnenstein (Eds.), *»But I like it«: Jugendkultur und Popmusik.* Stuttgart: Reclam Verlag, S.
   392-419.

Hebecker, Eike 1997.
Vom Skinhead im Zeitalter seiner Unkenntlichkeit: Randbemerkungen zu einer Rand-gruppe. In SpoKK (Ed.), *Kursbuch Jugendkultur: Stile, Szenen und Identitäten vor der Jahrtau-sendwende*. Mannheim: Bollmann Verlag, S. 89-97.

Henkel, Olivia & Wolff, Karsten 1996.
Berlin Underground: Techno und HipHop zwischen Mythos und Ausverkauf. Berlin: FAB Verlag.

Herzhaft, Gérard 1998.
Enzyklopädie des Blues. St. Andrä/Wörden: Hannibal Verlag.

Hetherington, Kevin 1998.
Expressions of Identity: Space, Performance, Politics. London: Sage Publications.

Hitzler, Roland 1994.
Sinnbasteln. In Ingo Mörth & Gerhard Fröhlich (Eds.), *Das symbolische Kapital der Le-bensstile: Zur Kultursoziologie der Moderne nach Pierre Bourdieu*. Frankfurt a.M.: Campus Ver-lag, S. 75-92.

Holert, Tom & Terkessidis, Mark [1996]1997.
Einführung in den Mainstream der Minderheiten. In Tom Holert & Mark Terkessidis (Eds.), *Mainstream der Minderheiten: Pop in der Kontrollgesellschaft*, Berlin, Amsterdam: Edi-tion ID-Archiv, S. 5-19.

Höller, Christian [1996]1997.
Widerstandsrituale und Pop-Plateaus: Birmingham School, Deleuze/Guattari und Pop-kultur heute. In Tom Holert & Mark Terkessidis (Eds.), *Mainstream der Minderheiten: Pop in der Kontrollgesellschaft*. Berlin, Amsterdam: ID-Archiv, S. 55-71.

Hörning, Karl H. 1999.
Kulturelle Kollisionen. In Karl H. Hörning & Rainer Winter (Eds.), *Widerspenstige Kultu-ren*. Frankfurt a.M.: Suhrkamp, S. 84-116.

Hutnyk, John 1997.
Adorno at Womad; South Asian Crossovers and the Limits of Hybridity-Talk. In Pnina Werbner & Tariq Modood (Eds.), *Debating Cultural Hybridity: Multi-Cultural Identities and the Politics of Anti-Racism*. London, New Jersey: Zed Books, S. 106-125.

Hutnyk, John 2000.
Critique of Exotica: Music, Politics and the Culture Industrie. London: Pluto Press.

Irigaray, Luce 1979.
Das Geschlecht, das nicht eins ist. Berlin: Merve Verlag.

Jacob, Günther 1993.
Agit-Pop: Schwarze Musik und weiße Hörer, Texte zu Rassismus und Nationalismus, HipHop und Raggamuffin. Berlin, Amsterdam: Edition ID-Archiv.

Jacob, Günther 1995.
Let's talk about sex: Frauen im HipHop, zwischen Diskrimierung und Emanzipation. *Backspin Hip Hop Magazin* Nr.5, S. 4-8.

Jacob, Günther 1996.
Let's talk about sex: Frauen im HipHop, zwischen Diskrimierung und Emanzipation, Teil 2. *Backspin Hip Hop Magazin* Nr.6, S. 40-42.

Jacob, Günther [1995]1997a.
HipHop, Rassismus und die Krise der Pop-Subversion: Ein Interview mit Günther Ja-cob. In David Dufresne. *Rap Revolution: Geschichte Gruppen Bewegung*, S. 420-441.

Jacob, Günther 1997b.
Let's talk about sex: Frauen im HipHop, zwischen Diskrimierung und Emanzipation, Teil 3. *Backspin Hip Hop Magazin* Nr.7, S. 58-60.

Jameson, Frederic [1982]1989.
    Postmodernism and Consumer Society. In Hal Foster (Ed.), *Postmodern Culture*. London, Sydney: Pluto Press.
Johach, Eva; Quenzel, Gudrun & Riesselmann, Kirsten 1999.
    Nischen und Nester: Ein Verzeichnis Cultural Studies-naher Studiengänge, Institutionen und Medien. In Jan Engelmann (Ed.), *Die kleinen Unterschiede: Der Cultural Studies-Reader*. Frankfurt, New York: Campus, S. 275-304.
Julien, Isaac 1999.
    Gegen/Darstellung – Gegen/Repräsentation. In Brigitte Kossek (Ed.), *Gegen-Rassismen: Konstruktionen – Interaktionen – Interventionen*. Hamburg, Berlin: Argument Verlag, S. 267-279.
Kage, Jan 1999.
    Keepin' it Hyper-Real: Die Revolution der Musikvideos mit Hype Williams. *De:Bug: Elektronische Lebensaspekte* Nr. 30 12/1999, S. 14.
Kalra, Virinder S. & Hutnyk, John 1998.
    Brimful of agitation, authenticity and appropriation: Madonna's »Asian Kool«. *Postcolonial Studies* 1(3):339-355.
Kanak Attak 1999.
    »Dieser Song gehört uns!« Kanak Attak: Ein Manifest gegen Mülitkültüralizm, gegen demokratische und hybride Deutsche sowie konformistische Migranten. *die tageszeitung* vom 28.1.1999, S. 12.
Kapferer, Bruce 1979.
    Introduction: Ritual Process and the Transformation of Context. *Social Analysis* 1:3-19.
Karrer, Wolfgang 1995.
    Rap als Jugendkultur zwischen Widerstand und Kommerzialisierung. In Wolfgang Karrer & Ingrid Kerkhoff (Eds.), *Rap. Sonderband von Gulliver Deutsch-Englische Jahrbücher, 38*. Berlin, Hamburg: Argument Verlag, S. 21-44.
Karrer, Wolfgang & Kerkhoff, Ingrid (Eds.) 1995a.
    Rap. Sonderband von Gulliver Deutsch-Englische Jahrbücher, 38. Berlin, Hamburg: Argument Verlag.
Karrer, Wolfgang & Kerkhoff, Ingrid 1995b.
    Rap (weshalb?) – Einleitung. In Wolfgang Karrer & Ingrid Kerkhoff (Eds.), *Rap. Sonderband von Gulliver Deutsch-Englische Jahrbücher, 38*. Berlin, Hamburg: Argument Verlag, S. 5-10.
Keil, Charles & Feld, Steven 1994.
    Music Grooves. Chicago, London: The University of Chicago Press.
Klein, Holger 1999.
    »Da tummelt sich so einiges«. Interview mit Produzent und Rapper Boulevard Bou. *Meier Stadtmagazin* 5/1999, S. 1-4.
Köhl, Christine 2001.
    Strategien der interkulturellen Kulturarbeit. Frankfurt/M.: IKO – Verlag für Interkulturelle Kommunikation.
Köhne, Gunnar 1999.
    HipHop für Atatürk. *Zeit Punkte* 2/1999, S. 90-94.
Kokot, Waltraud 1987.
    Ethnologische Feldforschung in der Großstadt – Probleme der Abgrenzung. In Beatrix Pfleiderer & Andreas Kuntz (Eds.), *Fremdheit und Migration*. Berlin, Hamburg: Reimer Verlag, S. 145-158.

Kondo, Dorinne 1997.
    About Face: Performing Race in Fashion and Theatre. New York, London: Routledge.
Köpping, Klaus Peter 1997.
    The Ludic as Creative Disorder: Framing, De-Framing and Boundary Crossing. In
    Klaus Peter Köpping (Ed.), *The Games of Gods and Man: Essays in Play and Performance.*
    Hamburg: Lit-Verlag, S. 1-39.
Köpping, Klaus Peter 1998.
    Inszenierung und Transgression in Ritual und Theater: Grenzprobleme der performati-
    ven Ethnologie. In Betttina E. Schmidt & Mark Münzel (Eds.), *Ethnologie und Inszenie-
    rung: Ansätze in der Theaterethnologie.* Marburg: Curupira, S. 45-85.
Kossek, Brigitte 1999.
    Gegen-Rassismen: Ein Überblick über die gegenwärtigen Diskussionen. In Brigitte
    Kossek (Ed.), *Gegen-Rassismen: Konstruktionen – Interaktionen – Interventionen.* Hamburg,
    Berlin: Argument Verlag, S. 11-51.
Krekow, Sebastian; Steiner, Jens & Taupitz, Mathias 1999.
    HipHop-Lexikon: Rap, Breakdance, Writing & Co: Das Kompendium der HipHop-Szene. Berlin:
    Lexikon Imprint Verlag.
Krekow, Sebastian & Steiner, Jens 2000.
    Bei uns geht einiges: Die deutsche HipHop-Szene. Berlin: Schwarzkopf & Schwarzkopf Verlag.
Kreutzner, Gabriele 1989.
    On Doing Cultural Studies in West Germany. *Cultural Studies* 3(2):240-249.
Lamnek, Siegfried [1979] 1990.
    *Theorien abweichenden Verhaltens: Eine Einführung für Soziologen, Psychologen, Pädagogen, Juristen,
    Politologen, Kommunikationswissenschaftler und Sozialarbeiter.* München: Wilhelm Fink Verlag.
Landry, Donna & MacLean, Gerald 1996a.
    Introduction: Reading Spivak. In Donna Landry & Gerald MacLean (Eds.), *The Spivak
    Reader: Selected Works of Gayatri Chakravorty Spivak.* New York, London: Routledge, S. 1-
    14.
Landry, Donna & MacLean, Gerald 1996b.
    Subaltern Studies: Deconstructing Historiography. In Donna Landry & Gerald MacLean
    (Eds.), *The Spivak Reader: Selected Works of Gayatri Chakravorty Spivak.* New York, London:
    Routledge, S. 203-205.
Langenscheidt 1983.
    Langenscheidts Taschenwörterbuch Englisch. Berlin u.a.: Langenscheidt.
Lavie, Smadar & Swedenburg, Ted 1996.
    Introduction. In Smadar Lavie & Ted Swedenburg (Eds.), *Displacement, Diaspora, and
    Geographies of Identity.* Durham: Duke University Press, S. 1-26.
Levi-Strauss, Claude [1962] 1968.
    Das wilde Denken. Frankfurt a.M.: Suhrkamp.
Lipsitz, George [1994]1999.
    Dangerous Crossrads: Popmusik, Postmoderne und die Poesie des Lokalen. St. Andrä-Wörden:
    Hannibal Verlag.
Lloyd, Moya 1999.
    Performativity, Parody, Politics. *Theory, Culture, & Society. Special Issue on Performativity and
    Belonging* 16(2):195-213.
Loomba, Ania 1998.
    Colonialism/postcolonialism. New York: Routledge.

Lorey, Isabell 1996.
   Immer Ärger mit dem Subjekt: Theoretische und politische Konsequenzen eines juridischen Machtmo-dells: Judith Butler. Tübingen: edition diskord.
Lorey, Isabell 1997.
   Das Problem des Souveräns. *Texte zur Kunst* 7(28):171-175.
Lorey, Isabell 1998.
   Neue Handlungsspielräume. *Texte zur Kunst* 8(32):128-131.
Mackay, Hugh (Ed.) 1997.
   Consumption and everyday life. London: Sage.
Matussek, Matthias & Hüetlin, Thomas 1994.
   Arbeiten wie James Bond: Cuck D. über Gangsta-Rap, Turnschuhe und Maschinenge-wehre. *Spiegel Spezial* 2/1994, S. 55-59.
Mayer, Ruth [1996]1997.
   Schmutzige Fakten: Wie sich Differenz verkauft. In Tom Holert & Mark Terkessidis (Eds.), *Mainstream der Minderheiten: Pop in der Kontrollgesellschaft.* Berlin, Amsterdam: Edition ID-Archiv, S. 153-168.
McNay, Lois 1999a.
   Gender, Habitus and the Field: Pierre Bourdieu and the Limits of Reflexivity. *Theory, Culture, & Society* 16(1):95-117.
McNay Lois 1999b.
   Subject, psyche and Agency: The Work of Judith Butler. *Theory, Culture, & Society. Special Issue on Performativity and Belonging* 16(2):175-193.
McRobbie, Angela 1990.
   Settling accounts with subcultures: a feminist critique. In Simon Frith & Andrew Goodwin (Eds.), *On Record: Rock, Pop, and The Written Word.* London: Routledge, S.66-80.
Melucci, Alberto 1989.
   Nomads of the present: societal movements and individual needs in contemporary society, ed. by John Keane & Paul Mier. London: Hutchinson Radius.
Melucci, Alberto 1995.
   The process of collective identity. In Hank Johnston & Bert Klandermans (Eds.), *Social movements and culture.* London: University College of London Press, S. 41-63.
Meueler, Chrisof 1997.
   Pop und Bricolage. In SpoKK (Ed.), *Kursbuch Jugendkultur: Stile, Szene und Identitäten vor der Jahrtausendwende.* Mannheim: Bollmann Verlag, S. 32-39.
Mikos, Lothar 1997.
   Die Rezeption des Cultural Studies Approach im deutschsprachigen Raum. In Andreas Hepp & Rainer Winter (Eds.), *Kultur – Medien – Macht: Cultural Studies und Medienanalyse.* Opladen: Westdeutscher Verlag, S. 159-169.
Möbius, Frank & Münch, Martin B. 1998.
   »Weiß nicht, was ich '98 davon halten soll?« Über die Schwierigkeiten beim musikali-schen ›Ghetto‹-Diskurs. *Testcard. Beiträge zur Popgeschichte* Nr.6, S. 52-63.
Moebius, Stephan 2000.
   Diffusion oder Differenz? Queer Theory, Queer Politics und die Kämpfe um Anerken-nung. *Alaska- Zeitschrift für Internationalismus* Nr.233 11/2000, S.28-33.
Morgan, Joan [1997] 1998.
   Bad Girls im HipHop. In Anette Baldauf & Katharina Weingartner (Eds.), *Lips, Tits, Hits, Power? Popkultur und Feminismus.* Wien, Bozen: Folio, S.154-157.
Murray, Timothy (Ed.) 1997a.

Mimesis, Masochism, & Mime: The Politics of Theatricality in Contemporary French Thought. Ann Arbor: The University of Michigan Press.

Murray, Timothy 1997b.
Introduction: The Mis-en-Science of the Cultural. In Timothy Murray (Ed.), *Mimesis, Masochism, & Mime: The Politics of Theatricality in Contemporary French Thought*. Ann Arbor: The University of Michigan Press, S. 1-26.

Nagl, Tobias 1998.
»I wonder if heaven's got a ghetto« – Aliens, Ethnizität und der SF-Film. In Diedrich Diederichsen (Hg.), *Loving the Alien: Science Fiction, Diaspora, Multikultur*. Berlin: ID-Verlag, S.68-87.

Ortner, Sherry B. 1984.
Theory in Anthropology since the sixties. *Comparative Studies in Society and History* 26:126-166.

Orywal, Erwin & Hackstein, Katharina 1993.
Ethnizität: die Konstruktion ethnischer Wirklichkeiten. In Thomas Schweizer, Margarete Schweizer & Waltraud Kokot (Eds.), *Handbuch der Ethnologie*. Berlin: Reimer Verlag.

Potter, Russel A. 1995.
Spectacular Vernaculars: HipHop and the Politics of Postmodernism. Albany: State University of New York Press.

Rating-Schatz, Britta 1999.
Orient-Express. *Petra* 11/1999, S. 43-48.

Reynolds, Simon & Press, Joy 1995.
The Sex Revolts – Gender, Rebellion and Rock 'n Roll. London: Serpent's Tail.

Ro, Ronin 1996.
Gangsta: Merchandizing the rhymes of violence. New York: St. Martin's Press.

Rode, Dorit 1999.
One Nation Under A Groove: Beschreibung der HipHop-Kultur unter besonderer Berücksichtigung der Tanzformen Breaking, Popping und Locking. MA Universität Heidelberg. Heidelberg: Unveröffentlicht.

Rohlf, Sabine 1997.
Über die Tücken des juridischen Machtmodells. *Texte zur Kunst* 7(26):192-195.

Rose, Tricia 1994a.
Black Noise: Rap Music and Black Culture in Contemporary America. Hanover, London: University Press of New England.

Rose, Tricia 1994b.
Rap Music and the Demonization of Young Black Males. In Thelma Golden (Ed.), *Black Male: Representations of Masculinity in Contemporary American Art*. New York: Whitney Museum of American Art, S. 149-157.

Rose, Tricia 1994c.
Contracting Rap: An Interview with Carmen Ashhurst-Watson. In Andrew Ross & Tricia Rose, *Microphone Fiends: Youth Music & Youth Culture*. New York, London: Routledge, S. 122-144.

Rose, Tricia [1994]1997.
Ein Stil, mit dem keiner klar kommt: HipHop in der postindustriellen Stadt. In SpoKK (Ed.), *Kursbuch Jugendkultur: Stile, Szenen und Identitäten vor der Jahrtausendwende*. Mannheim: Bollheim Verlag, S. 142-156.

Rose, Tricia 1998.
>Sechs oder sechzig Zentimeter«. Zur Zensur sexueller Artikulation schwarzer Frauen. In Anette Baldauf & Katharina Weingartner (Eds.), *Lips, Tits, Hits, Power? Popkultur und Feminismus*. Wien, Bozen: Folio, S.112-120.

Ross, Andrew 1989.
Hip and the Long Front of Color. In Andrew Ross, *No Respect: Intellectuals & Popular Culture*. New York, London: Routledge.

Ross, Andrew 1994.
The Gangsta and the Diva. In Thelma Golden (Ed.), *Black Male: Representations of Masculinity in Contemporary American Art*. New York: Whitney Museum of American Art, S. 159-166.

Rutherford, Jonathan 1990.
A place called home: Identity and the Cultural Politics of Difference. In Jonathan Rutherford (Ed.), *Identity: community, culture, difference*. London: Lawrence & Wishard, S. 9-27.

Sansone, Livio 1995.
The making of black youth culture: lower-class young men of Surinamese origin in Amsterdam. In Vered Amit-Talai & Helena Wulff (Eds.), *Youth Cultures: a cross-cultural perspective*, S. 114-143.

Schumacher, Eckhard 2000.
Passepartout. Zu Performativität, Performance, Präsenz. *Texte zur Kunst* 10(37):94-103.

Sharma, Sanjay, Hutnyk, John & Sharma, Ashwani (Eds.) 1996.
Dis-Orienting Rhythms: The Politics of The New Asian Dance Music. London, New Jersey: Zed Books.

Sidran, Ben 1993.
Black Talk: Schwarze Musik – die andere Kultur im weißen Amerika. Hofheim: Wolke Verlag.

Sixel, Friedrich W. 1993.
Zur Konstitution gesellschaftlicher Wirklichkeit und ihrer Erforschung. In Wolfdietrich Schmied-Kowarzik & Justin Stagl (Eds.), *Grundfragen der Ethnologie: Beiträge zur gegenwärtigen Theoriediskussion*. Berlin: Dietrich Reimer Verlag, S. 183-194.

Snead, James A. 1994.
Repetition as a figure of black culture. In Henry Louis Gates Jr. (Ed.), *Black Literature and Literature Theory*. New York, London: Methuen, S. 59-79.

Spivak, Gayatri Chakravorty 1990.
Strategy, Identity, Writing. With John Hutnyk, Scott McQuire, and Nikos Papastergiadis. In Sarah Harasym (Ed.), *The Postcolonial Critic: Interview, Strategies, Dialogues*. New York, London: Routledge, S. 35-49.

Spivak, Gayatri Chakravorty [1988]1993.
In a Word: *Interview*. In Gayatri Chakravorty Spivak, *Outside in the Teaching Machine*. New York, London: Routledge, S. 1-23.

Spivak, Gayatri Chakravorty [1988]1994.
Can the subaltern speak? In Patrick Williams & Laura Chrisman (Eds.), *Colonial discourse and post-colonial theory: a reader*. New York, London: Harvester Wheatsheaf, S. 66-111.

Spivak, Gayatri Chakravorty [1985]1996.
Subaltern Studies: Deconstructing Historiography. In Donna Landry & Gerald McLean (Eds.), *The Spivak Reader: Selected Works of Gayatri Chakravorty Spivak*. New York, London: Routledge, S. 205-236.

Stier, Katja 1996.

Fanzines – Jugendliche Subkulturen, Musik und ihre Rezeption in den Medien: Eine Untersuchung zur Entstehung und Bedeutung einer alternativen Medienkultur. MA Universität Lüneburg. Lüneburg: Unveröffentlicht.

Strinati, Dominic 1995.

An Introduction to Theories of Popular Culture. London, New York: Routledge.

Szwed, John F. 1997.

Space Is The Place: The Life And Times Of Sun Ra. Edinburgh: Payback Press.

Tambiah, S. J. [1979]1981.

A Performative Approach to Ritual. From the Proc. of the british academy, Vol. 65. London: Oxford University Press, S. 113-169.

Tate, Greg 1992.

Flyboy in the Buttermilk: Essays on Contemporary America. New York: Simon & Schuster.

Tate, Greg [1985]1993.

Yo! Hermeneutics! Henry Louis Gates, Houston A. Baker & David Toop. In Diedrich Diederichsen (Ed.) *Yo! Hermeneutics! Schwarze Kulturkritik. Pop, Medien, Feminismus.* Berlin, Amsterdam: Edition ID-Archiv, S. 165-176.

Toop, David [1991]1992.

Rap Attack: African Jive bis Global HipHop. St. Andrä/Wörden: Hannibal Verlag.

Tölölyan, Khachig 1996.

Rethinking Diaspora(s): Stateless Power in the Transnational Moment. *Diaspora* 5(1):3-36.

Touraine, Alain [1978]1981.

The voice and the eye: An Analysis of social movements. London: Cambridge University Press.

Trasher, Frederic 1963.

The gang: a study of 1313 gangs in Chicago. Chicago: The University of Chicago Press.

Treeck, Bernhard van 1993.

Graffiti-Lexikon: Street-Art – Legale und illegale Kunst im öffentlichen Raum. Moers: edition aragon.

Turner, Viktor [1969]1995.

The Ritual Process: Structure and Anti-Structure. New York: Aldine de Gruyter.

Turner, Victor W. [1957]1996.

Schism and continuity in an african society. Oxford, Washington: Berg.

Volkart, Yvonne 2000.

Überleben und Exploraterrarismus. Den posthumanen Raum neu kartographieren. In Ursula Biemann, *Been there and back to nowhere: Geschlecht in transnationalen Orten. Gender in transnational spaces. Postproduction documents 1988-2000.* Berlin: b-books, S.56-67.

Vollbrecht, Ralf 1997.

Von Subkulturen zu Lebensstilen. In SpoKK (Ed.), *Kursbuch Jugendkultur: Stile, Szenen und Identitäten vor der Jahrtausendwende.* Mannheim: Bollheim Verlag, S. 22-31.

Walters, Suzanna Danuta [1996]1999.

Von hier nach *queer*: Feminismus, Identität, Nation. In Brigitte Kossek (Ed.), *Gegen-Rassismen: Konstruktionen – Interaktionen – Interventionen.* Hamburg, Berlin: Argument Verlag, S. 242-266.

Welz, Gisela 1991.

Street life: Alltag in einem New Yorker Slum. Frankfurt a.M.: Inst. für Kulturanthropologie und Europ. Ethnologie.

Werbner, Pnina 1996.
  The Fusion of Identities: Political Passion and the Poetics of Cultural Performance
  among British Pakistanis. In David Larkin, Lionel Caplan & Humphrey Fisher (Eds.),
  The politics of Cultural Performance. Providence, Oxford: Berghahn Books, S. 81-100.
Werbner, Pnina 1997.
  ›The Lion of Lahore‹. Anthropology, Cultural Performance and Imran Khan. In Stephen Nugent & Cris Shore (Eds.), *Anthropology and Cultural Studies*. London: Pluto, S. 34-
  67.
Werbner, Pnina & Modood, Tariq 1997.
  Debating Cultural Hybridity: Multi-Cultural Identities and the Politics of Anti-Racism. London,
  New Jersey: Zed Books.
White, Jenny B. 1997.
  Turks in the new Germany. *American Anthropologist* 99(4):754-769.
White, Miles 1998.
  The Phonograph Turntable and Performance Practice in Hip Hop Music.
  [http://www.arts.ucla.edu/eol/2/white/index.html]. März 2000.
Whyte, William Foote 1958.
  The Street Corner Society: the social structure of Italian Slum. Chicago: University of Chicago
  Press.
Wicke, Peter 1993.
  Vom Umgang mit Popmusik. Berlin: Volk und Wissen.
Wicke, Peter, Ziegenrücker, Kai-Erik & Wieland 1997.
  Handbuch der populären Musik (3. überarbeitete und erweiterte Auflage). Zürich, Mainz: Atlantis
  Musikbuch-Verlag.
Wildner, Kathrin 1994.
  Kulturanthropologische Stadtforschung. *Anthropolithan- Mitteilungsblatt der Frankfurter Gesellschaft zur Förderung der Kulturanthropologie* 2(1):5-18.
Williams, Patrick & Chrisman, Laura (Eds.) 1994.
  Colonial discourse and post-colonial theory: a reader. New York, London: Harvester Wheatsheaf.
Williams, Raymond [1961]1975.
  The Long Revolution. Westport, Connecticut: Greenwood Press.
Willis, Paul [1978]1981.
  »Profane Culture«: Rocker, Hippies: Subversive Stile der Jugendkultur. Frankfurt a.M.: Syndikat.
Winter, Rainer 1999.
  Spielräume des Vergnügens und der Interpretation. Cultural Studies und die kritische
  Analyse des Populären. In Jan Engelmann (Ed.), *Die kleinen Unterschiede: Der Cultural
  Studies Reader*. Frankfurt, New York: Campus, S. 35-48.
Woodward, Kathryn 1997a.
  Introduction. In Kathryn Woodward (Ed.), *Identity and Difference*. London: Sage, S. 1-6.
Woodward, Kathryn 1997b.
  Concepts of Identity and Difference. In Kathryn Woodward (Ed.), *Identity and Difference*.
  London: Sage, S. 7-62.
Wulff, Helena 1995.
  Introduction: Introducing youth culture in its own right: the state of the art and new
  possibilities. In Vered Amit-Talai & Helena Wulff (Eds.), *Youth Cultures: a cross-cultural
  perspective*. London, New York: Routledge, S. 1-18.

Zaimoglu, Feridun 1997.
   Kanak Sprak: 24 Mißtöne vom Rande der Gesellschaft. Hamburg: Rotbuch Verlag.
Zwick, Michael M. 1990.
   Neue soziale Bewegungen als politische Subkultur: Zielsetzung, Anhängerschaft, Mobilisierung – eine empirische Analyse. Frankfurt, New York: Campus Verlag.

Diskographie

Advanced Chemistry 1992.
   Fremd im eigenen Land/12-Inch. MZEE.
Afrika Bambaata and the Soul Sonic Force 1982.
   Planet Rock/12-Inch. Tommy Boy.
Cartel 1995.
   Cartell 95/12-Inch. Mercury.
Ice T 1991.
   O.G.: Original Gangster/LP. Warner Bros Records.
N.W.A. 1989.
   Straight Outta Compton/LP. Ruthless Records.
Public Enemy 1987.
   Yo! Bum Rush The Show/LP. Def Jam.
Run DMC 1983.
   It's Like That/Sucker MC's/12-Inch. Profile Records.
Run DMC 1986.
   Raising Hell/LP. Def Jam.
Sugarhill Gang 1979.
   Rapper's Delight/12-Inch. Sugarhill Records.
Various Artists 1991.
   Krauts with Attitude: Sampler/LP. Boombastic Records.

Filmographie

Ahearn, Charly 1982.
   Wildstyle.
Belafonte, Harry & Picker, David V. 1984.
   Beatstreet.
Chalfant, Henry & Silver, Tony 1982.
Stylewars.

Abbildungsverzeichnis

Stuart Hall

Ausgewählte Schriften in 3 Bänden

Ideologie, Kultur, Rassismus. Ausgewählte Schriften 1
240 Seiten. ISBN 3-88619-373-X

Studien zur marxschen Theorie, zur Medien- und Massenkultur, zur
Neuen Rechten und zum Rassismus sowie kritische Analysen linker
Politik.

Rassismus und kulturelle Identität. Ausgewählte Schriften 2
240 Seiten. ISBN 3-88619-226-1

Erörtert werden zwei gegensätzliche Formen der Kulturpolitik
»schwarzer« Bewegungen. Hall verbindet dabei eine Präsentation
historischen Materials und theoretischer Strömungen mit begrifflicher
Arbeit an Kategorien wie »Kultur«, »Identität« und »Differenz«.

Cultural Studies – ein politisches Theorieprojekt
Ausgewählte Schriften 3
160 Seiten. ISBN 3-88619-260-1

Die historische Entwicklung des Theorieprojekts Cultural Studies.
Was mit der Absicht begann, das Alltagsleben als einen umkämpften
Ort sichtbar zu machen, einen Ort des Widerstandes, an dem um die
»Köpfe und Herzen« der Menschen gerungen wird, ist inzwischen
weltweit zur universitären Disziplin geworden.
Hall entwickelt hier die bisherigen Grundlagen der Cultural Studies
und setzt sich mit Fragen der Postmoderne, der Globalisierung und
der Internationalisierung von C.S. auseinander. Der Band enthält
auch ein ausführliches Interview, in dem Stuart Hall Auskunft gibt
über die Beziehungen zwischen seinen persönlichen, politischen und
theoretischen Entwicklungen.

Argument

Bitte bestellen Sie in Ihrer Buchhandlung oder beim Argument Versand · Reichenberger Str. 150
10999 Berlin · Tel. 030/611 39 83 · Fax 030/611 42 70 · www.argument.de